4. Lo siento.

5. —Con (su) permiso.
   —Sí, cómo no.

6. ¡Cuidado!

7. —¡Salud!
   —Gracias.

8. ¡Ay!

9. ¡Auxilio, socorro!

Dedication

This book is lovingly dedicated to Tracy D. Terrell (1943-1991). Tracy left us an enduring legacy: the Natural Approach, a methodology that has had a significant impact on second-language teaching and on the evolution of textbook materials. He also envisioned this book and guided us, the co-authors, to its fruitful completion. Tracy was our inspirational mentor. His ever-generous heart touched many of us—friends, colleagues, teachers, students—in an indelible way. We miss him. And we hope he is proud of our work in this new edition of *Dos mundos*. His kind spirit and brilliant vision infuse every page.

Selected Chapters from
DOS **FOURTH EDITION**
MUNDOS
Volume One

Tracy D. Terrell
Late, University of California, San Diego

Magdelena Andrade
California State University, Long Beach

Jeanne Egasse
Irvine Valley College

Elias Miguel Muñoz

The McGraw-Hill Companies, Inc.
Primis Custom Publishing

New York   St. Louis   San Francisco   Auckland   Bogotá
Caracas   Lisbon   London   Madrid   Mexico   Milan   Montreal
New Delhi   Paris   San Juan   Singapore   Sydney   Tokyo   Toronto

McGraw·Hill

A Division of The McGraw·Hill Companies

Selected Chapters from **DOS MUNDOS, Fourth Edition**
Volume One

1 2 3 4 5 6 7 8 9 0   9 0 9 8 7

ISBN 0-07-290886-6

Primis Custom Publishing Editor: Kenneth Hruska
Printer/Binder: Von Hoffman Press/Dunn and Company

Contents

3 Las actividades y los lugares 103

4 La vida diaria y los días feriados 132

5 Las clases y las carreras 163

Appendices   A-1

Spanish-English Vocabulary   V-1

Index   I-1

This index is from the complete text. Some of the listings will not be found in this custom version.

To the Instructor

Welcome to the Fourth Edition of *Dos mundos*! We are excited about our new edition, which we believe is our best ever. A revision implies much more than just rewriting a few activities or adding new reading selections or grammar exercises. New editions present opportunities for growth, development, and—most important—improvement. Our guiding principle has always been the advancement of communicative ways of teaching. With each new edition we re-evaluate the theoretical premises on which our methodology is based, and we try to bring in fresh, practical ideas from the field of second-language teaching. And, of course, we listen to you, the instructors who use *Dos mundos*. We want to express our gratitude to those of you who sent us comments and suggestions. Feedback from you is a compelling reason to undertake the task of rethinking and rewriting our textbook. Your support is definitely a motivating force. Thank you!

Those of you who have used a previous edition of *Dos mundos* know that it is a special kind of text. It offers an exciting alternative to the methodology of most Spanish-language textbooks available today: the Natural Approach. The success of the Third Edition has convinced us that many instructors are eager to try out the Natural Approach in their classrooms. We also know about instructors of other languages who are using this methodology successfully. The encouraging message is that our method allows instructors to do what they have always wanted to do as educators: enjoy their work and help students enjoy the process of acquiring a second language.

Like many of you, we were using the Natural Approach in our classrooms long before there was a name for the method or a textbook like *Dos mundos*. Of course, we didn't need a book to teach language communicatively! We taught in a manner that felt right to us, and we were happy to prepare material to supplement whatever textbook we were using. But what a difference it made to have our ideas in printed form, finally!

When we designed the First Edition of *Dos mundos*, we were uncertain about some aspects of the textbook, such as how many readings or grammar exercises to include. There was one aspect about which we had no doubts, however: Communication was to be the core of our program. Three editions later, our initial objective hasn't changed. We have placed renewed emphasis on the communicative nature of the oral activities; hence the new section title, **Actividades de comunicación y lecturas**. As in earlier editions, grammar continues to play a secondary role as an aid in the language acquisition process.

Changes in the Fourth Edition

Overview: Student Text and Workbook/Laboratory Manual

The Fourth Edition begins with three preliminary chapters (**Pasos A–C**), compared with four in the previous edition. There are still sixteen regular chapters.

The structure of the regular chapters of the student text has not changed; each chapter is still divided into three parts:

> **Actividades de comunicación y lecturas** (oral activities and readings)
> **Vocabulario** (most new vocabulary from the activities)
> **Gramática y ejercicios** (grammar explanations and verification exercises)

The organization and content of the Workbook/Laboratory Manual, the *Cuaderno de trabajo*, has changed significantly. The new features of the student text and the *Cuaderno* are explained in the following sections.

The Heart of *Dos mundos*: Actividades de comunicación y lecturas

Although the name of this section has changed slightly, most of the **actividades orales** have been preserved from the previous edition. We have updated activities when appropriate, and we have added topics to reflect current student interests whenever possible. We hope that the following additional changes to the **actividades** will enhance the success of *Dos mundos* in the classroom.

➤ **The cast of characters:** While many familiar characters remain, we have updated their "look" and have made some changes to their lifestyles to reflect contemporary Hispanic cultures. (You can read more about the new cast on pages xxiii–xxiv.)

➤ **Chapter themes:** A new theme for **Capítulo 15**, technology (including computer use and the Internet), focuses on the future. In addition, the last two chapters of the Third Edition have been combined into a single chapter entitled **El mundo y las relaciones sociales**, which offers a more in-depth presentation of Hispanic culture and history.

➤ **Review:** Beginning in **Paso B**, each **Actividades de comunicación** section now ends with a new section, **En resumen**, which presents one or more cooperative learning or creative writing activities, based on the key vocabulary and grammar of the chapter. Starting in **Paso C**, all **En resumen** sections contain a **Videoteca** activity, based on the new, text-specific video. (You can learn more about the video on pages xxiv–xxv.)

➤ **Organization of the activities:** All activities now fall under fifteen different rubrics (see page xx). In addition, activities in each thematic section have been sequenced more consistently from input to output, in order to promote comprehension *before* production.

➤ **Dialogues: Diálogo** and **Diálogo abierto** activities now appear only in the first five chapters.

➤ **Visuals:** More visually based activities (many with new authentic realia) appear throughout *Dos mundos*.

What's New With the Reading Materials?

As some of you have probably noticed, the reading component of *Dos mundos* has undergone many changes since the First Edition. Over the editions, we have included more authentic material, such as newspaper articles and ads. We have also tried to feature high-interest fiction and poetry, because many students find those types of reading stimulating and exciting. (We have also found that students are encouraged by the idea that they can read real literature in a foreign language.) When preparing each edition, we reassess all the readings, discarding those that proved too difficult or not engaging enough. Our objective is to provide texts that are interesting and culturally rich, but also accessible to first-year students.

As you flip through the pages of *Dos mundos*, Fourth Edition, and the *Cuaderno de trabajo*, you will recognize all the reading features from the Third Edition. For instance, we continue to teach geography by providing maps that highlight countries and cities mentioned in many reading selections. Here are the basic reading types, all carried over from the previous edition.

➤ **Lecturas:** readings that showcase the *Dos mundos* cast of characters; realia-based material such as newspaper ads and magazine articles

➤ **Notas culturales:** brief segments on Hispanic culture, with photo illustrations

➤ **Cuentos:** short fiction by Hispanic writers

➤ **Poesía:** poetry by the renowned poets José Martí, Pablo Neruda, and Amado Nervo

➤ **El mundo hispano... su gente:** first-person accounts of life and culture in Spanish-speaking countries, featuring the geography of the Hispanic world

➤ **El mundo hispano... imágenes:** selections consisting of a photograph and a short narrative that focus on specific areas of the Hispanic world

All of these readings reflect the theme and vocabulary of each chapter. Many of them (marked with a headphones icon) are recorded on the *Book on Tape*, which provides students with extra listening practice. As in previous editions, the **Lecturas, Notas culturales, Cuentos,** and **Poesía** are followed by reading activities. These include **Comprensión,** with innovative formats for checking comprehension; **Ahora... ¡usted!,** with personalized questions; and, in this edition, **Un paso más... ¡a escribir!,** a new writing activity that engages students' creativity.

In response to your requests for pre-reading strategies, we have added **Suggestions for Effective Reading** in the annotated *Instructor's Edition*, in which we discuss techniques such as skimming, scanning, cognate recognition, and using context and cues outside the text to guess at meaning. In addition, most of the reading segments are now preceded by a short synopsis and a brief vocabulary box. Both are intended to function as "advance organizers"; in this way, they provide a preview of the reading to enhance students' comprehension.

The Fourth Edition places even more emphasis on reading and literacy. You will find four new features:

➤ **El mundo hispano... en los Estados Unidos:** These brief narratives by Hispanics living in the United States include comparisons and contrasts between life in the United States and in their countries or cultures of origin.

➤ **Las palabras viven:** The phrase *Words are alive* reflects how Spanish is continually changing. In these segments you will find information on various linguistic phenomena such as colloquial expressions and word variations in the Hispanic world. There are also readings about the origin of words, including borrowings from other languages, popular idioms and proverbs, as well as readings on the indigenous languages of Latin America such as Quechua and Nahuatl.

➤ **¡Reír es vivir!:** We truly believe that laughter can help us live happier and healthier lives, so we created this entertaining feature that tells jokes—**chistes**—and presents humorous exchanges. Read these with your students for the sheer fun of it!

➤ **En nuestro mundo increíble:** These short sidebars offer interesting or extraordinary facts about the incredible world we live in.

Finally, additional reading material is available for your students through the innovative *Storyteller's Series*, the *¡A leer!* easy reader series, and the *El mundo hispano* reader (see pages xvi–xvii).

The Handling of Grammar: *Gramática y ejercicios*

The most substantial change in the main text is the reorganization of grammar in the latter part of the book. Instructors like you told us—and we agree!—that there was too much grammar in those chapters. So we placed the most advanced concepts, along with verification exercises, in a new section of the *Cuaderno* called **Expansión gramatical.** If you have the time and wish to do more grammar, this appendix will be very useful. If you've taught with *Dos mundos* before and have found the amount of grammar in the last chapters to be excessive, we hope you will now find the

latter part of the book more manageable. Here are some additional changes of note:

➤ **Explanations:** Grammar explanations are now easier to understand and lend themselves readily to self-study.

➤ **Margin notes:** More margin notes have been added to give students hints or quick overviews of grammar points. For example, "**ser** = origin; **estar** = location" appears in the margin beside the introduction of **ser** and **estar.**

➤ **Illustrations:** Many graphics have been included in the grammar sections to provide more visual appeal. More complex grammar concepts are now illustrated with a drawing—**Gramática ilustrada,** depicting a relevant scene—to help students visualize the grammatical structure.

➤ **Reminders for review:** A new feature, **¿Recuerda?,** reminds students to review previous grammar sections.

➤ **Functional titles:** All grammar topics now have functional titles. For example, **Talking about Actions in Progress: Present Progressive** tells students how the present progressive is used.

➤ **Recognizing vs. using:** Some advanced grammar exercises that required production have been replaced by others that require recognition only.

➤ **Verbs:** Simple presentations of **-ar** and **-er/-ir** verbs are now in **Paso C** and **Capítulo 1,** preceding the introduction of **gustar** + infinitive. The present tense is now re-entered more completely in **Capítulos 2** and **3.**

Major Content and Organization Changes: *Cuaderno de trabajo*

The basic premise of the *Cuaderno* has not changed. It is still intended for use primarily outside of the classroom, and it still features oral texts (listening comprehension passages) and readings, as well as grammar exercises and a variety of activities, including a section that focuses on pronunciation and spelling.

In this edition we have attempted to iron out some of the organizational problems that adopters have brought to our attention and to focus on the level of difficulty of the listening passages.

Following is the new structure of each chapter of the *Cuaderno,* along with a brief explanation of each section.

➤ **Para empezar:** This new section consists of one or more brief listening activities that serve as a chapter warm-up by focusing on the grammar and vocabulary of previous chapters.

➤ **Comprensión oral** and **Actividades escritas:** These sections are now *completely coordinated* with the thematic sections of the student text. Each thematic section contains two types of activities:

Actividades escritas: guided, form-focused exercises, followed by more open-ended, personalized writing activities for which there is generally no "right" answer.

Comprensión oral: listening comprehension activities coordinated with the *Audiocassette Program.*

➤ **¡A repasar!:** This new section contains cumulative listening comprehension activities that focus on the theme of the chapter.

➤ **¡Adelante!:** This new, final listening comprehension activity challenges students to use their listening skills to grasp meaning in novel contexts. At the same time, it prepares them for the topics, vocabulary, and structures that will be presented in the next chapter. Instructors may prefer to work with this activity in class.

➤ **Pronunciación y ortografía:** These exercises help students work with the sound and spelling systems of Spanish.

➤ **Lecturas adicionales:** These optional readings contain the same kinds of advance organizers as those in the student text—a brief synopsis and a vocabulary box—as well as follow-up activities.

➤ **Videoteca:** In these pre- and post-viewing activities, students work with the content of each chapter's video segment.

In addition to the changes in the *Cuaderno*, the listening comprehension passages have been thoroughly revised, to promote increased comprehension by reducing the amount of new vocabulary in the listening passages and by systematically re-entering key vocabulary and grammar.

Components of the Fourth Edition

The Fourth Edition of **Dos mundos** offers a complete package of instructional materials for beginning Spanish courses whose primary goal is proficiency in com-

munication skills. These materials are designed to encourage you and your students to interact in Spanish as naturally and as spontaneously as possible. In addition to the student text and the *Cuaderno de trabajo*, the following materials are available:

➤ The annotated *Instructor's Edition* contains marginal notes that offer extensive pre-text activities and suggestions for using and expanding materials in the student text. These notes also provide teaching hints and references to the supplementary activities in the *Instructor's Resource Kit.*

➤ The *Instructor's Manual*, with a general introduction to the Natural Approach and to the types of acquisition activities found in the program, provides step-by-step instructions for how to teach the **Pasos** and **Capítulo 1.** It also offers many pre-text activities designed for use before doing the communicative activities, as well as additional strategies for implementing the Natural Approach.

➤ The *Instructor's Resource Kit* contains the following supplementary activities and games that correspond to themes in the student text: **TPR, Veinte preguntas, Lotería, Búscalo tú, Entrevista, Actividad de firma, Intercambio, Crucigrama,** and **Encuesta.**

➤ 100 full-color *Overhead Transparencies* display drawings, color maps, and other items, most of which appear in the student text.

➤ The *Test Bank* contains listening comprehension (with *Testing Tapes*), reading, vocabulary, and grammar tests for each chapter. It also includes suggestions for testing oral achievement and writing skills.

➤ The *Audiocassette Program* presents oral texts coordinated with the *Cuaderno de trabajo* that support the topics and functions of each chapter of the student text. It also includes pronunciation exercises and vocabulary read on tape.

➤ The *Tapescript* is a transcript of all recorded materials in the *Audiocassette Program.*

➤ The optional *Book on Tape* contains recordings of many of the readings in the student text (**Lecturas, Notas culturales, Los amigos hispanos,** and **Las palabras viven**).

➤ The *Storyteller's Series* offers high-interest fiction (novellas and short stories) designed for advanced-beginning or intermediate students.

➤ The *McGraw-Hill Electronic Language Tutor* (*MHELT 2.1*), an upgraded software program based on the text's grammar exercises, is available in IBM and Macintosh formats.

➤ *Spanish Partner:* This computer tutorial, by Monica Morley and Carl Fisher, provides students with additional practice in basic Spanish vocabulary and structures.

➤ The **Destinos** *Video Modules* provide footage from the popular **Destinos** television series as well as original footage shot on location. The *Modules* offer high-quality video segments on vocabulary, functional language, situational language, and culture.

➤ The *McGraw-Hill Video Library of Authentic Spanish Materials* consists of several volumes of video materials. Three different sets of slides showing the Hispanic world are accompanied by discussion questions and activities.

➤ The *Training Video* demonstrates how to use **Dos mundos** and the Natural Approach in a variety of classroom settings.

Adopters familiar with previous editions will be pleased to see the following new components of the **Dos mundos** package of ancillary materials:

➤ The *Picture File* contains 50 thematically arranged, color photographs designed to stimulate conversation in the classroom.

➤ The *¡A leer!* easy reader series features two short readers: **Barriga llena, corazón contento**, on regional Hispanic cuisines; and **Cuentos de hadas y leyendas**. These readers, developed to reinforce vocabulary acquisition, can be used as early as the second semester and are intended for use outside the classroom.

➤ The **El mundo hispano** reader features five major regions of the Hispanic world, as well as a section on Hispanics living in the United States.

➤ The *Video to accompany* **Dos mundos**, shot on location in Mexico, Spain, Ecuador, and the United States by a nationally recognized and award-winning production company, is coordinated with the **Videoteca** sections of the student text and the **Videoteca** pre- and post-viewing activities in the **Cuaderno de trabajo**. (See pages xxiv-xxv for more information about the video.)

➤ The interactive *CD-ROM to accompany* **Dos mundos**, which incorporates Quicktime™ video with comprehension questions and engaging interactive games, is coordinated with chapters of the student text. (See page xxv for more information about the CD-ROM.)

Second-Language Acquisition: The Five Hypotheses

The materials in **Dos mundos** are based on Tracy D. Terrell's Natural Approach to language instruction, which in turn relies on Stephen D. Krashen's theoretical model of second-language acquisition. That theory consists of five interrelated hypotheses, each of which is mirrored in some way in **Dos mundos**. Along with Krashen's research, we have included in this Fourth Edition elements from Natural Learning Theory, a model developed by Brian Cambourne that is very supportive of Natural Approach principles.[1]

Many of you will be familiar with the following concepts already. But if you're not, don't feel obliged to memorize them. As you gradually work with **Dos mundos**, Terrell's and Krashen's ideas will become second nature to you. After outlining the five hypotheses below, we present nine ideas for application of the theory in the foreign-language classroom.

1 The Acquisition-Learning Hypothesis

This theory suggests that we have two independent ways of developing language ability: acquisition and learning.

➤ **Language acquisition** is a subconscious process; that is, we are not aware that it is happening. Once we have acquired a segment of language, we are not usually aware that we possess any new knowledge; the knowledge is stored subconsciously. Research strongly supports the view that adults can acquire language subconsciously, as do children.

➤ **Language learning** is a conscious process; we are aware that we are learning. When you talk about "rules" and grammar, you are usually talking about learning.

2 The Natural Order Hypothesis

This theory states that we acquire parts of a language in a *predictable order*. Some grammatical items, for example, tend to be acquired early while others are acquired late. The natural order

---

[1] Portions of this section and the next are quoted by permission of Stephen D. Krashen, *Fundamentals of Language Acquisition*, Laredo Publications, 1992; and Brian Cambourne, *The Whole Story, Natural Learning and the Acquisition of Literacy*, Ashton Scholastic, 1994.

appears to be unaffected by deliberate teaching; *we cannot change the natural order by explanation, drills, and exercises.* Indeed, more language acquisition takes place when students are given some responsibility for choosing the themes that interest them, without regard to grammatical acquisition order.

3 The Monitor Hypothesis

This hypothesis attempts to explain how acquisition and learning are used. We normally produce language using our acquired linguistic competence. The main function of conscious learning is as *monitor* or *editor*. After we produce language using the acquired system, we sometimes inspect it and use our learned system to correct errors. This self-correction can happen internally before we speak or write, or after we produce a sentence.

4 The Input Hypothesis

This concept proposes that we acquire language when we *understand messages* or obtain comprehensible input. Comprehensible input can be aural or written: Reading is an excellent source of comprehensible input. According to the Input Hypothesis, production (talking and writing) is a *result* of language acquisition, not a cause.

5 The Affective Filter Hypothesis

This theory suggests that attitudes and feelings do not impact language learning directly but can prevent students from acquiring language from input. If a student is *anxious* or does not perceive the target culture in a positive light, he or she may understand the input but a *psychological block* (the Affective Filter) will prevent acquisition.[2]

The Natural Approach and *Dos mundos*: From Theory to Action

The principles of the Natural Approach follow from the preceding hypotheses. Our goal is to make the theory work for us in the classroom. Here is how we do it:

---

[2]For more detailed information see the section on Natural Approach theory in the *Instructor's Manual*. See also Stephen D. Krashen and Tracy D. Terrell, *The Natural Approach: Language Acquisition in the Classroom*, Prentice Hall, 1983.

1 Aiming for Meaning

The primary goal of the Natural Approach classroom is to provide comprehensible aural and written input, the components necessary for language acquisition. These components help students do what Cambourne calls "creating meaning." *Dos mundos* helps students create meaning through both acquired and learned knowledge.

ACQUISITION	LEARNING
Actividades de comunicación	**Gramática y ejercicios**
All readings	**En resumen**
Comprensión oral	**Actividades escritas**
Video segments	**Ejercicios de pronunciación y ortografía**

The input provided by the instructor during the **Actividades de comunicación** and the input received from reading the **Lecturas** and from listening to the **Comprensión oral** and *Book on Tape* audio texts enable students to create meaning from the new language and contribute to students' acquired knowledge. A grammatical syllabus similar to those in other beginning Spanish textbooks is the basis for the **Gramática y ejercicios** section, but the activities that encourage the acquisition of grammar are spread out over several chapters.

2 I'm Listening!

While the ability to produce language is the result of acquisition, comprehension precedes production. Thus, students' ability to use new vocabulary and grammar is directly related to the opportunities they have had to listen to and read that vocabulary and grammar in meaningful and relevant contexts. These meaningful contexts are what Cambourne calls "demonstrations." Students need many demonstrations of meaningful language; then opportunities to express their own meanings must follow.

3 Taking Our Time

Because speech emerges in stages, *Dos mundos* allows for three stages of language development: comprehension; early speech; and speech emergence.

The activities in **Paso A** are designed to give students the opportunity to develop initial comprehension ability without being required to speak Spanish. The activities in **Paso B** encourage the transition from comprehension to the ability to respond naturally in single words. By the end of **Paso C** and through **Capítulo 1,** most students are making the first transitional steps from short answers to longer phrases and complete sentences. Students will continue to pass through these same three stages with the new material of each chapter. The vocabulary and structures presented in **Capítulo 1** may not be fully acquired until **Capítulo 5** or later.

The Pre-Text and Additional Activities as well as the Follow-Up and Optional Grammar Activities in the *Instructor's Edition,* the **Actividades de comunicación** and **Lecturas** in the student text, and the **Comprensión oral** in the *Cuaderno de trabajo* all provide opportunities for understanding Spanish before production is expected. As students become more fluent listeners and speakers, native speakers and teachers will automatically raise the ante and challenge students' skills with higher-level language. It is this process that helps students continue to acquire higher-level lexicon and grammatical structures.

4 We All Make Mistakes

Errors in form are not corrected in classroom activities that are aimed at acquisition. We expect students to make many errors as speech emerges. Cambourne calls student attempts to communicate with others in the new language "approximations." "The willingness to accept approximations," he writes, "is absolutely essential to the processes which accompany language learning."[3] Given sufficient exposure to Spanish, these early errors do not become permanent, nor do they affect students' future language development. We recommend correcting only factual errors and responding naturally to students' communication, expanding only when it feels normal and natural to do so, when the correction or expansion can easily be woven into the conversational thread.

In contrast, students can and should correct their responses to the self-study grammar exercises using the key in the back of the text, and to the **Comprensión oral** and the **Actividades escritas** using the key in the back of the *Cuaderno de trabajo.*

5 Relax and Let It Happen Naturally!

Students acquire language only in a low-anxiety environment and when they are truly engaged with the material. A low-anxiety atmosphere is created when the instructor: 1) provides students with truly interesting, comprehensible input, 2) does not focus excessively on form, and 3) lets students know that acquiring a new language is "doable" and is expected of them. *Dos mundos* creates such a positive classroom atmosphere by sparking student interest and encouraging involvement in two sorts of activities: those that relate directly to students and their lives, and those that relate to the Hispanic world. Hence, the **dos mundos** referred to in the title. Input and interaction in these two areas—along with the expectation from the instructor that students will be able to communicate their ideas—create a classroom environment wherein the instructor and students feel comfortable listening and talking to one another.

6 It Takes a Community

Group work encourages interaction and creates classroom community. In a Natural Approach classroom, students are encouraged to speak and interact. Group work provides valuable opportunities for students to interact in Spanish during a given class period and helps create a sense of classroom community that facilitates communication.

7 Speak Your Mind!

Speaking helps language acquisition indirectly in several ways by encouraging comprehensible input via conversation. Our extensive classroom experience has led us to believe that "learners need both the time and the opportunity to use their immature, developing language skills."[4] Speaking also gives students the positive feeling of engaging in real language use. It helps create a sense of community as the instructor and students share opinions and information about themselves.

8 A Place for Grammar

Although *Dos mundos* focuses on acquisition through oral, listening, and written activities, there are practical reasons for grammar study. Formal knowledge of

---

[3]Cambourne, page 38.

[4]Cambourne, page 38.

grammar does not contribute to second-language fluency, but it may help some students edit their written work. For others it can lead to a greater appreciation of the structure of the language and/or be a good introduction to the field of linguistics. Also, some language students derive great satisfaction when they learn about what they are acquiring. Finally, very adept language learners can utilize grammatical knowledge to make the input they hear and read more comprehensible.

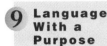

9 Language With a Purpose The goal of the Natural Approach is proficiency in communication skills: listening, reading, speaking, and writing. Proficiency is defined as the ability to understand and convey information and/or feelings in a particular situation for a particular purpose. Grammatical accuracy is one part of communicative proficiency, but it is not a prerequisite.

Additional Comments about the Student Materials

Each of the sixteen regular chapters of *Dos mundos* opens with the **Actividades de comunicación y lecturas**, which stimulate the acquisition of vocabulary and grammar. The following types of communicative activities are repeated from chapter to chapter. Those in the student text are consistently labeled.

TPR (Total Physical Response) Activities (*Instructor's Edition*)
Student-centered input (*Instructor's Edition*)
Photo-centered input (*Instructor's Edition*)
Definitions (**Definiciones**)
Association activities (**Asociaciones**)
Discussions (**Conversación**)
Realia-based activities (**Del mundo hispano**)
Description of drawings (**Descripción de dibujos**)
Culminating activities (**En resumen**)
Interactions (**Intercambios**)
Narration series (**Narración**)
Dialogues (**Diálogos** and **Diálogos abiertos**)
Identification activities (**Identificaciones**)
Situational dialogues (**Situaciones**)
Personal opinion activities (**Preferencias**)

Interviews (**Entrevistas**)
Polls (**Encuestas**)
Creative writing activities (**Un paso más... ¡a escribir!**; and **¡Dígalo por escrito!**)

The **Vocabulario** list that follows each **Actividades de comunicación y lecturas** section contains most of the new words that have been introduced in the vocabulary displays and activities. Students should recognize these words when they are used in a clear communicative context. Many will also be used actively by students in later chapters as the course progresses.

The readings in *Dos mundos* are by no means exhaustive; we recommend that instructors read aloud to students and, when students are ready for independent reading, allow them to select reading material of interest to them. Teachers may find the *¡A leer!* series, the *El mundo hispano* reader, or the *Storyteller's Series* appropriate for second-, third-, or fourth-semester accompaniment to *Dos mundos*.

The **Gramática y ejercicios** sections, in the "blue pages," are designed for quick reference and ease of study. (The answer key to the grammar exercises is in Appendix 4.) The purpose of the grammar exercises is for students to verify that they have understood the explanation; we do not believe that students acquire grammar by doing exercises.

Most new topics in the **Actividades de comunicación y lecturas** sections begin with references (marked **Lea Gramática...**) to the pertinent grammar section(s) of the chapter. All activities can be done without previous grammar study; it is desirable to do all **Actividades de comunicación** in a purely communicative way, with both instructor and students focusing on the meaning of what is being said.

Acknowledgments

A special note of thanks is due to Stephen D. Krashen for his research on second-language acquisition theory. Dr. Krashen continues to give us many valuable insights into creating more natural activities and providing more comprehensible input for students in both listening and reading components.

We are also grateful to Joseph Goebel of The College of New Jersey for his careful, annotated reading of the Third Edition of *Dos mundos, Instructor's Edition,* and *Cuaderno de trabajo,* as well as for his review of manuscript of the Fourth Edition. Dr. Goebel's hands-on experience in the classroom and as a trainer of teaching assistants makes his suggestions invaluable. In addition, we want to thank Dr. Goebel for his creative writing activities that appear in the **En resumen** section of each chapter.

Thanks also go to Professor Brian Cambourne at the University of Wollongong, Australia, for his annotated reading of the *Instructor's Manual* and his many comments that have helped us refine Natural Approach theory for this Fourth Edition.

We would like to thank Karen Christian for her contributions to the first *Instructor's Resource Kit* (with the Third Edition of the text). Heartfelt thanks go to Beatrice Tseng (Irvine Valley College) for her creative redesign of the Fourth Edition of the *Instructor's Resource Kit*, for her tireless search for authentic materials, and for her dedication to detail in tracking the vocabulary of *Dos mundos*. Polly Hodge (Chapman College) deserves special thanks for her exciting work on reading strategies and techniques, as well as for her **Comprensión oral** activities in the *Cuaderno*, as does Sally Sefamí for her creative work on the reader on regional cuisines, *Barriga llena, corazón contento*. Thanks also are in order to Christa Harris and Pennie Nichols-Alem for the **Videoteca** activities they developed. We owe much to our on-call computer expert, Richard Zucker (Irvine Valley College), for his invaluable expertise in keeping our computers going and our programs working for us throughout the revision process.

The authors would also like to express their gratitude to the many members of the language-teaching profession whose valuable suggestions contributed to the preparation of this revised edition. The appearance of their names here does not necessarily constitute an endorsement of the text or the Natural Approach methodology.

Marc Accornero, Mission College

Jeff Adams, Walla Walla Community College

Lucía V. Aranda, Kapiolani Community College

F. M. Arguello, Fayetteville State University

Deborah Baldini, University of Missouri–St. Louis

Linda-Jane C. Barnette, Ball State University

Lisa M. Baudler, Austin Community College

Sue Bertoleit-Valdez, Temple Junior College

Carole Byrd, University of Wisconsin at Oshkosh

Justyna M. Carlson, Southern Vermont College

Michelle Connolly, Community College of Rhode Island

James Crapotta, Barnard College

Isabel Creuch, Prescott College

Jorge H. Cubillos, University of Delaware

Marta DePierris, Mills College/College of Marin

John Dolance, Richland College

Lynda Durham, Casper College

Richard K. Evans, Geneva College

Addison Everett, Dixie College

Augustine Fernández, Paul Quinn College

Marisol Fernández García, Michigan State University

Reyes I. Fidalgo, Bowling Green State University

Emy Fischer, Texas State Technical College

Herschel Frey, University of Pittsburgh

Roseanne Fulcher, Erie Community College

Amalia V. Garzón, Del Mar College

Jeannette Harker, Florida Atlantic University

Laura Huffman, Los Medanos College

Shawna L. Kelly, Tennessee Technical University

Anne Key, Tillamook Bay Community College

Michael Langston, St. Meinrad College

Montserrat Linkletter, Tacoma Community College

Melissa Lockhart, Wake Forest University

Kim MacDonald, Azusa Pacific

Zenaida Madurka, SUNY at Stony Brook

Edward H. Mayer, University of Utah

Olga Mendell, D'Youville College

Karin Melson Meyer, Canisius College

Patricia A. Morrissey, Clatsop Community College

Jeanne Mullaney, Community College of Rhode Island

Nancy Nieman, Santa Monica College

Irma O'Connor, Canisius College

Nanette R. Pascal, Richland College

Teresinka Pereira, Bluffton College

Carole Permar, Marshalltown Community College

Ana M. Piffardi, Eastfield College

Sergio Pizarin, Sullivan County Community College

Antonio Prado, University of Oklahoma

Dawn E. Prince, Iowa State University

Rosemary Sands Ptacek, St. Norbert College

Gus Puleo, Columbia University

Lourdes Ramírez Mallis, Keene State College

Celia V. Ramírez-Owens, Big Bend Community College

Sarah Rath, Green Mountain College

Melvyn C. Resnick, University of Tulsa

P. Harlow Rhoades, East Central College

Catherine Rodgers, Wake Forest University

Ingrid Rogers, Manchester College

Ana Isabel Rueda-García, Texas Christian University

Annette Sánchez, Nashville State Technical Institute

Mireya Scheerer, Cypress College

Terry Sellars, Nashville State Technical Institute

Mary Studer Shea, Napa Valley Community College

Nancy E. Shearer, Cuesta College

William H. Shuford, Lenoir-Rhyne College

Jerry Smartt, Friends University

Celia V. Smith, Lincoln University

Laurel B. Sparks, North Dakota State University

Craig R. Stokes, Grove City College

James R. Swann, Northeast Texas Community College

Paul D. Toth, University of Pittsburgh

Myrna E. A. Vélez, Dartmouth College

Keith Watts, University of New Mexico

Estelita C. Young, Collin County Community College

Many other people participated in the preparation of the Fourth Edition of **Dos mundos**. We feel deeply indebted to Thalia Dorwick for her care and support. As editor of the First Edition, Thalia gave the text its initial push and continues to be an adviser on all major decisions regarding changes. As our first editor and now as our publisher, she has provided us with countless resources, much-needed guidance, and most importantly, the freedom to write the book we wanted to write.

Our Fourth Edition editor, Becka McGuire, was fantastic! She took our program to a new level of quality and creativity. It was reassuring to work with someone as organized and knowledgeable about the Natural Approach and as professionally enthusiastic as Becka. We also appreciate the support of Gregory Trauth, who managed the project, and Jennifer Valko, who professionally and cheerfully handled so many details of the project.

We would like to acknowledge the sales and marketing support we have received from The McGraw-Hill Companies, and specifically from Margaret Metz and Cristene Burr. We are also very grateful to the following McGraw-Hill staff and associates for their excellent work on this complex project, as well as for their patience and perseverance: Karen Judd, Diane Renda, Francis Owens, Rich DeVitto, Nicole Widmyer, and Richard Lange. Special thanks go to Sally Richardson who, for this Fourth Edition, made it possible for our cast of characters to change with the times by giving them a fresh and contemporary look! In addition, we wish to thank Laura Chastain and Wilfrido Corral for their help with questions of language usage and cultural content in the final manuscript and Charlotte Jackson for her painstaking review of the vocabulary.

And, finally, we would like to thank each other for many years of moving the Natural Approach from idea into print. We hope our contributions continue to be worthwhile.

To the Instructor and Students

The *Dos mundos* Cast of Characters, Video, and Interactive Multimedia

Most of the exercises and activites in **Dos mundos** are based on the lives of a cast of characters from different parts of the Spanish-speaking world. Here they are, followed by a description of the innovative Video and CD-ROM that accompany the Fourth Edition of **Dos mundos**.

Cast of Characters: The Textbook and the *Cuaderno de trabajo*

Two groups of characters appear in exercises and activities throughout the print materials for **Dos mundos**.

Los amigos norteamericanos (North American friends), a group of students at the University of Texas at San Antonio. Although they are all majoring in different subjects, they know each other through Professor Adela Martínez's 8:00 A.M. Spanish class.

la profesora Martínez
Luis   Alberto
Mónica Carmen Esteban Nora Lan Pablo

Los amigos hispanos (Hispanic friends) live in various parts of the Spanish-speaking world. In **México** you will meet Silvia Bustamante and her boyfriend, Ignacio (Nacho) Padilla.

Silvia y Nacho

You will also get to know Raúl Saucedo and his family. Raúl lives with his parents in Mexico City but is currently studying at the University of Texas at San Antonio; he knows many of the students in Professor Martínez's class. You will meet Raúl's grandmother, doña María Eulalia González de Saucedo, as well as other members of his extended family: his three older sisters, Estela, Andrea and Paula (who are twins), and their families.

doña María Eulalia y Raúl

Raúl's sister Estela is married to Ernesto Ramírez. They have three children, Amanda, Guillermo, and Ernestito. Andrea is married to Pedro Ruiz, and they have two young daughters, Marisa and Clarisa. Paula is a single travel agent who lives and works in Mexico City.

la familia Ramírez
Ernesto
Estela
Ernestito   Amanda y Guillermo

la familia Ruiz
Pedro →
Clarisa
Marisa
Paula
Andrea

The Ramírez children have school friends. Amanda's best friend is Graciela Herrero, whose brother is Diego Herrero. Amanda has a boyfriend, Ramón Gómez, and Graciela's boyfriend is Rafael Quesada.

Graciela   Diego   Ramón   Rafael

There are also friends and neighbors of the Ramírez and Ruiz families: don Eduardo Alvar and don Anselmo Olivera; doña Lola Batini; and doña Rosita Silva and her husband, don Ramiro.

don Eduardo   don Anselmo   doña Lola   doña Rosita   don Ramiro

Carla   Rogelio   Marta

In **Puerto Rico** you will meet Carla Espinosa and her friend Rogelio Varela, students at the University of Puerto Rico in Río Piedras. You will also meet Marta Guerrero, a young Mexican woman living in Puerto Rico.

In **España** (Spain) you will accompany an American student, Clara Martin, on her travels. Her friends in Spain are Pilar Álvarez and Pilar's boyfriend, José Estrada.

Pilar   Clara   José

Ricardo

You will get to know Ricardo Sícora in Caracas, **Venezuela**. He is nineteen years old and has just graduated from high school.

In **Argentina** you will meet Adriana Bolini, a young woman who works for a computer company, and her boyfriend, Víctor Ginarte.

Adriana y Víctor

On the radio you will listen to Mayín Durán, who is from **Panamá**. Mayín works as an interviewer and reporter for KSUN, Radio Sol de California, in Los Angeles.

Mayín

Susana

Armando y Andrés

You will meet the Yamasaki family in **Perú**: Susana Yamasaki González and her two sons, Armando and Andrés.

In **Miami** you will meet Professor Rubén Hernández Arenas and his wife, Doctora Virginia Béjar de Hernández.

Rubén y Virginia

The Video

New in the Fourth Edition of *Dos mundos* is a two-hour video, filmed on location in Mexico, Ecuador, Spain, and the United States. Each video segment consists of a two- to three-minute vignette that focuses on one of the three groups of featured characters, followed by a brief authentic interview with a Hispanic living in the United States. An introduction to each vignette can be found in the **Videoteca** section of **En resumen** (at the end of the **Actividades de comunicación y lecturas** sections of the textbook). Viewing activities are located in the **Videoteca** sections in the *Cuaderno de trabajo*.

Here are some of the characters you will meet in the vignettes.

México

Diego González, an American graduate student living in Mexico City.

Lupe Carrasco, an anthropology student from Mexico City.

Antonio Sifuentes, a graduate student from Mexico City.

Ecuador

Elisa Velasco, a travel writer from Quito.

José Miguel Martín Velasco (son of Elisa), a university freshman.

Paloma Velasco, José Miguel's cousin, also a university freshman.

España

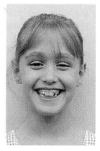

Manolo Durán García, a university professor of literature in Sevilla.

Lola Benítez Guzmán, a Spanish professor for American students in Sevilla.

Marta Durán Benítez, their eight-year-old daughter.

The CD-ROM

Available in both IBM and Macintosh formats, the CD-ROM continues the emphasis on the meaningful use of Spanish that characterizes the *Dos mundos* program. Throughout the CD-ROM's innovative and visually appealing activities, students will be able to understand what they are reading or hearing, and exercise critical thinking skills. Many activities focus on the thematic sections of a given chapter. Others introduce students to characters from the video, inviting students to write to them on e-mail or to converse with them. Finally, the CD-ROM format is utilized to make the thematic vocabulary displays interactive. Recording and printing capabilities make the CD-ROM a true four-skills ancillary. The CD-ROM also contains a link to the *Dos mundos* web site on the World Wide Web.

The World Wide Web

Bringing the Spanish-speaking world more directly into the classroom, the *Dos mundos* web site provides links to other culturally authentic sites and offers additional activities for each chapter of the text. Available after June 1, 1998, the *Dos mundos* web page can be accessed through the McGraw-Hill Spanish web page at: http://www.spanish.mhhe.com

To the Student

The course you are about to begin is based on a methodology called the Natural Approach. It is designed to help you develop your ability to understand and speak everyday Spanish and to help you learn to read and write in Spanish.

Researchers have distinguished two ways of developing ability in another language: 1) through a subconscious process called *language acquisition*—like "picking up" Spanish while living in Mexico or Spain; and 2) through a conscious process called *language learning*, which has to do with memorizing and applying grammar rules. *Language acquisition* gives us our fluency, much of our accuracy in speaking, and our ability to understand authentic language when we hear it. You know you've acquired a word when it "feels" and sounds right in a given context. *Language learning* is not as useful in oral communication, but it helps us edit our speech and writing. You know you've *learned* a rule when, for example, you can recall it in order to produce the right form of a verb.

The **Actividades de comunicación y lecturas** of *Dos mundos* will help you acquire Spanish through listening to your instructor and interacting with your classmates; the **Comprensión oral** sections of the *Cuaderno de trabajo* also provide opportunities to practice your listening comprehension skills. The **Gramática y ejercicios** section of the text and many sections of the *Cuaderno* will offer opportunities for learning Spanish and for applying the rules you have learned. Our goal in *Dos mundos* is to make it possible for you to *acquire* the language, not just *learn* it. Keep in mind that *language acquisition* takes place when we understand messages, that is, when we comprehend what we read or what we hear. The most effective ways for you to improve your Spanish are to listen to it, read it, and interact with native speakers of the language as much as possible!*

Classes that use *Dos mundos* provide you with a great deal of language you can understand. Your instructor will always speak Spanish to you and will use gestures, photos, real objects, and sound effects to make himself or herself understood. To get the most out of a class session, you only need to focus on what your instructor is saying, that is, on the *message*. You do not have to think *consciously* about grammar or try to remember all the vocabulary that is being used.

You will also have plenty of opportunities for reading. The more you read, the better your Spanish will become. When you are reading, just pay attention to the message. You don't have to know every word or figure out every grammatical structure in order to understand and enjoy what you read!

You will be speaking a lot of Spanish in the classroom, both with your instructor and with your classmates. And when you speak, you will make mistakes. Don't be overly concerned about these mistakes; they are a natural part of the language-acquisition process. The best way to eliminate your errors is not to worry or think hard about grammar when you talk, but to continue to get more language input through listening, conversation, and reading. In time, your speech will become more accurate.

---

*For a more in-depth understanding of the terms *acquisition* and *learning* you may wish to read the *To the Instructor* section of this preface.

Getting Acquainted With the Materials

The Textbook

	WHAT IS IT?	HOW WILL IT HELP?
Actividades de comunicación	Oral communication activities done in class with your instructor and classmates.	Give you opportunities to listen to and interact in Spanish.
Lecturas **Notas culturales** **Los amigos hispanos** **Las palabras viven** **El mundo hispano... su gente** **El mundo hispano... imágenes** **El mundo hispano... en los Estados Unidos**	Short readings on interesting topics or topics relevant to the Hispanic world.	Allow you to acquire Spanish and help you learn about the Hispanic world and the Spanish language.
¡Reír es vivir! **En nuestro mundo increíble**	Very short paragraphs with jokes and interesting facts about the world we live in.	Allow you to read short, interesting texts that are easy to comprehend.
Vocabulario	A list of the important words from the **Actividades de comunicación.**	For reference or review of vocabulary.
Gramática y ejercicios	Explanations and examples of grammar rules followed by exercises, at end of each chapter.	For self-study and reference. Refer to grammar to edit your writing.
Appendix 1	Verb charts of regular and irregular verbs in all forms.	Reference.
Appendix 2	Grammar Summary Tables. Summaries of major grammatical points introduced.	Reference.
Appendix 3	Accentuation and Spelling Summary Tables. Summaries of accent and spelling rules.	Reference.
Appendix 4	Answer Key to grammar exercises.	Use to check your answers.
Vocabulary	Spanish-English vocabulary.	Reference.

Cuaderno de trabajo (Workbook/Lab Manual)

	WHAT IS IT?	HOW WILL IT HELP?
Para empezar	Warm-up listening activities that use material from previous chapters.	Help you get started with a new chapter, while reviewing previous ones.
Actividades escritas	Written activities usually done outside of class. Coordinated with the chapter theme, vocabulary, and grammar.	Allow you to express yourself in writing and let your instructor see your progress.
Comprensión oral	Listening activities for use outside of class. Most activities have comprehension questions.	Provide you with opportunities to listen to and acquire Spanish outside the classroom.
Ejercicios de pronunciación y ortografía	Taped pronunciation and spelling exercises.	An introduction to Spanish spelling and pronunciation.
¡A repasar!	Listening comprehension activity.	Reviews the vocabulary and structures of the chapter.
¡Adelante!	Chapter-final listening comprehension activity.	Challenges you to understand Spanish in new contexts and prepares you for the next chapter.
Lecturas adicionales	Additional readings; may be done in class, as homework, or read for pleasure.	Allow you to acquire more Spanish through additional reading.
Videoteca	Written activities to accompany the **Videoteca** section of the text and the video.	Provide you with opportunities to work with and react to the video segments.
Expansión gramatical	Additional grammar points along with verification exercises.	For reference or further study.
Answer Keys	Answers to the taped **Comprensión oral** and **Ejercicios de ortografía**; answers to some **Actividades escritas** and **Videoteca** activities.	Give you quick feedback on comprehension and written activities.

Getting Started with the *Pasos*

Understanding a new language is not difficult once you realize that you can comprehend what someone is saying without knowing every word. *The key to communication is understanding the ideas*, the message the speaker wants to convey.

Several techniques can help you develop good listening comprehension skills. First and most important, *you must guess at meaning!* In order to improve your ability to guess accurately, pay close attention to the context. If someone greets you at 3:00 P.M. by saying **Buenas tardes**, chances are they have said *Good afternoon*, not *Good morning* or *Good evening*. You can make a logical guess about the message being conveyed by focusing on the greeting context and time of day. If someone you don't know says to you, **Hola. Me llamo Roberto**, you can guess from context and from the key word **Roberto** that he is telling you his name.

In class, ask yourself what you think your instructor has said even if you haven't understood most—or any—of the words. What is the most likely thing to have been said in a particular situation? Be logical in your guesses and try to follow along by paying close attention to the flow of the conversation. *Context, gestures, and body language will all help you guess more accurately.*

Another strategy for good guessing is to *listen for key words.* These are the words that carry the basic meaning of the sentence. In the class activities, for example, if your instructor points to a picture and says in Spanish, **¿Tiene el pelo castaño este hombre?** (*Does this man have brown hair?*), you will know from the context and intonation that a question is being asked. By focusing on the key words **pelo** (*hair*), **castaño** (*brown*), and **hombre** (*man*), you will be able to answer the question correctly.

Remember: *you do not need to know grammar rules* to understand much of what your instructor says to you. For example, you wouldn't need to know the words **Tiene**, **el**, or **este** in order to get the gist of the previous question. Nor would you have needed to study verb conjugations. However, if you do not know the meaning of the key vocabulary words, **pelo**, **castaño**, and **hombre**, you will not be able to make good guesses about what is said.

Vocabulary

Because comprehension depends on your ability to *recognize the meaning of key words* used in the conversations you hear, the preliminary chapters of *Dos mundos*—the **Pasos**—will help you become familiar with many new words in Spanish, probably several hundred of them. *You should not be concerned about pronouncing these words perfectly;* saying them easily will come with more exposure to spoken Spanish. Your instructor will write all key vocabulary words on the board. You may want to copy them in a vocabulary notebook as they are introduced, for future reference and study. Copy them carefully, but don't worry now about spelling rules. Include English equivalents or small drawings if they help you remember the meaning.

Go over your vocabulary lists frequently: Look at the Spanish and try to *visualize the person* (for words such as *man* or *child*), *the thing* (for words such as *chair* or *pencil*), *a person or thing with particular characteristics* (for words such as *young* or *long*), *or an activity or situation* (for phrases such as *stand up* or *is wearing*). You do not need to memorize these words, but concentrate on recognizing their meaning when you see them and when your instructor uses them in conversation with you in class.

Classroom Activities

In the preliminary chapter, **Paso** (*Step*) **A,** you will be doing three types of class activities: 1) *TPR*; 2) *descriptions of classmates*; and 3) *descriptions of pictures*.

TPR is our version of **Total Physical Response**, a technique developed by Professor James Asher at San Jose State University in Northern California. In TPR activities your instructor gives a command that you act out. This type of activity may seem somewhat childish at first, but if you relax and let your body and mind work together to absorb Spanish, you will be surprised at how quickly and how much you can understand. Remember that you do not have to understand every word your instructor says, only enough to perform the action called for. In TPR, cheating is allowed! If you don't understand a command, sneak a look at your fellow classmates to see what they are doing.

Descriptions of students: On various occasions, your instructor will describe students in your class. You should try to remember the name of each of your classmates and identify who is being described. You will begin to recognize the meaning of the Spanish words for colors and clothing, and for some descriptive words such as *tall, pretty,* and *new.*

Descriptions of pictures: Your instructor will bring many pictures to class and describe the people in them. Your goal is to identify the picture being described.

In addition, just for fun, *you will learn to say a few common phrases of greeting and leave-taking* in Spanish. You will practice these in short dialogues with your classmates. Don't try to memorize the dialogues; just have fun with them. Your pronunciation will not be perfect, but if you are able to communicate successfully with native speakers, then your accent is good enough. Your accent will continue to improve as you listen and interact in Spanish.

Using *Dos mundos*:
Tips for Success

Actividades de Comunicación

Concentrate on topic and main idea.

Don't try to understand every word.

Expand on the activities; don't rush through them.

During these activities you should concentrate on the topic rather than on the fact that you're learning a foreign language. Remember that you will progress faster when you focus on understanding what is being said or when you are using Spanish to talk about a topic of interest to you. The point of these communicative activities is to develop natural conversations, not just to get through the assignment. Expand on the activity items. Don't rush through them; allow your partner to communicate with you and try to focus on the ideas and content. It isn't even necessary to finish every activity; as long as you are understanding and interacting in Spanish, you will acquire the language.

Some students have reported that it is helpful to look over an activity before doing it in class. Others have suggested that a quick before-class preview of new words makes it easier to participate in the activity. But regardless of which strategy works for you, it is of utmost importance to relax during the communicative activities. Don't worry if you don't understand every word your instructor says; just concentrate on getting the main idea. Nor should you be concerned about making mistakes. You will make fewer mistakes as your listening skills improve, so make every effort to understand. Keep your sentences simple, direct, and to the point. You shouldn't expect to be able to express yourself as well as you do in your native language. And don't worry about your classmates' errors either. Some students will acquire Spanish more rapidly than others, but everyone who perseveres will be successful in the long run. For now, minor grammatical or pronunciation errors do no harm. Always listen to your instructor's feedback when he or she comments on a communicated message or rephrases what a student has said in a more complete and correct manner. This is not done to embarrass anyone, but to give the entire class the chance to hear more Spanish spoken correctly.

Don't worry about making mistakes.

Listen to your instructor's feedback.

Speak Spanish; avoid English.

Finally, speak Spanish; avoid English. If you don't know a particular word in Spanish, try expressing yourself in another way. Use gestures or act things out to get your ideas across. If you can't think of a way to express an idea in Spanish, ask your instructor: **¿Cómo se dice _____ en español?** (*How do you say _____ in Spanish?*). You will find other useful classroom expressions on the inside front cover of your text.

Lecturas

Reading is a valuable activity that will help you acquire Spanish. There are many reasons to learn to read Spanish. Many of you will want to read signs, advertisements, and menus when you travel in Spanish-speaking countries. Some of you may want to read newspapers, stories, and novels in Spanish for pleasure. Others may want to read research published in Spanish in professional or academic fields.

Whatever your motivation might be for reading in Spanish, you must always try to *focus on the meaning*, that is, to "get into" the context of the story or reading selection. You do not need to know every word to understand a text. There may be a word or two that you will have to look up occasionally, to aid comprehension. But if you find yourself looking up many words in the end vocabulary and translating into English, *you are not reading*. As your ability to comprehend spoken Spanish improves, so will your reading ability, and as reading becomes easier you will, in turn, comprehend more spoken Spanish.

You may want to keep the following techniques in mind as you approach all of the reading materials in *Dos mundos*:

1. Look at the title, pictures, and any other clues outside the main text for an introduction to what the reading is about.
2. Scan the text for cognates and other familiar words.
3. Skim over the text to get the gist of it without looking up words.
4. Use context to make intelligent guesses about unfamiliar words.
5. Read in Spanish, picturing the story instead of trying to translate it in your mind as you go.

All readings in the main text of *Dos mundos* are presented within the **Actividades de comunicación y lecturas** sections. There are also many other readings in the **Lecturas adicionales** sections of the *Cuaderno de trabajo*. It is a good idea to read as much Spanish as possible. Don't wait for your instructor to assign a particular selection; feel free to explore and enjoy the many **Lecturas** featured in *Dos mundos*. Try reading Spanish newspapers, comic strips, and magazines as soon as you are able.

Gramática y ejercicios

The final section of each chapter is a grammar study and reference manual. It is usually difficult to think of grammar rules and apply them correctly while speaking. For this reason, the grammar exercises are meant to be completed at your own pace, at home, in order to allow you time to check the forms of which you are unsure. Your reference tools are the grammar explanations, the Verb Charts, Appendices, and the Answer Key to grammar exercises in Appendix 4. We advise you to use your knowledge of grammar when it does not interfere with communication; for example, when you edit your writing. If you do so, your writing will have a more polished feel. Also, some students find that studying grammar helps them understand classroom activities better.

The beginning of most **Actividades de comunicación y lecturas** sections has a reference note (**Lea** [*Read*] **Gramática…**) that tells you which subsection of grammar in that chapter to read. Keep in mind that grammar exercises teach you *about* Spanish; they do not teach you *Spanish*. Only real comprehension and communicative experiences of the type found in the communication activities and readings will do that.

• • • • • • • • • • •

Take advantage of any opportunities you may have outside of class to *interact in and with Spanish:* watch Spanish-language movie videos, find Spanish-language radio and TV programs, read newspapers, talk with native speakers, listen to the **Comprensión oral** and the *Book on Tape*, watch the video, or work with the CD-ROM program to accompany *Dos mundos*. Remember that your instructor and the text materials can open the door to communicating in Spanish, but you must enter by yourself!

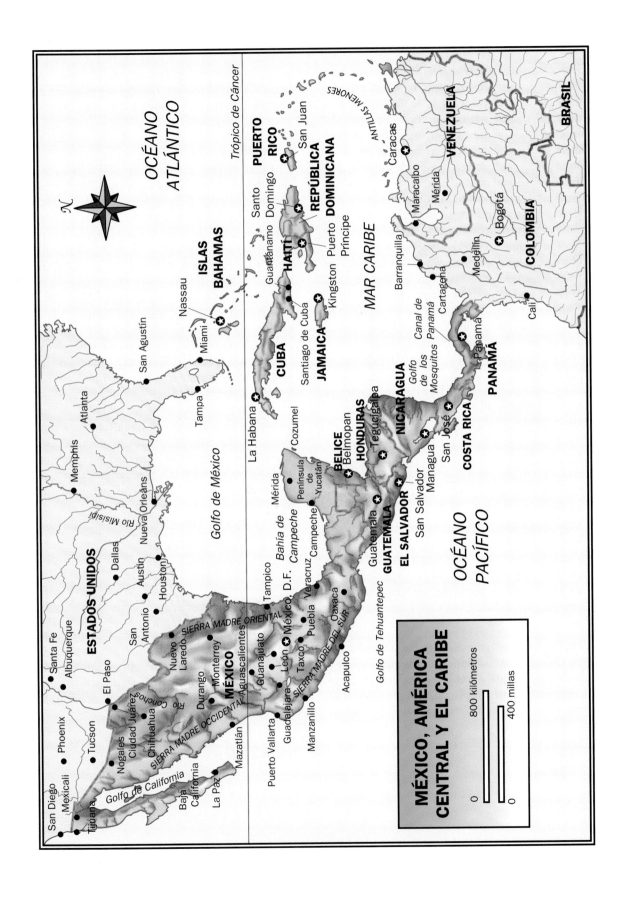

MÉXICO, AMÉRICA CENTRAL Y EL CARIBE

OCÉANO ATLÁNTICO

OCÉANO PACÍFICO

MAR CARIBE

Golfo de México

Golfo de California

Trópico de Cáncer

ESTADOS UNIDOS

MÉXICO

SIERRA MADRE ORIENTAL

SIERRA MADRE OCCIDENTAL

SIERRA MADRE DEL SUR

Río Conchos

Río Misisipí

Bahía de Campeche

Península de Yucatán

Golfo de Tehuantepec

ISLAS BAHAMAS

CUBA

JAMAICA

HAITÍ

REPÚBLICA DOMINICANA

PUERTO RICO

ANTILLAS MENORES

BELICE

GUATEMALA

EL SALVADOR

HONDURAS

NICARAGUA

COSTA RICA

PANAMÁ

Golfo de los Mosquitos

Canal de Panamá

VENEZUELA

COLOMBIA

BRASIL

San Diego
Mexicali
Tijuana
La Paz
Baja California
Mazatlán
Nogales
Tucson
Phoenix
Santa Fe
Albuquerque
El Paso
Ciudad Juárez
Chihuahua
Durango
Puerto Vallarta
Manzanillo
Guadalajara
León
Guanajuato
Aguascalientes
Monterrey
Nuevo Laredo
San Antonio
Austin
Dallas
Houston
Memphis
Atlanta
Nueva Orleáns
Tampico
México D.F.
Taxco
Puebla
Veracruz
Oaxaca
Acapulco
Mérida
Cozumel
Campeche
San Agustín
Tampa
Miami
Nassau
La Habana
Santiago de Cuba
Guantánamo
Kingston
Puerto Príncipe
Santo Domingo
San Juan
Belmopan
Guatemala
San Salvador
Tegucigalpa
Managua
San José
Panamá
Barranquilla
Cartagena
Maracaibo
Mérida
Caracas
Medellín
Bogotá
Cali

0   800 kilómetros
0   400 millas

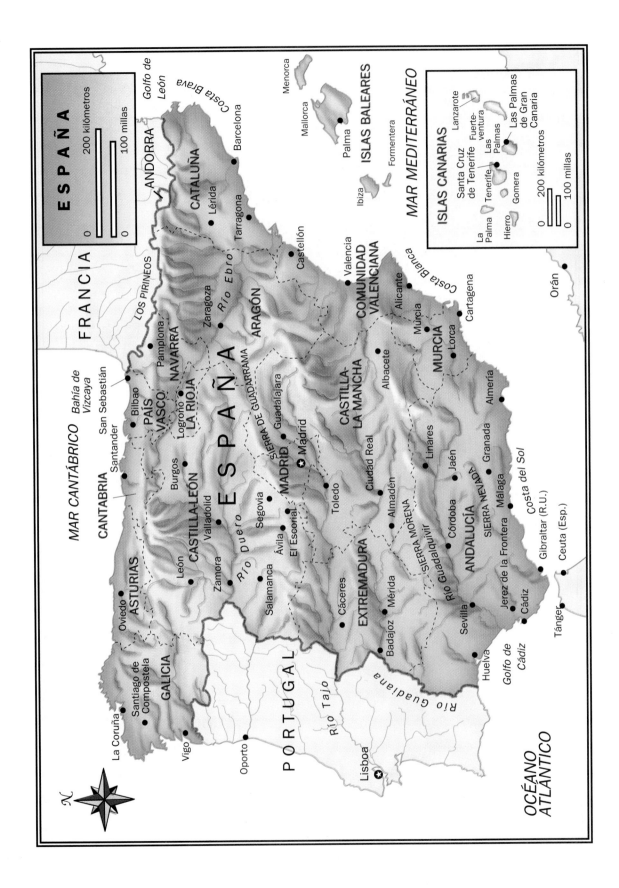

ESPAÑA

200 kilómetros

100 millas

FRANCIA

MAR CANTÁBRICO

Golfo de León

Costa Brava

ANDORRA

CATALUÑA

Barcelona

Lérida

Tarragona

Río Ebro

Castellón

MAR MEDITERRÁNEO

Menorca

ISLAS BALEARES

Mallorca

Palma

Formentera

Ibiza

ISLAS CANARIAS

Lanzarote

Fuerte-
ventura

Las Palmas

Las Palmas
de Gran
Canaria

Santa Cruz
de Tenerife

Tenerife

La
Palma

Hierro

Gomera

200 kilómetros

100 millas

Bahía de
Vizcaya

San Sebastián

Santander

Bilbao

PAÍS
VASCO

Pamplona

NAVARRA

Zaragoza

ARAGÓN

Valencia

COMUNIDAD
VALENCIANA

Costa Blanca

Alicante

Murcia

MURCIA

Lorca

Cartagena

Orán

CANTABRIA

LA RIOJA

Logroño

Burgos

Valladolid

SIERRA DE GUADARRAMA

Guadalajara

MADRID

Madrid

ESPAÑA

CASTILLA-
LA MANCHA

Albacete

Almería

ASTURIAS

Oviedo

León

Zamora

Salamanca

CASTILLA-LEÓN

Río Duero

Segovia

Ávila

El Escorial

Toledo

Ciudad Real

Almadén

SIERRA MORENA

Linares

Jaén

Granada

SIERRA NEVADA

Málaga

Costa del Sol

Santiago de
Compostela

GALICIA

La Coruña

Vigo

Oporto

PORTUGAL

Río Tajo

Lisboa

Río Guadiana

Cáceres

EXTREMADURA

Mérida

Badajoz

Córdoba

ANDALUCÍA

Río Guadalquivir

Sevilla

Jerez de la Frontera

Cádiz

Huelva

Golfo de
Cádiz

Gibraltar (R.U.)

Ceuta (Esp.)

Tánger

OCÉANO
ATLÁNTICO

N

LOS PIRINEOS

DOS MUNDOS

PASO A

La clase y los estudiantes

Ciudad de México, Distrito Federal

Actividades de comunicación

Los mandatos en la clase

Lea Gramática A.1.

Ian   Pablo   Nora   Esteban   Alberto   Carmen   Luis   Mónica

Actividad 1. Identificaciones: Los mandatos

a. Dé una vuelta.
b. Abra el libro.
c. Cierre el libro.
d. Camine.

e. Saque un bolígrafo.
f. Salte.
g. Corra.

h. Mire hacia arriba.
i. Muéstreme el pupitre.

Los nombres de los compañeros de clase

Lea Gramática A.2.

Actividad 2. Diálogos: Los amigos

—¿Cómo se llama el amigo
 de _____?
—Se llama _____.

—¿Cómo se llama la amiga de
 _____?
—Se llama _____.

¿Quién es?

Lea Gramática A.3–A.4.

alto
bigote
barba
Pedro Ruiz

viejo
don Eduardo Alvar

gorda
doña Rosita Silva

pelo corto y rizado
pelo largo y rizado

rubia
Graciela Herrero

bajo
joven
pelo corto
pelo lacio
Rafael Quesada

delgada
pelo lacio
Paula Saucedo Muñoz

Actividad 3. Asociaciones: Las descripciones de las personas famosas

¿Quién es _____?

1. rubio/a ~ moreno/a
2. alto/a ~ bajo/a
3. guapo/bonita ~ feo/a
4. joven ~ viejo/a
5. delgado/a ~ gordo/a

Roseanne
María Conchita Alonso
Lauren Bacall
Antonio Banderas
Val Kilmer
Sharon Stone
Elijah Wood
Brad Pitt
Barbra Streisand
Michael Jordan
Meryl Streep
Marlon Brando
Danny DeVito
Rosie Pérez

Estudiantes de medicina en la Universidad de Buenos Aires, Argentina

Los colores y la ropa

Lea Gramática A.5–A.6.

un sombrero gris
una camisa amarilla
una corbata anaranjada
un saco gris
una chaqueta verde
pantalones azules
un traje gris
zapatos color café

una blusa blanca
un suéter rojo
una falda roja
botas negras

un abrigo morado
una camiseta blanca
pantalones cortos azules
zapatos de tenis
un vestido rosado

Ernesto Ramírez   Guillermo Ramírez   Amanda Ramírez   Ernestito   Estela

Actividad 4. Asociaciones: Los colores

¿De qué color es _____?

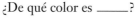

a. un automóvil   **b.** una casa

c. un lápiz

d. una planta

e. un gato

f. una rosa

g. el libro de español

h. un perro

i. un arco iris

j. una naranja

k. la puerta

1. rojo/a	**4.** color café	**6.** azul	**8.** anaranjado/a
2. amarillo/a	**5.** blanco/a	**7.** morado/a	**9.** ¿ ?
3. verde			

Actividad 5. Identificaciones: Mis compañeros de clase

Mire a cuatro compañeros de clase. Diga el nombre de cada estudiante, la ropa y el color de la ropa que lleva.

	NOMBRE		ROPA	COLOR
1.	*Carmen*	lleva	*una blusa*	*amarilla.*
2.	_____	lleva	_____	_____
3.	_____	lleva	_____	_____
4.	_____	lleva	_____	_____
5.	_____	lleva	_____	_____

Los números (0–39)

Lea Gramática A.7.

0 cero	10 diez	20 veinte
1 uno	11 once	21 veintiuno
2 dos	12 doce	22 veintidós
3 tres	13 trece	23 veintitrés
4 cuatro	14 catorce	24 veinticuatro...
5 cinco	15 quince	30 treinta
6 seis	16 dieciséis	31 treinta y uno
7 siete	17 diecisiete	32 treinta y dos
8 ocho	18 dieciocho	33 treinta y tres...
9 nueve	19 diecinueve	39 treinta y nueve

Actividad 6. Identificaciones: ¿Cuántos hay?

Cuente los estudiantes en la clase que...

LLEVAN
- _____ pantalones
- _____ lentes
- _____ reloj
- _____ blusa
- _____ falda
- _____ botas
- _____ aretes

TIENEN
- _____ barba
- _____ bigote
- _____ el pelo largo
- _____ el pelo castaño
- _____ el pelo rubio
- _____ los ojos azules
- _____ los ojos castaños

 Los saludos

Actividad 7. Diálogos: Los saludos

1. Nacho Padilla saluda a Ernesto Ramírez.

    NACHO: Buenos días. ¿Cómo está usted?
    SR. RAMÍREZ: Muy bien, gracias. ¿Y usted?
    NACHO: Muy bien.

2. La señora Silva habla por teléfono con el señor Alvar.

    SRA. SILVA: Señor Alvar, ¿cómo está usted?
    SR. ALVAR: Estoy un poco cansado. ¿Y usted?
    SRA. SILVA: Regular.

3. Amanda habla con doña Lola Batini.

    DOÑA LOLA: Buenas tardes, Amanda.
    AMANDA: Buenas tardes, doña Lola. ¿Cómo está la familia?
    DOÑA LOLA: Bien, gracias.

4. Rogelio Varela presenta a Carla.

    ROGELIO: Marta, ésta es mi amiga Carla.
    CARLA: Mucho gusto.
    MARTA: Igualmente.

5. Un amigo nuevo / Una amiga nueva en la clase de español.

    USTED: _____, éste/ésta es mi amigo/a _____.
    AMIGO/A 1: _____.
    AMIGO/A 2: _____.

La Universidad de Michoacán, México

Vocabulario

Los mandatos — Commands

abra(n) (el libro)	open (the book)
baile(n)	dance
camine(n)	walk
cante(n)	sing
cierre(n)	close
corra(n)	run
cuente(n)	count
dé/den una vuelta	turn around
diga(n)	say
escriba(n)	write
escuche(n)	listen
hable(n)	speak
lea(n)	read
mire(n) (hacia arriba/abajo)	look (up/down)
muéstre(n)me	show me
pónga(n)se de pie	stand up
salte(n)	jump
saque(n) (un bolígrafo)	take out (a pen)
siénte(n)se	sit down

Las preguntas y las respuestas
Questions and Answers

¿Cómo está la familia?	How is your family?
¿Cómo está usted?	How are you?
(Muy) Bien, gracias.	(Very) Well, thanks.
Estoy bien/regular.	I am fine/OK.
Estoy un poco cansado/a.	I am a little tired.
¿Cómo se llama?	What is his/her name?
Se llama...	His/Her name is . . .
¿Cómo se llama usted?	What is your name?
Me llamo...	My name is . . .
¿Cuál es su nombre?	What is your name?
Mi nombre es...	My name is . . .
¿Cuántos/as... (hay)?	How many . . . (are there)?
¿De qué color es... ?	What color is (it) . . . ?
¿Quién (es)? / ¿Quiénes (son)?	Who (is it)? / Who (are they)?

La descripción física
Physical Description

Es...	He/She (It) is . . .
alto/a	tall
bajo/a	short
bonito/a	pretty
delgado/a	thin
famoso/a	famous
feo/a	ugly
gordo/a	fat
guapo/a	handsome
joven	young
moreno/a	brown-skinned, dark-skinned
nuevo/a	new
viejo/a	old
Tiene...	He has . . .
barba	(a) beard
bigote	(a) moustache
Tiene el pelo...	His/Her hair is . . . (He/She has . . . hair)
castaño	brown
corto	short
lacio	straight
largo	long
mediano	medium (length)
negro	black
rizado	curly
rubio	blond
Tiene los ojos...	His/Her eyes are . . . (He/She has . . . eyes)
azules	blue
castaños	brown
negros	black
verdes	green

Los colores
Colors

amarillo/a	yellow
anaranjado/a	orange
azul	blue
blanco/a	white
color café	brown
gris	gray
morado/a	purple
negro/a	black
rojo/a	red
rosado/a	pink
verde	green

La ropa
Clothes

¿Quién lleva... ?	Who is wearing . . . ?
un abrigo	coat
las botas	boots
una camisa	shirt
una camiseta	T-shirt
una chaqueta	jacket
una corbata	tie
una falda	skirt
los pantalones	pants
los pantalones cortos	shorts
un saco	sports coat
un sombrero	hat
un suéter	sweater
un traje	suit
un vestido	dress
los zapatos (de tenis)	(tennis) shoes

Las personas
People

el amigo / la amiga	friend
el compañero / la compañera de clase	classmate
don	title of respect used with a man's first name
doña	title of respect used with a woman's first name
el/la estudiante	student
la familia	family
el hombre	man
el muchacho / la muchacha	boy, young man / girl, young woman
la mujer	woman
el niño / la niña	boy/girl
el profesor / la profesora	professor
el señor / la señora	man; Mr. / woman; Mrs.
la señorita	young lady; Miss

Los saludos y las despedidas
Greetings and Goodbyes

Buenos días.	Good morning.
Buenas tardes.	Good afternoon.
Buenas noches.	Good evening. / Good night.
Hasta luego.	See you later.
Adiós.	Goodbye.

Las presentaciones
Introductions

Ésta es mi amiga... Éste es mi amigo...	This is my friend . . .
Mucho gusto.	Pleased to meet you.
Igualmente.	Same here.

Los verbos — Verbs

es	is
habla (por teléfono)	speaks (on the telephone)
lleva(n)	is (are) wearing
presenta	introduces
saluda	greets
tiene	he/she has / you have
tienen	they have

Las cosas — Things

el arco iris	rainbow
los aretes	earrings
la casa	house
el gato	cat
el lápiz	pencil
los lentes	glasses
el libro (de español)	(Spanish) book
la naranja	orange
el perro	dog
la puerta	door
el pupitre	desk
el reloj	watch, clock

PALABRAS SEMEJANTES (*Cognates*): **el automóvil, la planta, la rosa**

Palabras del texto
Words from the Text

diga	say
el español	Spanish
la gramática	grammar
los mandatos	commands
no	no, not
¿Qué?	What?
¿Quién(es)?	Who?
sí	yes

PALABRAS SEMEJANTES: **la actividad, las asociaciones, la clase, la comunicación, la descripción, el diálogo, las identificaciones, el modelo**

Los números — Numbers

cero	0
uno	1
dos	2
tres	3
cuatro	4
cinco	5
seis	6
siete	7
ocho	8
nueve	9
diez	10
once	11
doce	12
trece	13
catorce	14
quince	15
dieciséis	16
diecisiete	17
dieciocho	18
diecinueve	19
veinte	20
veintiuno	21
veintidós	22
veintitrés	23
veinticuatro	24
veinticinco	25
veintiséis	26
veintisiete	27
veintiocho	28
veintinueve	29
treinta	30
treinta y uno	31
treinta y dos	32
treinta y nueve	39

Palabras útiles — Useful Words

cada	each
con	with
de	of, from
del (de + el) / de la	of the
el, la, los, las	the
en	in, on
gracias	thank you; thanks
mi(s)	my
y	and

Gramática

Introduction

The **Gramática y ejercicios** sections of this book are written for your use outside of class. They contain grammar explanations and exercises that are presented in nontechnical language, so it should not be necessary to go over all of them in class.

The **Lea Gramática…** notes that begin most new topics in the **Actividades de comunicación y lecturas** sections give the grammar point(s) you should read at that time. Study them carefully, then do the exercises in writing and check your answers in the back of the book. If you have little or no trouble with the exercises, you have probably understood the explanation. Remember: It is not necessary to memorize these grammar rules.

Keep in mind that successful completion of a grammar exercise means only that you have understood the explanation. It does not mean that you have *acquired* the rule. True acquisition comes not from study of grammar but from hearing and reading a great deal of meaningful Spanish. Learning the rules of grammar through study will allow you to use those rules when you have time to stop and think about correctness, as during careful writing.

If you have trouble with an exercise, ask your instructor for assistance. In difficult cases, your instructor will go over the material in class to be sure everyone has understood, but probably won't spend too much time on the explanations, in order to save class time for real communication experiences.

The grammar explanations in **Paso A** contain basic information about Spanish grammar. **Paso A** has no exercises because most of the information will be explained again in subsequent chapters.

A.1 Responding to Instructions: Commands

Your instructor will give you commands during the Total Physical Response activities, as well as for instructions.*

In English the same form of the verb is used for giving commands, whether to one person (singular) or to more than one person (plural).

> Steve, please stand up.
> Mr. and Mrs. Martínez, please stand up.

In Spanish, however, singular commands end in **-a** or **-e,** while plural commands add an **-n.**

Singular commands (to one person) end in **-a** or **-e.** Plural commands (to more than one person) end in **-an** or **-en.**

> Esteban, **abra** el libro.
> Alberto y Nora, **saquen** un bolígrafo, por favor.

> *Steve, open the book.*
> *Al and Nora, take out a pen, please.*

---

*You will learn more about how to give commands in **Gramática 11.1** and **14.1.**

A.2   Naming: The Verb *llamarse*

The most common way to ask someone's name is to use the verb form **llama** (*call*).

To ask someone's name:
¿Cuál es su nombre?
or
¿Cómo se llama usted?
To tell someone your name:
Mi nombre es...
or
Me llamo...

—¿Cómo **se llama** usted?*　　—*What is your name?*
—Nora.　　　　　　　　　　　—*Nora.*

You may answer the question either briefly, by saying your name (as in the preceding example), or in a complete sentence with the pronoun **me** (*myself*) and the verb **llamo** (*I call*).

Me llamo Nora.　　　　　　*My name is Nora.*

To ask what someone else's name is, use the following question-and-answer pattern.

—¿Cómo **se llama** el amigo de Nora?　　　　　　　　　—*What's Nora's friend's name?*
—**Se llama** Luis.　　　　　　—*His name is Luis.*

Here is another way to ask someone's name.

—**¿Cuál es su nombre?**　　　—*What is your name?*
—**Mi nombre es Esteban.**　　—*My name is Steve.*

A.3   Identifying People and Things: Subject Pronouns and the Verb *ser*

A. Spanish uses the verb **ser** (*to be*) to identify things or people.

ser = *to be* (identification)
Soy estudiante. (*I am a student.*)

—¿Qué **es** eso?　　　　　　—*What is that?*
—**Es** un bolígrafo.　　　　　—*It's a pen.*

—¿Quién **es?**　　　　　　　—*Who is it?*
—**Es** Luis.　　　　　　　　—*It's Luis.*

B. Personal pronouns are used to refer to a person without mentioning the person's name. Here are some of the most common personal pronouns that can serve as the subject of a sentence, with the corresponding present-tense forms of **ser.** It is not necessary to memorize these pronouns. You will see and hear them again and again.

yo	soy	I	am
usted	es	you (*singular*)	are
él†/ella	es	he/she	is
nosotros/nosotras	somos	we	are
ustedes	son	you (*plural*)	are
ellos/ellas	son	they	are

---

*Literally, this means *How do you call yourself?*
†The pronoun **él** (*he*) has an accent to distinguish it in writing from the definite article **el** (*the*).

yo = *I*   nosotros = *we* (masculine)

usted = *you* (singular)   nosotras = *we* (feminine)

él = *he*   ustedes = *you* (plural)

ella = *she*   ellos = *they* (masculine)

                                                 ellas = *they* (feminine)

¿Usted es profesor?   *Are you a professor?*

C. If is often not necessary in Spanish to use a subject pronoun (**yo, usted, nosotros, ellas,** etc.). The verb itself or the context usually tells you who the subject is.

Soy profesor de matemáticas.	*I'm a mathematics professor.*
Son estudiantes de la clase de la profesora Martínez.	*They are students in Professor Martínez's class.*

A.4   Describing People and Things: Negation

no = *not*
To say that something is not true, put **no** in front of the verb.

In a negative sentence in Spanish, the word **no** comes in front of the verb.

Ramón **no es** mi novio. Es el novio de Amanda.	*Ramón isn't my boyfriend. He's Amanda's boyfriend.*

There are no additional words in Spanish corresponding to the English negatives *don't* and *doesn't.*

Guillermo **no tiene** el pelo largo ahora.	*Guillermo doesn't have long hair now.*

A.5   Identifying People and Things: Gender (Part 1)

Masculine nouns usually end in **-o.**
Feminine nouns usually end in **-a.**

A. Nouns (words that represent people or things) in Spanish are classified as either masculine or feminine. Masculine nouns often end in **-o** (**sombrero**); feminine nouns often end in **-a** (**falda**). In addition, words ending in **-ción, -sión,** or **-dad** are also feminine.

Madrid es una ciu**dad** bonit**a.**	*Madrid is a pretty city.*
La civiliza**ción** maya fue muy avanzad**a.**	*The Mayan civilization was very advanced.*

But the terms *masculine* and *feminine* are grammatical classifications only; Spanish speakers do not perceive things such as notebooks or doors as being "male" or "female." On the other hand, words that refer to males are usually masculine (**amigo**), and words that refer to females are usually feminine (**amiga**).

Esteban es mi **amigo** y Carmen es una **amiga** de él.	*Esteban is my friend and Carmen is a friend of his.*

These endings can be learned, but are acquired late. Don't worry about them while you are speaking, only when you edit your writing.

B. Because Spanish nouns have gender, adjectives (words that describe nouns) *agree* with nouns: They change their endings from **-o** to **-a** according to the gender of the nouns they modify. Notice the two words for *black* in the following examples.

Lan tiene el pelo **negro.**	*Lan has black hair.*
Luis lleva una chaqueta **negra.**	*Luis is wearing a black jacket.*

El and la both mean *the*. El is used with masculine nouns and la is used with feminine nouns.

Un and una both mean *a/an*. Un is used with masculine nouns and una is used with feminine nouns.

C. Like English, Spanish has definite articles (*the*) and indefinite articles (*a, an*). Articles in Spanish also change form according to the gender of the nouns they accompany.

	DEFINITE (*the*)	INDEFINITE (*a, an*)
Masculine	el suéter	un sombrero
Feminine	la blusa	una chaqueta

Hoy Mónica lleva **un** vestido nuevo.	*Today Mónica is wearing a new dress.*
La chaqueta de Alberto es azul.	*Al's jacket is blue.*

A.6   Describing People's Clothing: The Verb *llevar*

The Spanish verb **llevar** corresponds to the English verb *to wear*.

Mónica **lleva** un suéter azul.	*Mónica is wearing a blue sweater.*

Notice that Spanish verbs change their endings according to the subject of the sentence.

Yo **llevo** pantalones grises. Mis amigos **llevan** pantalones negros.	*I'm wearing gray pants. My friends are wearing black pants.*

Spanish verbs change endings. These endings tell you who is performing the action.

Here are some of the common endings for Spanish verbs.* The subject pronouns are in parentheses because it is not always necessary to use them.

llevar = *to wear*

llevar (*to wear*)		
(yo)	llev**o**	*I wear*
(usted, él/ella)	llev**a**	*you (sing.) wear; he/she wears*
(nosotros/as)	llev**amos**	*we wear*
(ustedes, ellos/as)	llev**an**	*you (pl.) wear; they wear*

These endings are used on most Spanish verbs, and you will soon become accustomed to hearing and using them.

In **Paso C** you will see the forms of the verb **tener** (*to have*), which you have also heard in class.

tengo = *I have*
tiene = *he/she has*

La profesora Martínez **tiene** el pelo negro.	*Professor Martínez has black hair.*
Yo **tengo** los ojos azules.	*I have blue eyes.*

*You will learn more about verb endings in **Gramática C.5, 1.3**, and **3.2**.

A.7 Identifying People and Things: Plural Forms (Part 1)

Almost all plural words in Spanish end with **-s** or **-es**. Articles and adjectives agree with the nouns they modify.

Spanish and English nouns may be singular (**camisa,** *shirt*) or plural (**camisas,** *shirts*). Almost all plural words in Spanish end in **-s** or **-es: blusas** (*blouses*), **pantalones** (*pants*), **suéteres** (*sweaters*), **zapatos** (*shoes*), and so on.* In Spanish, unlike English, articles before plural nouns and adjectives that describe plural nouns must also be plural. Notice the plural ending on the Spanish word for *new* in the following example.

Nora tiene dos **faldas nuevas.** *Nora has two new skirts.*

Here are some singular and plural nouns, accompanied by the corresponding definite articles and adjectives.

	SINGULAR	PLURAL
Masculine	el vestido gris	**los** zapato**s** blanco**s**
Feminine	la chaqueta roja	**las** blusa**s** amarilla**s**

---

*You will learn more about how to make nouns and adjectives plural in **Gramática B.5.**

PASO B

Las descripciones

▼▼▼▼▼▼▼▼▼▼▼▼▼▼▼▼▼▼▼

METAS

In **Paso B** you will continue to develop your listening and speaking abilities in Spanish. You will learn more vocabulary with which to describe your immediate environment. You will also get to know your classmates better as you converse with them.

Sevilla, España

ACTIVIDADES DE COMUNICACIÓN

Hablando con otros

Las cosas en el salón de clase y los números (40–69)

El cuerpo humano

La descripción de las personas

EN RESUMEN

GRAMÁTICA Y EJERCICIOS

B.1 Addressing Others: Informal and Polite *you* (**tú/usted**)

B.2 Describing People: More about Subject Pronouns

B.3 Identifying People and Things: Gender (Part 2)

B.4 Expressing Existence: **hay**

B.5 Describing People and Things: Plural Forms (Part 2)

B.6 Describing People and Things: Adjective-Noun Agreement

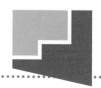

Actividades de comunicación

Hablando con otros

Lea Gramática B.1–B.2.

Actividad 1. Identificaciones: *¿Tú o usted?*

Usted habla con estas personas. ¿Usa **tú** o **usted?**

1. un amigo de la universidad
2. el profesor de matemáticas
3. una niña de diez años
4. un amigo de su papá
5. una señora de treinta y cinco años
6. una recepcionista
7. su doctor
8. su hermano/a

Actividad 2. Diálogos: *¿Cómo está usted? ¿Cómo estás tú?*

El señor Olivera saluda a su joven vecina Amanda.

DON ANSELMO: Hola, Amanda.
AMANDA: Buenos días, señor Olivera. ¿Cómo está usted?
DON ANSELMO: Muy bien, gracias. ¿Cómo está tu mamá?
AMANDA: Ella está bien, gracias.

Amanda saluda a su amiga Graciela.

AMANDA: Buenas tardes, Graciela. ¿Cómo estás?
GRACIELA: Regular. ¿Y tú?
AMANDA: Un poco cansada.

Actividad 3. Diálogos abiertos: Más saludos

EL ESTUDIANTE NUEVO
E1: Hola, ———. ¿Cómo estás?
E2: ———. ¿Y tú?
E1: ———.
E2: ¿Quién es el chico de pelo ———?
E1: Es un amigo de ———. Se llama ———.

EN LA OFICINA
E1: Buenos días, ———. ¿Cómo está usted?
E2: Estoy ———. ¿Y usted?
E1: ———. ¿Quién es la señorita de pelo ———?
E2: Es ———. Es la secretaria.

Las cosas en el salón de clase y los números (40—69)

Lea Gramática B.3–B.4.

Actividad 4. Identificaciones: ¿Qué hay en el salón de clase?

MODELOS: En mi clase hay... → *un lápiz viejo.*
            En mi clase hay... → *una pizarra blanca.*

1. un lápiz	**a.** amarillo/a ~ azul ~ color café
2. una ventana	**b.** moderno/a ~ antiguo/a
3. una pizarra	**c.** interesante ~ aburrido/a
4. un reloj	**d.** fácil ~ difícil
5. un bolígrafo	**e.** blanco/a ~ negro/a
6. una mesa	**f.** largo/a
7. un libro	**g.** viejo/a ~ nuevo/a
8. una puerta	**h.** pequeño/a ~ grande
9. un mapa	**i.** ¿ ?
10. un cartel	

Actividad 5. Intercambios: El salón de clase

MODELO: E1: ¿Cuántos/as _____ hay en el salón de clase?
           E2: Hay _____.

1. estudiantes	**5.** ventanas
2. mesas	**6.** paredes
3. borradores	**7.** puertas
4. pizarras	**8.** luces

Actividad 6. Intercambios: ¿Cuánto cuesta?

MODELO: E1: ¿Cuánto cuesta *la mochila?*
           E2: Cuesta *$50.39 (cincuenta dólares y treinta y nueve centavos).*

40 cuarenta	50 cincuenta	60 sesenta
41 cuarenta y uno	52 cincuenta y dos	63 sesenta y tres
45 cuarenta y cinco	58 cincuenta y ocho	69 sesenta y nueve

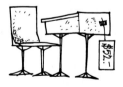

El cuerpo humano

Lea Gramática B.5.

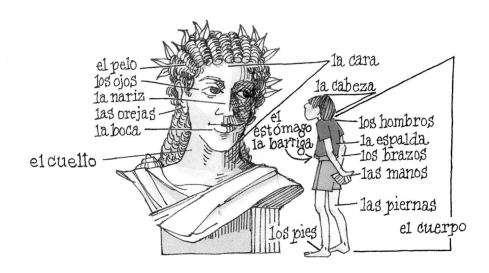

Actividad 7. Descripción de dibujos: ¿Quién es?

Mire a estas personas. Escuche la descripción que da su profesor(a), y diga cómo se llama la persona.

1. Rosa   2. el robot   3. Lupe   4. Reinaldo   5. Víctor   6. María

La descripción de las personas

Lea Gramática B.6.

pelo rubio
ojos azules

joven y
artística

Mónica

bonita
pelo negro
ojos negros

inteligente
y reservada

Lan

de estatura mediana
pelo castaño corto
ojos castaños

divertido
y generoso

lentes

Esteban

alto
delgado

idealista
y tímido

barba

Alberto

bajo
guapo
pelo negro rizado
ojos negros

simpático y
entusiasta

bigote

Luis

Actividad 8. Diálogo: La amiga nueva

ESTEBAN: ¿Cómo es tu amiga nueva, Luis?

LUIS: Es alta, delgada y de pelo castaño. ¡Y muy inteligente!

ESTEBAN: ¿Cómo se llama?

LUIS: Cecilia Teresa.

ESTEBAN: Es un nombre muy bonito.

LUIS: ¡Ella también es una chica muy bonita!

Actividad 9. Diálogo abierto: Los amigos nuevos

E1: ¿Tienes amigos nuevos?

E2: Sí, tengo dos.

E1: ¿Cómo se llaman?

E2: Se llaman _____ y _____ y son muy _____.

E1: ¿Y son _____ también?

E2: ¡Claro que sí! (¡Claro que no!)

Actividad 10. Intercambios: Mis compañeros y yo

Diga cómo es usted con tres descripciones, dos ciertas y una falsa. Su compañero/a va a decir si cada descripción es cierta o falsa.

> MODELO: E1: ¿Cómo eres?
> E2: Soy *simpático/a.*
> E1: Es cierto.
> E2: También soy *materialista.*
> E1: ¡No es cierto! (¡Es falso!)
> E2: Y soy *trabajador(a).*
> E1: Es cierto.

agresivo/a	extrovertido/a	introvertido/a	reservado/a
antipático/a	filosófico/a	materialista	simpático/a
conservador(a)	generoso/a	nervioso/a	tacaño/a
considerado/a	idealista	perezoso/a	tímido/a
deportista	impulsivo/a	práctico/a	tonto/a
entusiasta	inteligente	religioso/a	trabajador(a)

EXPRESIONES ÚTILES

¿Es cierto?   ¡No es cierto!
Es cierto.   ¡Es falso!

Actividad 11. Entrevista: Mi mejor amigo/a

ESTUDIANTE 1	ESTUDIANTE 2
1. ¿Cómo se llama tu mejor amigo/a?	Se llama _____.
2. ¿De qué color tiene los ojos?	Tiene los ojos _____.
3. ¿Es alto/a, bajo/a o de estatura mediana?	Es _____.
4. ¿De qué color tiene el pelo?	Tiene el pelo _____.
5. ¿Tiene bigote/barba?	(No) Tiene _____.
6. ¿Cómo es? ¿Es simpático/a? ¿tímido/a? ¿trabajador(a)? ¿ ?	Es _____.

En resumen

De todo un poco

A. Un mundo ideal

Use su imaginación y complete estas descripciones.

1. El salón de clase ideal es _____ y _____.
2. En el salón de clase ideal hay _____. No hay _____.
3. El amigo / La amiga ideal es _____, _____ y _____.
4. El/La estudiante ideal es _____, _____ y _____.
5. El profesor / La profesora ideal es _____, _____ y _____.

B. Su opinión

Exprese su opinión con su compañero/a.

MODELO: E1: La clase de español *es interesante.*
E2: Estoy de acuerdo. La clase de español *es muy interesante (no es aburrida).*

EXPRESIONES ÚTILES

(No) Estoy de acuerdo.

1. La clase de español es (interesante ~ aburrida).
2. Hay muchos estudiantes (inteligentes ~ tontos) en esta clase.
3. El profesor / La profesora de español es (reservado/a ~ entusiasta).
4. El salón de clase es (bonito ~ feo).
5. Yo soy (extrovertido/a ~ tímido/a).

Vocabulario

Las cosas en el salón
Things in the Classroom

el borrador	eraser
el cuaderno	notebook; workbook
el diccionario	dictionary
el escritorio	(teacher's) desk
la luz	light
la mesa	table
el papel	paper
la pared	wall
el piso	floor
la pizarra	(chalk)board
la pluma	pen (*Mex.*)
la silla	chair
el techo	ceiling
la tiza	chalk
la ventana	window

REPASO (*Review*): el bolígrafo, el lápiz, el libro, la puerta, el pupitre, el reloj, el texto

El cuerpo humano   The Human Body

la boca	mouth
el brazo	arm
la cabeza	head
la cara	face
el cuello	neck
la espalda	back
el estómago	stomach
el hombro	shoulder
la mano	hand
la nariz	nose
la oreja	ear
el pie / los pies	foot/feet
la pierna	leg

Las personas

el chico / la chica	young man / young woman
el hermano / la hermana	brother/sister
el niño / la niña	boy/girl
el vecino / la vecina	neighbor

PALABRAS SEMEJANTES (*Cognates*): el doctor / la doctora, la mamá, el papá, el/la recepcionista, el robot, el secretario / la secretaria

REPASO: la señorita

Las descripciones

¿Cómo es él/ella?	What is he/she like?
¿Cómo es usted? / ¿Cómo eres tú?	What are you like?
abierto/a	open
aburrido/a	boring; bored
antiguo/a	antique
antipático/a	unpleasant
conservador(a)	conservative
de... años	. . . years old
de estatura (mediana)	(medium) height
deportista	fond of sports
difícil	difficult
divertido/a	fun
entusiasta	enthusiastic
extrovertido/a	extroverted
fácil	easy
grande	big, large
introvertido/a	introverted
mejor	best, better
pequeño/a	small
perezoso/a	lazy
simpático/a	nice, pleasant
tacaño/a	stingy
tímido/a	shy
tonto/a	dumb, not too smart
trabajador(a)	hard-working

PALABRAS SEMEJANTES: agresivo/a, artístico/a, considerado/a, generoso/a, filosófico/a, humano/a, ideal, idealista, impulsivo/a, inteligente, interesante, materialista, moderno/a, nervioso/a, práctico/a, religioso/a, reservado/a

REPASO: feo/a

Los verbos

conteste(n)	answer
da	gives
son	are
soy	I am
tiene	has
¿Tienes... ?	¿Do you have . . . ?

Expresiones útiles · Useful Expressions

Claro que sí/no.	Of course (not).
¿Cómo estás (tú)?	How are you? (How do you feel today?)
¿Cuánto cuesta(n)... ?	How much is (are) . . . ?
Cuesta(n)...	It costs (They cost) . . .
¿De qué color tiene el pelo / los ojos?	What color is your/his/her hair / . . . are your/his/her eyes?
de todo un poco	a bit of everything
Es verdad.	That's right (true).

Está bien.	He/She is fine.
(No) Estoy de acuerdo.	I (do not) agree.
Hola.	Hello.

REPASO: estoy bien, estoy un poco cansado/a

Palabras del texto · Words from the Text

cierto/falso	true/false
el dibujo	drawing
diga	say
la entrevista	interview
hablando	speaking
intercambios	interactions
¡Ojo!	Attention!
en resumen	to sum up

REPASO: el compañero / la compañera

Palabras útiles · Useful Words

el cartel	poster
el centavo	cent
¿Cuántos/Cuántas... ?	How many . . . ?
de	from; of
el, la, los, las	the
yo, tú, usted, él/ella	I, you (inf.), you (pol.), he/she
nosotros/as, ustedes, ellos/ellas	we, you (pl.), they
España	Spain
hay	there is / there are
más	more
la mochila	backpack
muchos/as	much; a lot
el mundo	world
muy	very
otro/a	other, another
¿Qué... ?	What . . . ?
si	if
su	his/her/your (pol.)
también	also
tu	your (inf.)

PALABRAS SEMEJANTES: el dólar / los dólares, el mapa, las matemáticas, la oficina, la universidad

REPASO: con, mi(s)

Los números

cuarenta	forty
cuarenta y uno	forty-one
cuarenta y cinco	forty-five
cincuenta	fifty
cincuenta y uno	fifty-one
cincuenta y dos	fifty-two
cincuenta y ocho	fifty-eight
sesenta	sixty
sesenta y nueve	sixty-nine

Gramática y ejercicios

B.1 Addressing Others: Informal and Polite *you* (*tú/usted*)

A. English speakers use the pronoun *you* to address a person directly, whether or not they know that person well. In older forms of English, speakers used an informal pronoun—*thou*—among friends, but today *you* is used with everyone.

Spanish has two pronouns that mean *you*, singular: **usted** and **tú.** The polite (*pol.*) pronoun **usted** is appropriate for people you do not know well, such as salespeople, receptionists, and other professionals, and especially for people older than you. The informal (*inf.*) pronoun **tú** is reserved for friends, peers, children, and other people you know well. In some places in Latin America, including Argentina and Central America, speakers use **vos** instead of **tú** as the informal pronoun for *you*. Everyone who uses **vos**, however, also understands **tú.**

In the activities and exercises, **Dos mundos** addresses you with **usted.** You should use **tú** with your classmates. Some instructors address their students with **tú**; others use **usted.**

> Both **tú** and **usted** mean *you* (singular). **Tú** is used with friends and children. **Usted** is used with people you don't know well and people older than you.

> Use **tú** with your classmates. Use **usted** with your instructor (unless he/she asks you to use **tú**).

> Present-tense verb forms for **tú** always end in **-s.**

Soy puertorriqueño. ¿Y **tú?** ¿De dónde eres?	*I'm Puerto Rican. And you? Where are you from?*
Soy profesora de español. ¿Y **usted?** ¿Es **usted** estudiante?	*I'm a professor of Spanish. And you? Are you a student?*

B. Although both **tú** and **usted** correspond to *you*, the verb forms used with each are different. Present-tense verb forms for **tú** always end with the letter **-s.** Present-tense verb forms for **usted** end in **-a** or **-e** and are always the same as the forms for **él/ella.**

¿Tiene**s** (**tú**) una blusa gris?	*Do you have a gray blouse?*
¿Tien**e usted** un vestido blanco?	*Do you have a white dress?*

We introduced some forms of the verb **ser** (*to be*) in **Gramática A.3.** The **tú** form of **ser** is **eres**; the **usted** form of **ser** is **es** (the same as the form for **él/ella**).

(**Tú**) **Eres** un buen amigo.	*You are a good friend.*
Usted es muy amable, señora Ramírez.	*You are very nice, Mrs. Ramírez.*

C. Spanish distinguishes between singular *you* (**tú** or **usted**) and plural *you* (**ustedes**). Many American speakers of English make this distinction by saying "you guys" or "you all." The verb forms used with **ustedes** end in the letter **-n** and are the same as those used with the pronoun **ellos/as.**

—¿Cómo **están ustedes?**	*—How are you (all)?*
—Bien, gracias.	*—Fine, thanks.*

> The plural of both **tú** and **usted** in Latin America is **ustedes.** In Spain, the plural of **tú** is **vosotros/as** and the plural of **usted** is **ustedes.**

Most speakers of Spanish do not distinguish between informal and polite address in the plural. **Ustedes** is used with everyone. In Spain, however, most speakers prefer to use **vosotros/as** for the informal plural *you* and reserve **ustedes** for the polite plural *you*.

The regional pronouns **vos** and **vosotros/as** do not appear in the exercises and activities of **Dos mundos** because you will learn them quickly if you travel to areas where they are frequently used. The verb forms corresponding to **vosotros/as** are listed with other verb forms and are given in Appendix 1. The verb forms corresponding to **vos** are footnoted in the grammar explanations. In the listening activities of the *Cuaderno de trabajo*, the characters from countries where **vos** and **vosotros/as** are prevalent use those pronouns. This will give you an opportunity to hear **vos** and **vosotros/as** and their accompanying verb forms, even though you will not need to use them yourself.

Ejercicio 1

Usted habla con estas personas: ¿usa **tú** o **usted**?

1. una amiga de su clase de español
   a. ¿Tiene usted dos clases hoy?
   b. ¿Tienes dos clases hoy?
2. la recepcionista
   a. ¿Cómo estás?
   b. ¿Cómo está usted?
3. un niño
   a. Tú tienes una bicicleta nueva.
   b. Usted tiene una bicicleta nueva.
4. una persona de cuarenta y nueve años
   a. ¿Cómo se llama usted?
   b. ¿Cómo te llamas?
5. un vecino de setenta años
   a. Estoy bien. ¿Y tú?
   b. Estoy bien. ¿Y usted?

B.2   Describing People: More about Subject Pronouns

A. Gramática A.3 introduced some of the personal pronouns that can serve as the subject of a sentence. Here is a complete list, using the verb **ser*** as an example.

ser = *to be*

ser (*to be*)	
(yo) soy	*I am*
(tú) eres	*you (inf. sing.) are*
(usted, él/ella) es	*you (pol. sing.) are; he/she is*
(nosotros/as) somos	*we are*
(vosotros/as) sois	*you (inf. pl., Spain) are*
(ustedes, ellos/as) son	*you (pl.) are; they are*

Remember that subject pronouns are optional in Spanish.
(Yo) Soy estudiante. (*I'm a student.*)
(Nosotros) Somos amigos. (*We're friends.*)

The pronouns are in parentheses to remind you that Spanish verbs are generally used without an expressed subject. In fact, as the chart indicates, Spanish does not have a subject pronoun for *it* or for *they*, referring to things. When subject pronouns *are* used in Spanish, they often express emphasis.

*Recognition: **vos sos**

¿Mi automóvil? Es pequeño.	*My car? It's small.*
¿Las faldas? Son caras.	*The skirts? They're expensive.*
Yo soy de Atlanta.	*I am from Atlanta.*

B. Subject pronouns may be used by themselves without verbs, either for emphasis or to point someone out.

¿Quién, **yo**? Yo no soy de Texas; soy de Nueva York.	*Who, me? I'm not from Texas; I'm from New York.*
—¿Cómo estás?	—*How are you?*
—Estoy bien. ¿Y **tú**?	—*I'm fine. And you?*

C. The pronouns **ellos** (*they*), **nosotros** (*we*), and **vosotros** (*you, inf. pl.*) can refer to groups of people that consist of males only or of males and females. On the other hand, **ellas** (*they, fem.*), **nosotras** (*we, fem.*), and **vosotras** (*you, inf. pl. fem.*) can refer only to groups of all females.

—¿Y **ellos**? ¿Quiénes son?	—*And those guys (they)? Who are they?*
—¿Esteban y Raúl? Son amigos.	—*Esteban and Raúl? They're friends.*
—¿Y **ellas**? ¿Son amigas?	—*What about them? Are they friends?*
—Sí, Nora y Carmen son compañeras de mi clase de español.	—*Yes, Nora and Carmen are classmates from my Spanish class.*

Ejercicio 2

Escoja el pronombre lógico.

MODELO: —Y *ella*, ¿lleva pantalones? →
—¿Quién, Mónica? Lleva una falda azul.

1. —¿ _c_ es profesor aquí?
   —¿Quién, Raúl? No, es estudiante.
2. —¿ _____ son mexicanos?
   —Sí, Silvia y Nacho son mexicanos.
3. —¡Viejos, _____! No, doña María Eulalia y yo somos muy jóvenes.
4. —Señor Ruiz, _____ tiene bigote, ¿verdad?
5. —¿Y _____? ¿Son estudiantes aquí?
   —No, Pilar y Clara son estudiantes en Madrid.

a. ellos
b. usted
c. ellas
d. él
e. nosotros

B.3 Identifying People and Things: Gender (Part 2)

How can you determine the gender of a noun? The gender of the article and/or adjective that modifies the noun will tell you whether it is masculine or feminine. In addition, the following two simple rules will help you determine the gender of a noun most of the time.

Rule 1: A noun that refers to a male is masculine; a noun that refers to a female is feminine. Sometimes they are a pair distinguished by the endings **-o/-a**; other times they are completely different words.

un muchacho	una muchacha	*boy/girl*
un niño	una niña	*(male) child / (female) child*
un amigo	una amiga	*(male) friend / (female) friend*
un hombre	una mujer	*man/woman*

For some nouns referring to people, the masculine form ends in a consonant and the feminine form adds **-a** to the masculine noun.*

un profesor	una profesora	*(male) professor / (female) professor*
un señor	una señora	*a man (Mr.) / a woman (Mrs.)*

Other nouns do not change at all; only the accompanying article changes.

un elefante	*(male) elephant*
una elefante	*(female) elephant*
un estudiante	*(male) student*
una estudiante	*(female) student*
un joven	*young man*
una joven	*young woman*
un recepcionista	*(male) receptionist*
una recepcionista	*(female) receptionist*

Nouns that end in **-o** are usually masculine; nouns that end in **-a** are usually feminine.

Rule 2: For most nouns that refer to things (rather than to people or animals), the gender is reflected in the last letter of the word. Nouns that end in **-o** are usually grammatically masculine (**un/el cuaderno**), and nouns that end in **-a** are usually grammatically feminine (**una/la puerta**).†

Words that end in **-d** (**una/la universidad**) or in the letter combination **-ión** (**una/la nación**) are also usually feminine.

MASCULINE: -o	FEMININE: -a
un/el bolígraf**o**	una/la civilizac**ión**
un/el cuadern**o**	una/la mes**a**
un/el libr**o**	una/la sill**a**
un/el tech**o**	una/la universi**dad**

---

*This rule includes a few common animals. Some pairs end in **-o/-a**; others end in consonant / consonant + **-a**.

un gato	una gata	*(male) cat / (female) cat*
un perro	una perra	*(male) dog / (female) dog*
un león	una leona	*lion/lioness*

†Three common exceptions are **la mano** (*hand*), **el día** (*day*), and **el mapa** (*map*).

Don't worry if you can't remember all these rules! Note where they are in this book so you can refer to them when you are editing your writing and when you are unsure of what gender a noun is.

You will develop a *feel* for gender as you listen and read more in Spanish.

Words that refer to things may also end in **-e** or in consonants other than **-d** and **-ión.** Most of these words that you have heard so far are masculine, but some are feminine.

un/el borrador	*eraser*		una/la clase	*class*
un/el cartel	*poster*		una/la luz	*light*
un/el lápiz	*pencil*			
un/el pupitre	*desk*			
un/el reloj	*clock*			

Ejercicio 3

Conteste según el modelo.

MODELO: —¿Es un bolígrafo? (lápiz) →
—No, no es un bolígrafo. Es *un* lápiz.

1. ¿Es una pizarra? (pared)
2. ¿Es una oficina? (salón de clase)
3. ¿Es una silla? (escritorio)
4. ¿Es un borrador? (cuaderno)
5. ¿Es una ventana? (silla)

Ejercicio 4

Esteban describe diferentes cosas de su universidad. Complete las oraciones con **el** o **la.**

1. _La_ estudiante es rubia.
2. _El_ profesor de matemáticas es inteligente.
3. _La_ clase es buena.
4. _El_ reloj es moderno.
5. _El_ papel es amarillo.
6. _La_ universidad es buena.
7. _La_ motocicleta es negra.
8. _El_ automóvil es nuevo.
9. _La_ plaza es grande.
10. _El_ sombrero es nuevo.

B.4   Expressing Existence: *hay*

hay = there is / there are

Hay is used with singular or plural nouns.

The verb form **hay** expresses the idea of existence. When used with singular nouns it means *there is;* with plural nouns it means *there are.*

—¿Qué **hay** en el salón de clase?
—**Hay** dos puertas y una ventana.

—*What is there in the classroom?*
—*There are two doors and a window.*

Whereas the verb **ser** (*to be*) identifies nouns (see **Gramática A.3**), **hay** simply states their existence.

—¿Qué **es**?
—**Es** un bolígrafo.

—*What is that?*
—*It's a pen.*

—¿Cuántos **hay**?
—**Hay** tres.

—*How many are there?*
—*There are three.*

Ejercicio 5

Imagínese qué cosas o personas hay o no hay en el salón de clase de la profesora Martínez.

MODELOS: lápices → Sí, *hay* lápices en el salón de clase.

perros → No, *no hay* perros en el salón de clase.

1. libros en la mesa
2. un reloj en la pared
3. una profesora
4. un automóvil
5. un profesor

6. papeles en los pupitres
7. un bolígrafo en el pupitre de Alberto
8. muchos cuadernos
9. una bicicleta
10. una ventana

B.5 Describing People and Things: Plural Forms (Part 2)

A. Here are the basic rules for forming plurals in Spanish. Words that end in a vowel (**a, e, i, o, u**) form their plural by adding **-s.**

SINGULAR	PLURAL
el braz**o**	los brazo**s**
el oj**o**	los ojo**s**
el pi**e**	los pie**s**
la piern**a**	las pierna**s**

Words that end in a consonant add **-es.**

SINGULAR	PLURAL
el borrado**r**	los borrador**es**
la pare**d**	las pared**es**
el profeso**r**	los profesor**es**

To form plurals:
Words ending in vowels add **-s**; words ending in consonants add **-es**; words ending in **-z** change to **-c** and add **-es**. In time, you will acquire a feel for the plural formations.

If the consonant at the end of a word is **-z**, it changes to **-c** and adds **-es.**

SINGULAR	PLURAL
el lápi**z**	los lápi**ces**
la lu**z**	las lu**ces**

B. Adjectives that describe plural words must also be plural.

ojo**s** azul**es**	*blue eyes*	oreja**s** grandes	*big ears*
brazo**s** largo**s**	*long arms*	pie**s** pequeño**s**	*small feet*

En mi salón de clase hay dos **ventanas grandes, varias sillas viejas,** cinco **pizarras verdes** y diez **luces.**

In my classroom there are two large windows, several old chairs, five green chalkboards, and ten lights.

Ejercicio 6

Marisa y Clarisa tienen muchas cosas. ¡Pero Marisa siempre tiene una y Clarisa dos!

MODELO: Marisa tiene un suéter azul, pero Clarisa tiene dos... →
suéteres azules.

1. Marisa tiene un par de zapatos, pero Clarisa tiene dos...
2. Marisa tiene un perro nuevo, pero Clarisa tiene dos...
3. Marisa tiene una chaqueta roja, pero Clarisa tiene dos...
4. Marisa tiene un lápiz amarillo, pero Clarisa tiene dos...
5. Marisa tiene una amiga norteamericana, pero Clarisa tiene dos...

Ejercicio 7

¡Ahora Clarisa tiene una y Marisa tiene dos!

MODELO: Clarisa tiene un sombrero grande, pero Marisa tiene dos... →
sombreros grandes.

1. Clarisa tiene un cuaderno pequeño, pero Marisa tiene dos...
2. Clarisa tiene un gato negro, pero Marisa tiene dos...
3. Clarisa tiene una fotografía bonita, pero Marisa tiene dos...
4. Clarisa tiene un reloj bonito, pero Marisa tiene dos...
5. Clarisa tiene un libro difícil, pero Marisa tiene dos...
6. Clarisa tiene un amigo divertido, pero Marisa tiene dos...

B.6   Describing People and Things: Adjective-Noun Agreement

A. Adjectives must agree in gender and number with the nouns they describe; that is, if the noun is singular and masculine, the adjective must also be singular and masculine. Adjectives that end in **-o** in the masculine form and **-a** in the feminine form will appear in the vocabulary lists in **Dos mundos** like this: **bonito/a.** Such adjectives have four possible forms.

A singular adjective is used to describe a singular noun. A plural adjective is used to describe a plural noun.

	SINGULAR	PLURAL
Masculine	viej**o**	viej**os**
Feminine	viej**a**	viej**as**

Carmen lleva un suéter **bonito** y una falda **nueva.**
Mis zapatos de tenis son **viejos.**

Carmen is wearing a pretty sweater and a new skirt.
My tennis shoes are old.

B. Adjectives that end in a consonant,* the vowel **-e,** or the ending **-ista** have only two forms because the masculine and feminine forms are the same.

	SINGULAR	PLURAL
Masculine/Feminine	joven interesante pesimista azul	jóvenes interesantes pesimistas azules

Luis lleva una camisa **azul** y un sombrero **azul.**

Mi amigo Nacho es **pesimista,** pero mi amiga Silvia es **optimista.**

Luis is wearing a blue shirt and a blue hat.

My friend Nacho is pessimistic, but my friend Silvia is optimistic.

Ejercicio 8

Seleccione todas las descripciones posibles.

MODELO: Alberto → *chico, guapo, estudiante*

Nora   Alberto   Esteban   Carmen   la profesora Martínez   Luis   Mónica   Pablo

1. Nora
2. Alberto
3. Esteban y Carmen
4. la profesora Martínez
5. Luis
6. Mónica y Carmen
7. Pablo

a. mujer
b. chico
c. secretaria
d. chica
e. guapo
f. niñas
g. amigos
h. estudiantes

i. estudiante
j. profesor
k. mexicana
l. altas
m. bajo
n. morena
o. rubio

---

*Adjectives of nationality that end in a consonant are an exception to this, since they (like adjectives that end in **-o/-a**) have four forms: **inglés, inglesa, ingleses, inglesas.** See **Gramática C.4** for more information.

Mi familia y mis amigos

▼▼▼▼▼▼▼▼▼▼▼▼▼▼▼▼▼▼▼▼▼▼▼

METAS

In **Paso C** you will discuss your family, things you own, and people's ages. You will also talk about different languages and nationalities.

Texas, Estados Unidos

ACTIVIDADES DE COMUNICACIÓN

La familia

¿Qué tenemos?

Los números (10–100) y la edad

Los idiomas y las nacionalidades

EN RESUMEN

GRAMÁTICA Y EJERCICIOS

C.1 Expressing Possession: The Verb **tener; de(l)**

C.2 Expressing Possession: Possessive Adjectives

C.3 Expressing Age: The Verb **tener**

C.4 Describing People: Adjectives of Nationality

C.5 Talking about Habitual Actions: Present Tense of Regular **-ar** Verbs

Actividades de comunicación

La familia

Lea Gramática C.1.

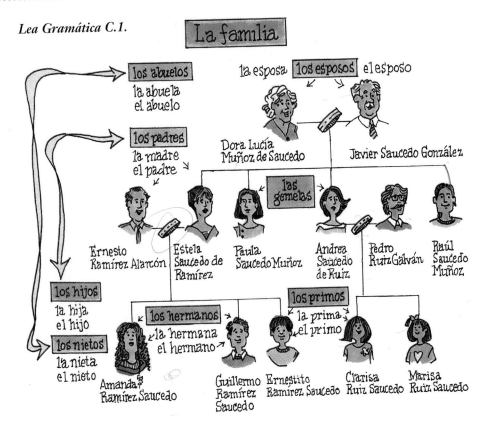

Actividad 1. Identificaciones: La familia Saucedo (Parte 1)

¿Cierto o falso? Conteste según el dibujo.

1. Dora es la esposa de Javier.
2. Dora y Javier tienen cuatro hijos: tres hijas y un hijo.
3. Estela es soltera.
4. Raúl es casado.
5. Estela, Paula, Andrea y Raúl son hermanos.
6. La esposa de Pedro se llama Paula.
7. Amanda no tiene primos.
8. Dora tiene cinco nietos: tres nietas y dos nietos.
9. Pedro y Raúl son hermanos.
10. Amanda tiene dos hermanas.

Actividad 2. Intercambios: La familia Saucedo (Parte 2)

Conteste según el dibujo de la página anterior.

MODELOS: E1: ¿Cómo se llama *el hermano de Estela, Paula y Andrea*?
E2: Se llama *Raúl*.

E1: ¿Cuántos *hermanos* tiene *Amanda*?
E2: Tiene *dos*.

Actividad 3. Diálogo: ¿Quién es?

Don Eduardo Alvar habla con Paula Saucedo.

DON EDUARDO: Perdón, señorita Saucedo. ¿Quién es ese joven?
PAULA SAUCEDO: Su nombre es Jorge Saucedo.
DON EDUARDO: ¿Saucedo? ¿Es su hermano?
PAULA SAUCEDO: No. Su apellido es Saucedo también, pero no es mi hermano. Mi hermano se llama Raúl.

Actividad 4. Diálogo abierto: Mis hijos

E1: ¿Cómo se llama usted, señor (señora, señorita)?
E2: Me llamo ____.
E1: ¿Es usted casado/a (soltero/a, viudo/a, divorciado/a)?
E2: Soy ____.
E1: ¿Tiene usted hijos?
E2: Sí, tengo ____ hijos y ____ hijas. (No, no tengo hijos.)

Actividad 5. Entrevista: Mi familia

1. ¿Cómo se llama tu *padre* (madre, hermano/a, abuelo/a)?
   Mi *padre* se llama ____.
2. ¿Cuántos *hermanos* (primos, abuelos, hijos, nietos) tienes?
   Tengo *dos hermanos*. (Tengo *un primo*. Tengo *una nieta*. No tengo *hijos*.)

¿Qué tenemos?

Lea Gramática C.1–C.2.

Doña Lola tiene un coche nuevo.

Los discos compactos son de Amanda.

Ernestito y su perro Lobo son amigos.

Actividad 6. Diálogo: El coche de don Eduardo

ERNESTITO: ¿Tiene usted coche, señor Alvar?

DON EDUARDO: Sí, tengo un coche azul, un poco viejo.

ERNESTITO: Yo no tengo coche pero tengo una bicicleta nueva.

DON EDUARDO: Sí, y tu bicicleta es muy bonita.

Actividad 7. Descripción de dibujos: ¿De quién... ?

1. ¿Quién tiene dos camisas nuevas?
2. ¿Quién tiene dos perros?
3. ¿De quién es el vestido nuevo?
4. ¿Quién tiene una computadora?
5. ¿De quién es el carro nuevo?
6. ¿Quiénes tienen helados?

Actividad 8. Entrevista: Mi perro y mi carro

1. ¿Tienes perro (gato)?
   Sí, tengo _____. (No, no tengo perro/gato.)
2. ¿Cómo es tu perro (gato)?
   Mi perro (gato) es _____.
3. ¿Tienes carro?
   Sí, tengo _____. (No, no tengo carro. Tengo bicicleta.)
4. ¿Cómo es tu carro (bicicleta)?
   Mi carro (bicicleta) es _____.

Los números (10–100) y la edad

Lea Gramática C.3.

10 diez	76 setenta y seis
20 veinte	80 ochenta
30 treinta	82 ochenta y dos
40 cuarenta	90 noventa
50 cincuenta	94 noventa y cuatro
60 sesenta	100 cien
70 setenta	110 ciento diez

Actividad 9. Diálogos: ¿Cuántos años tienen?

GRACIELA: Amanda, ¿quién es esa niña?

AMANDA: Es mi prima, Clarisa.

GRACIELA: ¿Cuántos años tiene?

AMANDA: Tiene sólo seis años, y es muy inteligente.

DON EDUARDO: Señor Ruiz, ¿cuántos hijos tiene usted?

PEDRO RUIZ: Tengo dos hijas.

DON EDUARDO: ¿Y cuántos años tienen?

PEDRO RUIZ: Bueno, Clarisa tiene seis años y Marisa tiene cuatro.

DON EDUARDO: ¡Sólo dos hijas! ¡Cómo cambia el mundo!

Actividad 10. Diálogo abierto: ¿Cuántos años tienes?

E1: ¿Cuántos años tienes?

E2: Tengo _____ años.

E1: ¿Tienes hermanos?

E2: Sí, tengo _____ hermanos y _____ hermanas. (No, no tengo hermanos, pero tengo _____.)

E1: ¿Cuántos años tiene tu hermano/a mayor/menor?

E2: Mi hermano/a _____ tiene _____ años.

Los idiomas y las nacionalidades

Lea Gramática C.4–C.5.

Hans Schumann es alemán y habla alemán.

Gina Sfreddo es italiana y habla italiano.

Iara Gomes y Zidia Oliveira son brasileñas y hablan portugués.

Masato Hamasaki y Goro Nishimura son japoneses y hablan japonés.

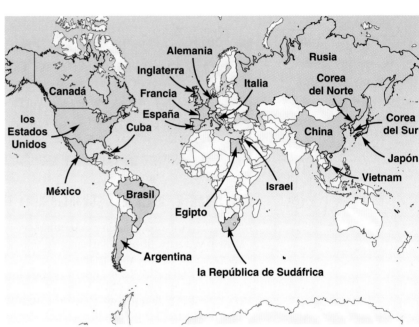

PAÍS	NACIONALIDAD	IDIOMA(S)
Alemania	alemán, alemana	alemán
Argentina	argentino/a	español
Brasil	brasileño/a	portugués
Canadá	canadiense	inglés/francés
China	chino/a	chino
Corea (del Norte / del Sur)	coreano/a	coreano
Cuba	cubano/a	español
Egipto	egipcio/a	árabe
España	español(a)	español
los Estados Unidos	(norte)americano/a	inglés
Francia	francés, francesa	francés
Inglaterra	inglés, inglesa	inglés
Israel	israelí	hebreo
Italia	italiano/a	italiano
Japón	japonés, japonesa	japonés
México	mexicano/a	español

PAÍS	NACIONALIDAD	IDIOMA(S)
la República de Sudáfrica	sudafricano/a	afrikaans / lenguas africanas / inglés
Rusia	ruso/a	ruso
Vietnam	vietnamita	vietnamés

Actividad 11. Asociaciones: ¿Qué nacionalidad? ¿Qué idioma?

Diga cuál es la nacionalidad de estas personas y qué idiomas hablan.

MODELO: Gloria Estefan... Cuba →
Gloria Estefan es *cubana* y habla *inglés y español*.

PERSONA	PAÍS
1. Nelson Mandela	la República de Sudáfrica
2. el príncipe Carlos	Inglaterra
3. Luciano Pavarotti	Italia
4. Boris Yeltsin	Rusia
5. Xuxa	Brasil
6. Hosni Mubarak	Egipto
7. Gérard Depardieu	Francia
8. Arantxa Sánchez Vicario	España
9. Benjamín Netanyahu	Israel

Actividad 12. Diálogo abierto: Amigos internacionales

E1: ¿Tienes un amigo *japonés* (una amiga *japonesa*)?
E2: Sí, se llama _____.
E1: ¿Hablas *japonés* o *inglés* con él (ella)?
E2: Hablamos *inglés*. (Normalmente hablamos *inglés*, pero a veces hablamos *japonés*.)

Actividad 13. Intercambios: En la agencia de viajes

MODELO: CLIENTE: Señorita (Señor, Señora), quiero viajar *a París*.
          AGENTE: ¿Habla usted *francés*?
          CLIENTE: Sí, hablo *un poco de francés*. (No, no hablo *nada de francés*. / Sí, hablo *francés muy bien*.)

CIUDADES

Roma	Madrid	Río de Janeiro
Londres	Buenos Aires	Montreal
Toronto	Moscú	Berlín
Los Ángeles	Pekín	Tokio

IDIOMAS

italiano	ruso	francés
inglés	chino	alemán
español	portugués	japonés

FRASES ÚTILES

un poco de	nada de	muy bien

En resumen

De todo un poco

Entrevista: Su familia y sus amigos

Entreviste a su compañero/a. Tome apuntes y luego comparta la información con la clase.

1. —¿Son norteamericanos tus padres?
    —Sí/No, mis padres son _____.
2. —¿Cuántos años tienen ellos?
    —Mi padre tiene _____ años y mi madre tiene _____ años.
3. —¿Qué idiomas hablan?
    —Mis padres hablan _____. (Mi padre habla _____ y mi madre habla _____.)
4. —¿Cuántos años tienen tus abuelos?
    —Mi abuelo tiene _____ y mi abuela tiene _____. (Mis abuelos están muertos.)
5. —¿Qué idiomas hablan tus abuelos?
    —Hablan _____. (Mi abuelo habla _____ y mi abuela habla _____.)
6. —¿Tienes muchos hermanos?
    —Sí, tengo _____. (No, tengo sólo _____. / No, soy hijo único / hija única.)
7. —¿Cómo se llaman tus hermanos?
    —Mis hermanos se llaman _____ y _____. (Mi hermano/a se llama _____.)

8. —¿Tienes amigos de (*país*)?
   —Sí, tengo amigos (un amigo / una amiga) de _____.
9. —¿Cómo se llaman tus amigos? (¿Cómo se llama tu amigo/a?)
   —Se llaman _____ y _____. (Se llama _____.)
10. —¿Qué idiomas hablan ellos? (¿Qué idiomas habla él/ella?)
    —Hablan _____. (Habla _____.)

VIDEOTECA

 In this first segment of the *Video to accompany* **Dos Mundos,** you will meet two students at **la Universidad Nacional Autónoma de México.** Try to identify where the students are from and how old they are. **Paso C** of the *Cuaderno de trabajo* contains additional activities for you to do after you have seen this video segment.

Vocabulario

La familia

el abuelo / la abuela	grandfather/grandmother
los abuelos	grandparents
el esposo / la esposa	husband/wife
el hijo / la hija	son/daughter
el hijo único / la hija única	only child (only son / only daughter)
los hijos	sons (sons and daughters; children)
la madre	mother
el nieto / la nieta	grandson/granddaughter
el padre	father
los padres	parents
el primo / la prima	cousin

Los países / Countries

Alemania	Germany
Corea del Norte / del Sur	North/South Korea
(los) Estados Unidos	United States
Inglaterra	England
(la) República de Sudáfrica	South Africa

PALABRAS SEMEJANTES: Brasil, Canadá, China, Cuba, Egipto, Francia, Israel, Italia, Japón, México, Rusia, Vietnam

REPASO: España

Las nacionalidades

alemán/alemana	German
brasileño/a	Brazilian
chino/a	Chinese
coreano/a	Korean
egipcio/a	Egyptian
español(a)	Spanish
francés/francesa	French
inglés/inglesa	English
norteamericano/a	North American
ruso/a	Russian
sudafricano/a	South African
vietnamita	Vietnamese

PALABRAS SEMEJANTES: americano/a, árabe, argentino/a, canadiense, cubano/a, israelí, italiano/a, japonés/japonesa, mexicano/a, portugués/portuguesa

Los idiomas — Languages

el alemán	German
el chino	Chinese
el español	Spanish
el francés	French
el hebreo	Hebrew
el inglés	English
las lenguas africanas	African languages
el ruso	Russian

PALABRAS SEMEJANTES: el afrikaans, el árabe, el coreano, el italiano, el japonés, el portugués, el vietnamés

Las ciudades — Cities

Londres	London
Moscú	Moscow
Pekín	Beijing

PALABRAS SEMEJANTES: Berlín, Buenos Aires, Los Ángeles, Madrid, Montreal, Río de Janeiro, Roma, Tokio, Toronto

Los adjetivos

casado/a	married
divorciado/a	divorced
mayor	older
menor	younger
muerto/a	dead
soltero/a	single
viudo/a	widowed

Las personas

el gemelo / la gemela	twin
la princesa	princess
el príncipe	prince

Los verbos

quiero	I want
tener	to have
viajar	to travel

Expresiones útiles

¡Cómo cambia el mundo!	How the world changes!
¿Cuántos años tiene(s)?	How old are you?
Tengo... años.	I am . . . years old.

¿Cuántos... tiene(s)?	How many . . . do you have?
¿De quién es/son... ?	Whose is/are . . . ?
más/menos de	more/less than
nada de	nothing; any (at all)
perdón	pardon me; excuse me
un poco de	a little
¿Qué tiene(n)... ?	What do/does . . . have?
¿Quién(es) tiene(n)... ?	Who has . . . ?

Palabras útiles

la agencia de viajes	travel agency
el apellido	last name
a veces	sometimes
la bicicleta	bicycle
bueno...	well . . .
el carro / el coche	car
¿Cuál... ?	Which . . . ?
la edad	age
el helado	ice cream
pero	but
según	according to
sólo	only

PALABRAS SEMEJANTES: la computadora, el disco compacto, normalmente

REPASO: un poco

Palabras y frases del texto

comparta(n)	share
conteste(n)	answer
la frase	phrase, sentence
luego	then
la página anterior	preceding page
Tome apuntes.	Take notes.

PALABRAS SEMEJANTES: la información, internacional, la parte

Los números

setenta	seventy
ochenta	eighty
ochenta y dos	eighty-two
noventa	ninety
noventa y cuatro	ninety-four
cien	one hundred
ciento diez	one hundred ten

Gramática y ejercicios

C.1 Expressing Possession: The Verb *tener; de(l)*

Just like English, Spanish has several ways of expressing possession. Unlike English, however, Spanish does not use an apostrophe and *s*.

tener = *to have*

A. Perhaps the simplest way of expressing possession is to use the verb **tener*** (*to have*). Like the verb **ser, tener** is classified as an irregular verb because of changes in its stem.[†] The endings that attach to the stem, however, are regular.

tener (*to have*)		
(yo)	tengo	*I have*
(tú)	tienes	*you (inf. sing.) have*
(usted, él/ella)	tiene	*you (pol. sing.) have; he/she has*
(nosotros/as)	tenemos	*we have*
(vosotros/as)	tenéis	*you (inf. pl., Spain) have*
(ustedes, ellos/as)	tienen	*you (pl.) have; they have*

—Profesora Martínez, ¿**tiene** usted un automóvil nuevo?
—Sí, **tengo** un Toyota verde.

—*Professor Martínez, do you have a new automobile?*
—*Yes, I have a green Toyota.*

English: *'s*
  Mike**'s** new car
  Sarah**'s** friends
Spanish: **de** + person
  el carro nuevo **de Miguel**
  los amigos **de Sara**

B. The verb **ser** (*to be*) followed by the preposition **de** (*of*) can also be used to express possession. The equivalent of the English word *whose* is **¿de quién?** (literally, *of whom?* or *to whom?*).

—**¿De quién es** el cuaderno?

—**Es de** Carmen.

—*To whom does the notebook belong?*
—*It's Carmen's.*

de + **el** = **del**
de + **la** remains **de la**

C. The preposition **de** (*of*) followed by the masculine article **el** (*the*) contracts to **del** (*of the*).

—**¿De quién es** el bolígrafo?
—**Es del** profesor.

—*Whose pen is this?*
—*It's the professor's.*

The other combinations of **de** + article do not contract: **de la, de los, de las.**

Los zapatos **de la** niña son nuevos.

The girl's shoes are new.

---

*Recognition: **vos tenés**
[†]See **Gramática C.5** for more information on verb stems.

Ejercicio 1

Diga qué tienen estas personas. Use las formas del verbo **tener**.

MODELO: Luis *tiene* una bicicleta negra.

1. Pablo _____ una chaqueta negra.
2. Esteban y yo _____ un coche viejo.
3. Mónica, tú no _____ el libro de español, ¿verdad?
4. (Yo) _____ dos lápices y un cuaderno sobre mi pupitre.
5. Nora y Alberto no _____ hijos, ¿verdad?

Ejercicio 2

Diga de quién son estas cosas.

MODELO: Mónica / bolígrafo → El bolígrafo *es de* Mónica.

1. la profesora Martínez / carro

2. Luis / camisa

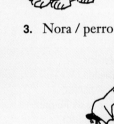

3. Nora / perro

4. Esteban / lentes

5. Alberto / saco

6. Carmen / bicicleta

C.2   Expressing Possession: Possessive Adjectives

Possession can be indicated by the following possessive adjectives. The particular adjective you choose depends on the owner, but the adjective itself, like other Spanish adjectives, agrees in number and gender with the word it describes: that is, with the *object owned*, not with the owner.

SINGULAR OWNER		PLURAL OWNER	
mi tu* su	*my* *your (inf. sing.)* *your (pol. sing.),* *his/her*	nuestro/a vuestro/a su	*our* *your (inf. pl., Spain)* *your (pl.);* *their*

¿**Mi** hermano? Tiene el pelo negro.

My brother? He has black hair.

Nuestro carro nuevo es rojo.

Our new car is red.

Nuestra profesora es Adela Martínez.

Our professor is Adela Martínez.

SINGULAR POSSESSION (PLURAL POSSESSIONS)		SINGULAR POSSESSION (PLURAL POSSESSIONS)	
mi(s) tu(s) su(s)	*my* *your (inf. sing.)* *your (pol. sing.),* *his/her*	nuestro(s)/a(s) vuestro(s)/a(s) su(s)	*our* *your (inf. pl., Spain)* *your (pl.);* *their*

Mi falda es vieja pero **mis** zapatos son nuevos.

My skirt is old but my shoes are new.

Clarisa y Marisa tienen una casa grande. **Su** casa es grande.

Clarisa and Marisa have a big house. Their house is big.

Raúl, ¿**tus** hermanas son gemelas?

Raúl, are your sisters twins?

Clarisa y Marisa tienen dos tías y un tío. **Su** tío se llama Raúl.

Clarisa and Marisa have two aunts and one uncle. Their uncle's name is Raúl.

su = *his, her, your, their* (one item)
sus = *his, her, your, their* (multiple items)

Keep in mind that the pronoun **su(s)** can have various meanings: *your, his, her,* or *their.* The context normally clarifies to whom **su(s)** refers.

Luis no tiene **sus** libros.

Luis doesn't have his books.

El señor y la señora Ruiz tienen **su** coche aquí.

Mr. and Mrs. Ruiz have their car here.

Generally speaking, use **usted** and **su(s)** when addressing a person by his or her last name.

Señor Ramírez, ¿es **usted** mexicano? ¿Y **sus** padres?

Mr. Ramírez, are you Mexican? And your parents?

*****Tú** (with an accent mark) corresponds to *you;* **tu** (without an accent mark) corresponds to *your.*

Remember that you will acquire much of this material in time as you listen to and read Spanish.

When using a first name to address someone, use **tú** and **tu(s)**.

Raúl, **tu** amiga es inglesa pero **tú** y **tus** padres son mexicanos, ¿no?

Raúl, your friend is English but you and your parents are Mexican, aren't you?

Ejercicio 3

Complete estas oraciones con la forma apropiada del adjetivo posesivo: **mi(s), tu(s), su(s)** o **nuestro(s)/a(s)**.

MODELO: Estela, ¿dónde están *tus* hijos?

1. Mi novia no tiene _____ libro de matemáticas.
2. El profesor no tiene _____ botas.
3. No tienes _____ reloj, ¿verdad?
4. No tengo _____ zapatos de tenis.
5. No tenemos _____ cuadernos.
6. —Señores Ruiz, ¿dónde están _____ hijas?
   —_____ hijas, Clarisa y Marisa, están en casa.
7. Guillermo no tiene _____ chaqueta.
8. Estela y Ernesto no tienen _____ automóvil todavía.
9. Graciela, _____ ojos son muy bonitos.
10. No tengo _____ bicicleta aquí.

Ejercicio 4

Complete los diálogos con la forma apropiada del adjetivo posesivo.

MODELO: RAÚL: ¡Qué inteligente es *tu* amiga!
           ALBERTO: Sí, y ella es idealista, también.

1. RAÚL: Silvia, _____ perro, Sultán, es muy inteligente.
   SILVIA: Gracias, Raúl, pero no es _____ perro. Es de Nacho.

2. CLARA: Pilar, ¿tienen un carro _____ padres?
   PILAR: Sí, _____ padres tienen un Seat rojo.

3. JOSÉ: ¿Cómo se llama la novia de Andrés?
   PILAR: _____ novia se llama Ana.

4. ABUELA: Marisa y Clarisa, ¡qué bonitas son _____ faldas! ¿Son nuevas?
   MARISA: Sí, abuelita. Y _____ zapatos son nuevos también.

English: **I am** 24 (years old).
Spanish: **Tengo** 24 (años).

C.3   Expressing Age: The Verb *tener*

In English, the verb *to be* is used for telling age (*I am 21 years old*), but in Spanish the verb **tener** expresses age. To ask about age, use the question **¿Cuántos años... ?** (*How many years . . . ?*)

—Señora Ramírez, **¿cuántos años tiene** usted?

—*Mrs. Ramírez, how old are you?*

—**Tengo** treinta y cinco (años).

—*I'm 35 (years old).*

¿RECUERDA?

In **Gramática C.1** you learned the present-tense forms of the verb **tener.** Review them now, if necessary.

Ejercicio 5

Escriba la edad de estos amigos.

> MODELO: Rogelio Varela / 21 → Rogelio Varela *tiene 21 años.*

1. Adriana Bolini / 35
2. Carla Espinosa / 22
3. Rubén Hernández Arenas / 38
4. Susana Yamasaki González / 33

5. doña María Eulalia González de Saucedo / 79
6. yo / _____ años

Ejercicio 6

Escriba la edad de estas personas.

don Eduardo Alvar (n. 1918)   Estela Ramírez (n. 1963)   Ernestito Ramírez (n. 1990)   Amanda Ramírez (n. 1984)   doña Lola Batini (n. 1956)

¿RECUERDA?

In **Gramática B.6** you learned that adjectives that end in **-o/-a** have four forms.
rojo *masc. sing.*
roja *fem. sing.*
rojos *masc. pl.*
rojas *fem. pl.*

C.4 Describing People: Adjectives of Nationality

A. Adjectives of nationality that end in **-o/-a,** just like other adjectives that end in **-o/-a,** have four forms.

	SINGULAR	PLURAL
Masculine	chino	chinos
Feminine	china	chinas

Victoria no es **china,** pero habla chino muy bien.

Victoria is not Chinese, but she speaks Chinese very well.

B. Adjectives of nationality that end in a consonant have four forms also.

	SINGULAR	PLURAL
Masculine	inglés*	ingleses
Feminine	inglesa	inglesas

John es **inglés,** pero su madre es **española.**

John is English, but his mother is Spanish.

---

*See the *Cuaderno de trabajo*—**Capítulo 2** and Appendix 3—for details on written accent marks.

Do capitalize names of countries in Spanish.

Colombia
Panamá
Inglaterra

Do not capitalize nationalities and languages in Spanish.

colombiano
panameñas
español
inglés

C. Adjectives of nationality that end in **-e** have only two forms.

	SINGULAR	PLURAL
Masculine/Feminine	canadiens**e**	canadiens**es**

D. Adjectives of nationality and the names of languages are not capitalized in Spanish. Names of countries, however, are capitalized.

Ejercicio 7

¿De qué nacionalidad son estas personas?

> MODELO: el señor Shaoyi He → *Es chino.*

1. _____ la señorita Fernández
2. _____ los señores Watanabe
3. _____ el señor Hartenstein
4. _____ las hermanas Lemieux
5. _____ la señorita Cardinale y la señorita Lomeli
6. _____ la señorita Tang
7. _____ el señor Thatcher

a. alemán/alemana
b. chino/china
c. español/española
d. francés/francesa
e. inglés/inglesa
f. italiano/italiana
g. japonés/japonesa

¿RECUERDA?

In Spanish the forms of a verb change to show who is performing the action. You have already seen the forms of **ser** (**Gramática A.3**), **llevar** (**Gramática A.6**), and **tener** (**Gramática C.1**). Now look at the drawings at the bottom of this page and notice the forms of the verb **hablar** (*to speak*).

infinitive = verb form ending in **-ar**, **-er**, or **-ir**

You will not find the conjugated forms of a verb—**hablo**, **hablas**, **habla**, and so forth—as main entries in a dictionary. You must know the infinitive in order to look up the verb.

C.5   Talking about Habitual Actions: Present Tense of Regular *-ar* Verbs

A. The verb form listed in the dictionary and in most vocabulary lists is the *infinitive*. In Spanish many infinitives end in **-ar** (**llamar**, **llevar**), but some end in **-er** (**tener**) or in **-ir** (**vivir**). The forms of the verb are called its *conjugation*. Here is the present-tense conjugation of the regular **-ar** verb **hablar**.* Regular verbs are classified as such because their *stem* (the infinitive minus the ending) remains the same in all forms; the only change is in the endings, which are added to the stem.

*Recognition: **vos hablás**

hablar (*to speak*)	
(yo) habl**o**	*I speak*
(tú) habl**as**	*you (inf. sing.) speak*
(usted, él/ella) habl**a**	*you (pol. sing.) speak; he/she speaks*
(nosotros/as) habl**amos**	*we speak*
(vosotros/as) habl**áis**	*you (inf. pl., Spain) speak*
(ustedes, ellos/as) habl**an**	*you (pl.) speak; they speak*

B. Remember that Spanish verb endings indicate, in many cases, who or what the subject is, so it is not always necessary to mention the subject explicitly. That is why the pronouns are in parentheses in the preceding table.

—¿**Hablas** español?　　　　　　—*Do you speak Spanish?*
—Sí, y **hablo** inglés también.　　—*Yes, and I speak English too.*

These endings take time to acquire. You can understand and communicate with an incomplete knowledge of them, but they are important; make sure you include them when you write.

Ejercicio 8

Estamos en una fiesta en casa de Esteban. Complete estas oraciones con la forma correcta del verbo **hablar**.

1. Esteban, las dos chicas rubias _____ alemán, ¿verdad?
2. Mónica, ¿_____ francés tu padre?
3. Alberto y Luis no _____ francés.
4. Nora, ¿_____ tú chino?
5. No, yo no _____ chino, pero _____ un poco de japonés.

Ejercicio 9

¿Qué idiomas hablan estas personas? Complete cada oración con la forma correcta del verbo **hablar** y el idioma apropiado.

1. Susana Yamasaki González es peruana y _____ español y _____.
2. Los señores Ramírez son mexicanos y _____ _____.
3. Li Yuan Tseng y Mei Chang son chinos y _____ _____.
4. Kevin Browne y Stephen Craig son ingleses. _____ _____.
5. Talia Meir y Behira Sefamí son israelíes. _____ _____.
6. ¿Eres rusa? Entonces, tú _____ _____.

CAPÍTULO 1

Los datos personales y las actividades

Torreón, México

Actividades de comunicación y lecturas

Las fechas y los cumpleaños

Lea Gramática 1.1.

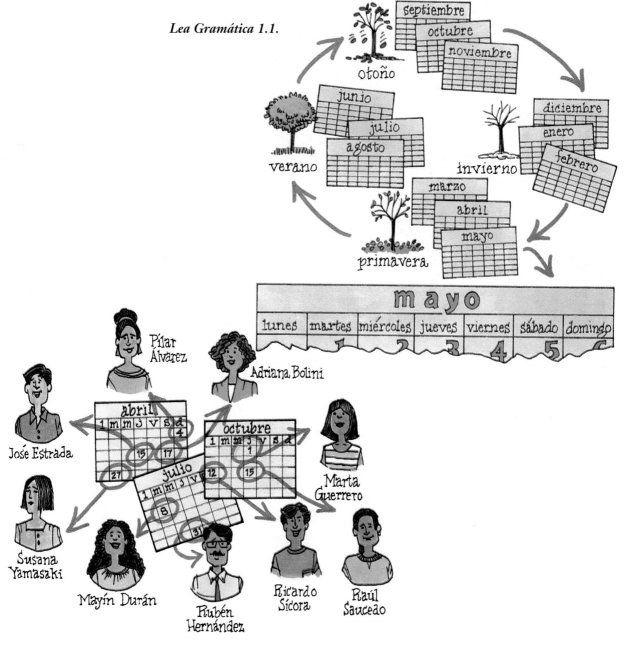

Actividad 1. Intercambios: El cumpleaños

Hágale preguntas a su compañero/a sobre los dibujos de la página anterior.

MODELOS: E1: ¿Cuándo nació *José Estrada*?
           E2: Nació el *15 de abril*.

           E1: ¿Quién nació el *15 de octubre*?
           E2: *Raúl Saucedo*.

Actividad 2. Intercambios: Los amigos de Esteban Brown

MODELO: E1: ¿Quién nació el *30 de mayo de 1977*?
          E2: *Rogelio Varela*.
          E1: ¿Dónde nació?
          E2: Nació en *San Juan, Puerto Rico*.

NOMBRE	LUGAR DE NACIMIENTO	FECHA DE NACIMIENTO
Raúl Saucedo	Guanajuato, México	15 de octubre de 1979
Rogelio Varela	San Juan, Puerto Rico	30 de mayo de 1977
Pilar Álvarez	Madrid, España	4 de abril de 1976
Ricardo Sícora	Caracas, Venezuela	12 de octubre de 1979
Carmen Bradley	Corpus Christi, Texas	23 de junio de 1979
Nora Morales	San Antonio, Texas	4 de julio de 1973

Actividad 3. Intercambios: ¿Qué quieres para tu cumpleaños?

MODELO: E1: ¿Quieres *un reloj* para tu cumpleaños?
          E2: Sí, quiero *un reloj*. (No, no quiero *un reloj*, quiero *una mochila*.)

1. un reloj
2. una computadora
3. una bicicleta
4. un reproductor para discos compactos
5. una camisa
6. un suéter
7. unos esquíes
8. entradas para un concierto

9. un coche

10. una mochila

11. una cámara

12. un televisor

13. discos compactos

14. un equipo de música

El horóscopo

Aquí está el horóscopo, con información para todos. Lea la descripción de su signo y ¡descubra su personalidad!

CAPRICORNIO (del 22 de diciembre al 20 de enero): Usted es una persona muy organizada; tiene buen sentido del humor y una personalidad muy atractiva. Su color es el verde claro.

ACUARIO (del 21 de enero al 18 de febrero): Usted es una persona elegante y creativa; es un poco idealista y muy independiente. Colores: rosado y blanco.

PISCIS (del 19 de febrero al 20 de marzo): Usted es muy independiente y entusiasta. No es una persona idealista, pero sí muy trabajadora. Color: amarillo.

ARIES (del 21 de marzo al 19 de abril): Usted tiene una personalidad muy expresiva; es una persona activa, enérgica ¡y un poquito impulsiva! Su color es el rojo brillante.

TAURO (del 20 de abril al 20 de mayo): Usted es un poco temperamental. ¡Pero tiene buen sentido del humor! Es una persona muy generosa con sus amigos. Colores: café y negro.

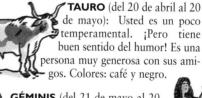

GÉMINIS (del 21 de mayo al 20 de junio): Usted es versátil y muy sociable. No es muy sentimental. La familia y los amigos son muy importantes para usted. Su color favorito es el azul.

CÁNCER (del 21 de junio al 22 de julio): Usted es una persona romántica y un poco sentimental. Pero también es muy activa y trabajadora. Colores: crema y blanco.

LEO (del 23 de julio al 22 de agosto): Usted tiene una personalidad agresiva; es persistente en todas sus actividades. Tiene pocos, pero buenos, amigos. Color: anaranjado.

VIRGO (del 23 de agosto al 22 de septiembre): Usted es de carácter serio y práctico. ¡Tiene mucha energía! Es una persona muy selectiva en sus relaciones. Colores: café oscuro y verde.

LIBRA (del 23 de septiembre al 22 de octubre): Usted es una persona artística y un poco tímida. Es muy jovial y tiene muchos buenos amigos. Su color favorito: azul.

ESCORPIÓN (del 23 de octubre al 22 de noviembre): Usted tiene una personalidad reservada. Es una persona intuitiva, organizada y persistente. Colores: rojo y negro.

SAGITARIO (del 23 de noviembre al 21 de diciembre): ¡Usted es muy optimista! Es una persona sociable y sincera. También es idealista y un poco impulsiva. Colores: azul oscuro y violeta o morado.

Comprensión

Todas las siguientes oraciones son falsas. Cambie las palabras incorrectas para decir la verdad, según la lectura.

MODELO: Capricornio es del *21 de junio al 22 de julio.* →
Capricornio es del *22 de diciembre al 20 de enero.*

1. Libra es del *23 de julio al 22 de agosto.*
2. Las personas del signo Sagitario son *muy pesimistas.*
3. Un hombre del signo Virgo normalmente es *impulsivo.*
4. El signo de una mujer que nació el 25 de marzo es *Piscis.*
5. Si una muchacha es del signo Leo, entonces es *muy tímida.*
6. Los colores del signo Acuario son *el café oscuro y el negro.*
7. Una joven del signo Cáncer es *muy práctica.*
8. Generalmente, las personas del signo Géminis son *aburridas.*
9. Las personas del signo Libra tienen *pocos amigos.*
10. Un joven del signo Escorpión probablemente es *agresivo.*

Ahora... ¡usted!

1. ¿Le gusta leer el horóscopo? ¿Por qué?
2. ¿Cree usted que el horóscopo dice la verdad?
3. ¿Tiene amigos del mismo signo que usted? ¿Qué aspectos de la personalidad tienen ustedes en común?

Un paso más... ¡a escribir!

Lea su signo y díganos, ¿es usted así? ¿Qué características de su personalidad *no* se mencionan? Escriba una breve descripción de su signo con más características.

MODELO: Mi signo es _____. ¡Soy muy _____! Soy una persona _____ y
_____. También soy _____ y un poco _____. Mi color favorito es
el _____.

Datos personales: El teléfono y la dirección

Lea Gramática 1.2–1.4.

UNIVERSIDAD NACIONAL AUTÓNOMA DE MÉXICO

Nombre: Ignacio Padilla León
Dirección: Calle Juárez 528, México D.F.
Teléfono: 5-66-57-42
Fecha de Nacimiento: 26-II-77
Sexo: M   Edo. Civil: soltero
Ojos: negros   Pelo: castaño
Ciudadanía: mexicana
Nº. de Estudiante: 156-87-40-94

UNIVERSIDAD COMPLUTENSE DE MADRID

Nombre: Pilar Álvarez Cárdenas
Dirección: Calle Almendras 481, Madrid
Teléfono: 4-71-94-55
Fecha de Nacimiento: 4-IV-76
Sexo: F   Edo. Civil: soltera
Ojos: castaños   Pelo: castaño
Ciudadanía: española
Nº. de Estudiante: 115-38-95-42

Actividad 4. Del mundo hispano: El pasaporte

Nº **M56 44937 26257**	
CIUDADANÍA **peruana**	

ESTADO CIVIL
☐ casado(a)   ☐ soltero(a)
☒ divorciado(a) ☐ viudo(a)

NOMBRE DE ESPOSO(A)

NOMBRE
Susana Yamasaki González

DIRECCIÓN **Carabaya**   **883**
Calle   No.
Cuzco   **Perú**
Ciudad   País

FECHA DE NACIMIENTO
27   abril   1965
Día   Mes   Año

LUGAR DE NACIMIENTO
Lima, Perú

PROFESIÓN **secretaria / guía
de turistas**

OJOS **negros**   PELO **negro**

ESTATURA **1.62** mts. PESO **59** kg.

FIRMA *Susana Yamasaki González*

1. ¿Cómo se llama la señora?
2. ¿Dónde vive?
3. ¿En qué mes nació?
4. ¿Cuál es su estado civil?
5. ¿De qué color tiene los ojos?

Actividad 5. Intercambios: ¿Cómo se escribe?

Usted habla por teléfono con el operador / la operadora.

MODELO: OPERADOR(A): Su nombre y apellido, por favor.
              USTED: *Ted Klamath.*
         OPERADOR(A): Perdón, no entendí bien. ¿Cómo se escribe su
                      apellido?
              USTED: *Ca-ele-a-eme-a-te-hache.*

OPERADOR(A): Su nombre y apellido, por favor.
    USTED: _____.
OPERADOR(A): Perdón, no entendí bien. ¿Cómo se escribe su apellido?
    USTED: _____.

Actividad 6. Diálogo abierto: ¿Dónde vives?

E1: ¿Cómo te llamas?
E2: _____. ¿Y tú?
E1: _____. ¿Dónde vives?
E2: En la calle _____, número _____. ¿Y tú?
E1: Vivo en la calle _____, número _____.
E2: ¿Cuál es tu número de teléfono?
E1: Es el _____. ¿Tienes teléfono tú?
E2: Sí, es el _____.

EL MUNDO HISPANO... su gente

Ana Lilia Gaitán es de Chile y tiene 31 años.

¿Cuáles son sus gustos y pasatiempos?

Me encanta[1] escuchar todo tipo de música, especialmente la latinoamericana. A veces[2] me gusta leer algún libro de Isabel Allende[3] o artículos de revistas[4] que, por lo general, son muy interesantes y son otra forma de aprender sobre otras culturas.

[1]Me... *I really like*   [2]A... *Sometimes*   [3]Isabel... *Famous Chilean novelist, author of the novel* La casa de los espíritus (*House of the Spirits*), *published in 1982. The film version was made in 1993.*   [4]*magazines*

SUDAMÉRICA

EL OCÉANO PACÍFICO

Chile

EL OCÉANO ATLÁNTICO

EL MUNDO HISPANO... en los Estados Unidos

Elizabeth Álvarez nació en los Estados Unidos, de padres mexicanos. Elizabeth tiene 34 años y vive en Perrysburg, Ohio.

Describa a un buen amigo o a una buena amiga.

Los Estados Unidos

Perrysburg, Ohio

EL OCÉANO PACÍFICO

EL OCÉANO ATLÁNTICO

Una buena amiga es una persona que está disponible[1] para escucharte cuando más lo necesitas. Es esa persona que te brinda una amistad[2] sincera y que te acepta tal como eres.[3] Mi buena amiga se llama Juanita García. Vive en Calexico, California. Juanita celebra su cumpleaños el cinco de septiembre. Nos gusta celebrar juntas su cumpleaños cuando se puede,[4] porque yo vivo en otro estado. Lo que más nos gusta hacer cuando estamos juntas es conversar. Hablamos mucho de eventos especiales de nuestra niñez.[5]

[1]*available*   [2]te... *offers you a friendship*   [3]tal... *just as you are*   [4]cuando... *when it's possible*   [5]*childhood*

La hora

Lea Gramática 1.5.

¿Qué hora es?

Es la una.

Son las tres.

Son las nueve menos diez.

Es la una y media.

Son las diez
menos veinte.

Son las once y cuarto.

Es mediodía.

Es medianoche.

Son las tres menos veinticinco.
(Son las dos y treinta y cinco.)

Son las siete y cinco.

Actividad 7. Diálogo: ¿Qué hora es?

SRA. SILVA: Perdón, don Anselmo, ¿qué hora tiene?
DON ANSELMO: *Son las siete y cuarto.*
SRA. SILVA: Muchas gracias.

PAULA SAUCEDO: Oye, Ernesto, ¿qué hora tienes?
ERNESTO RAMÍREZ: *Es casi medianoche.*
PAULA SAUCEDO: *¡Ya es tarde!*

Actividad 8. Intercambios: ¿Qué hora es?

Escuche a su profesor(a). Diga el número del reloj que corresponde a la hora que él/ella dice. Luego, hágale preguntas a su compañero/a según el modelo.

MODELO: E1: ¿Qué hora es?
          E2: Es la _____. / Son las _____.

Actividad 9. Del mundo hispano: Programas de televisión

Hágale preguntas sobre el siguiente horario a un compañero / una compañera.

1. ¿A qué hora es el programa «Treinta minutos»?
2. ¿A qué hora es el «Informativo de la mañana»?
3. ¿En qué canal se presenta el «Festival de cine»?
4. ¿En qué canal se presenta el programa «Hola Raffaella»?
5. ¿Qué canal presenta más programas de deportes?

Sábado 22 <u>Mayo</u>

MAÑANA

tve1

07. 00 Carta de ajuste.
(Sonido de Radio1, de RNE).

07. 30 Pinnic.
Espacio diario dedicado al público infantil que incluye las siguientes series:
– "Los fruittis".
– "Mucho cuento".
– "Las mil y una Américas".
– "Alfred J. Kwak".
– "El mundo de Maxie".
– "La isla del príncipe".

11. 00 Hola Raffaella.
(Redifusión del programa del pasado jueves, día 20 de mayo).

14. 00 El rescate del talismán.

tve2

05. 45 Carta de ajuste.

05. 59 Apertura y presentacón.

06. 00 El informativo de la mañana.

09. 25 Testimonio.

09. 30 Grandes intérpretes. Orquesta Filarmónica de Arthur Rubinstein.

10. 00 Últimas preguntas.

10. 30 Jara y sedal.
(Repetición).

11. 00 El mejor deporte.
Espacio deportivo que icluye los siguientes escuentros:
– Pelota.
– Fútbol sala.
– Balonmano.

TELEMADRID

08. 30 Baloncesto. NBA.
(Partido sin confirmar al cierre de esta edición).

10. 15 La Liga. Fútbol alemán. Programa que repasa los encuentros más importantes del fútbol alemán.

12. 00 La liga. Fútbol.
Transmisión del encuentro de fútbol de Segunda División B: Leganés – Atlético de Madrid.
Comentarios: Fernando Burgos y Santiago Acedo.

14. 00 Treinta minutos.
Presenta: Jesús López Jordán.

TARDE

tve1

14. 30 El sábado cocino yo. Presenta: Karlos Arguiñano.

15. 00 Telediario -1.

15. 30 Pato aventuras.
(Dibujos animados).

16. 00 Sesión de tarde.
«Los inconquistables».
Dir: Cecil B. Demille.
Con Gary Cooper, Paulette Goddard, Boris Karloff.

18. 40 Segunda sesión.
«Blue Bayou».
Dir: Karen Arthur.
Con Alfred Woodard, Mario Van Peebles, Elizabeth Ashley.

tve2

– Gimnasia rítmica.
(Campeonato de Europa).
– Automovilismo.
(Entrenamientos del Gran Premio de Mónaco).
– Motociclismo.
(24 horas de Montjuich).
– Baloncesto.
(All Star Games. Encuentro: Italia – España).

18. 10 Sala 2.
«Un reportero bajo sospecha». Dir: Miguel Courtois. Con Gerarad Darmon, Anais Jeanneret.

20. 00 El informe del día.

TELEMADRID

14. 30 Telenoticias.

15. 00 Parker Lewis nunca pierde.

15. 30 Cine. Una de risa.
«El divorcio que viene».
Dir: Pedro Masó. Con José Luis López Vázquez, José Sacristán.

17. 35 Cine. Una de aventuras.
«La batalla del río Neretva».
Dir: Velijko Bulajic.

19. 15 La Liga. Fútbol.
– Fútbol previo.
Presentador: Javier Reyero.

NOCHE

tve1

20. 30 Juguemos al Trivial.

21. 00 Telediario -2.

21. 30 Informe semanal.

22. 25 Viéndonos.
Dirección del programa: Martes y Trece. Realización: Pepa Martí Maqueda.

00. 00 Cine de medianoche.
«El recuperador».
Dir: Alex Cox. Con Emilio Estevez, Harry Dean Stanton.

01. 40 Deporte noche.

04. 00 Despedida y cierre.

tve2

20. 30 La tabla redonda.

21. 30 Área reservada.
Programa musical presentado por Antonio Fernández

22.20 Festival de cine.
«El ruido y la furia»
Dir.: Martin Ritt

00.20 Decálogo 4.
Dir.: Uwe Janson

01.15 Cine Club. gentes de Europa.
«Los caminos de la supervivencia»
Dir: Krzysztof Kieslowski

03.00 Despedida y cierre.

TELEMADRID

– (20.30) Liga española de fútbol:
Valencia – Athletic de Bilbao.

22. 15 La gran noche del espectáculo.
Incluye:
– Avance informativo.
– Entre amigos.

02. 15 Cine. Sala de madrugada.
«Ángeles sin paraíso».
Dir: John Cassavetes.

04. 05 Información cultural de la Comunidad de Madrid.

Las actividades y los deportes

Lea Gramática 1.6.

Un fin de semana típico de los Ramírez

A Guillermo y a sus amigos
les gusta jugar al fútbol.

A Amanda y a Graciela
les gusta jugar al tenis.

A Ernestito le gusta
andar en bicicleta.

A Estela le gusta ir
de compras.

A Ernesto le
gusta leer.

A Amanda le gusta ver su
telenovela favorita.

A Ernesto y a Guillermo les gusta
ver un partido de béisbol en el estadio.

A los Ramírez les gusta cenar
en restaurantes italianos.

Actividad 10. Intercambios: El fin de semana

MODELOS: E1: ¿A quién le gusta *jugar al basquetbol*?
           E2: A *Ricardo Sícora*.

           E1: ¿Qué le gusta hacer a *Ricardo* los sábados?
           E2: Le gusta *ir al cine*.

NOMBRE	LOS SÁBADOS LE GUSTA	LOS DOMINGOS LE GUSTA...
Ricardo Sícora, 18 años Caracas, Venezuela	ir al cine	jugar al basquetbol
Adriana Bolini, 35 años Buenos Aires, Argentina	cocinar	jugar al tenis
Raúl Saucedo, 19 años México, D.F., México	salir a bailar	ver un partido de fútbol
Nacho Padilla, 21 años México, D.F., México	ver la televisión	jugar al voleibol
Carla Espinosa, 22 años San Juan, Puerto Rico	ir de compras	ir a la playa

Actividad 11. Preferencias: Los gustos

Diga sí o no.

1. Durante las vacaciones me gusta...
   - **a.** viajar.
   - **b.** bailar por la noche.
   - **c.** andar en bicicleta.
   - **d.** dormir todo el día.
2. No me gusta...
   - **a.** nadar en una piscina.
   - **b.** acampar.
   - **c.** jugar en la nieve.
   - **d.** patinar en el hielo.
3. Por la noche, a mis padres les gusta...
   - **a.** ver la televisión.
   - **b.** cenar en restaurantes elegantes.
   - **c.** ir a fiestas.
   - **d.** leer el periódico.
4. A mi profesor(a) de español le gusta...
   - **a.** ir a fiestas.
   - **b.** hacer ejercicio.
   - **c.** cocinar.
   - **d.** llevar ropa elegante.

Y TÚ, ¿QUÉ DICES?

¡Qué interesante!	¡No lo creo!	A mí no me gusta.
¡Qué divertido!	A mí sí me gusta.	A mí tampoco me
¡Qué aburrido!	A mí también me gusta.	gusta.

E1: (A mí) No me gusta acampar.
E2: A mí sí me gusta. (A mí tampoco me gusta.)

Actividad 12. Entrevista: ¿Qué te gusta hacer?

MODELO: E1: ¿Te gusta *viajar*?
            E2: Sí, *me gusta mucho* viajar. (No, *no me gusta* viajar.)

1. ver la televisión
2. cenar en restaurantes
3. pescar
4. bailar en discotecas
5. escribir cartas
6. viajar en carro
7. escuchar música
8. cocinar
9. sacar fotos
10. trabajar

Actividad 13. Intercambios: Los juegos panamericanos

MODELOS: E1: ¿Qué días hay competición de *baloncesto* (*basquetbol*)?
E2: *Del 11 al 21 de marzo, y del 23 al 26.*

E1: ¿Cuándo hay competición de *nado sincronizado* el *13 de marzo*?
E2: Por *la tarde.*

XII JUEGOS DEPORTIVOS PANAMERICANOS MARZO 1995
PROGRAMA DIARIO DE ACTIVIDADES

EVENTO	V 10	S 11	D 12	L 13	M 14	M 15	J 16	V 17	S 18	D 19	L 20	M 21	M 22	J 23	V 24	S 25	D 26
ACTO DE INAUGURACIÓN	●																
ATLETISMO		●	●	●		●	●		●	●							
BALONCESTO		●	●	●	●	●	●	●	●	●	●	●		●	●	●	
BALONMANO			●	●	●	●	●	●	●								
BÉISBOL			●	●	●	●	●	●	●	●	●		●	●			
BOXEO				●	●	●	●	●	●	●	●			●	●		
CANOA/KAYAK		●	●														
CICLISMO			●			●	●	●	●	●		●					
ECUESTRE				●	●	●	●	●		●							
FÚTBOL			●	●	●	●	●		●		●						
GIMNASIA ARTÍSTICA	●	●	●	●		●											
GIMNASIA RÍTMICA													●	●	●		
JUDO					●	●	●	●	●								
LEVANTAMIENTO DE PESAS				●	●	●	●	●									

EVENTO	V 10	S 11	D 12	L 13	M 14	M 15	J 16	V 17	S 18	D 19	L 20	M 21	M 22	J 23	V 24	S 25	D 26
LUCHA				●	●	●		●	●	●							
CLAVADOS (ACUÁTICOS)	●	●			●	●			●	●	●						
NATACIÓN											●	●	●		●	●	●
NADO SINCRONIZADO			●	●	●	●	●	●									
POLO ACUÁTICO				●	●	●	●	●	●								
PATINAJE											●	●	●	●	●	●	
TAEKWONDO														●	●	●	
TENIS				●	●	●	●	●	●	●	●	●	●	●			
TENIS DE MESA				●	●	●	●	●	●	●	●						
TIRO				●	●	●	●	●	●								
TIRO CON ARCO											●	●	●				
VOLEIBOL										●	●	●	●	●	●	●	●
PELOTA VASCA				●	●	●	●	●	●								
CEREMONIA DE CLAUSURA																	●

LEYENDA: ● MAÑANA   ● TARDE   ● NOCHE

EL MUNDO HISPANO... imágenes

Un deporte muy popular en España es el jai alai, un juego de origen vasco.[1] Las personas que juegan al jai alai necesitan ser ágiles y rápidas. Los dos jugadores de la foto se entrenan para un partido.

[1]*Basque*

NOTA CULTURAL

VOCABULARIO ÚTIL

Antes de leer	*Before reading*
mire	*look at*
la natación	*swimming*
el ciclismo	*cycle racing*
ha ganado	*has won*
la carrera Tour-de-France	*Tour-de-France race, a bicycle touring race that covers approximately 2,500 miles (4,000 kilometers) in France and neighboring countries such as Spain.*
la Serie Mundial	*World Series (baseball)*
De hecho	*In fact*

Los deportes

Los hispanos practican muchos deportes, pero hay dos que son muy populares. Antes de leer esta Nota cultural, mire las palabras **en negrilla** y descubra rápidamente el nombre de varios deportes importantes.

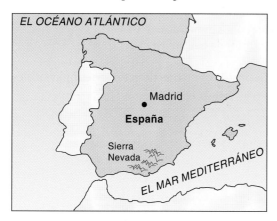

A los hispanos les gusta practicar deportes individuales, **el esquí** y **la natación,** por ejemplo. Muchas personas esquían en la Sierra Nevada, que está en España, y también esquían en Chile y Argentina. **El ciclismo** es muy popular en Colombia, México y España. Un ciclista español, Miguel Indurain, ha ganado varias veces la carrera Tour-de-France.

Todas las ciudades hispanas grandes tienen gimnasios donde es posible **nadar, levantar pesas, hacer gimnasia** o **ejercicios aeróbicos** y **jugar al ráquetbol** y **al tenis.** Y hablando del tenis, dos de las mejores tenistas son hispanas: una es una joven argentina que se llama Gabriela Sabatini, y la otra es una española que se llama Arantxa Sánchez Vicario.

Los dos deportes de más popularidad en el mundo hispano son sin duda **el fútbol** y **el béisbol.** (Cuando uno dice «fútbol» en español, habla del *soccer*; lo que en inglés se llama *football*, en español se llama **fútbol norteamericano**). El fútbol es el deporte favorito de los argentinos, los uruguayos y los chilenos, entre otros.

El béisbol, deporte de origen norteamericano, es el que más se juega en los países del Caribe: Puerto Rico, Cuba, Venezuela y la República Dominicana. Muchos caribeños miran la Serie Mundial en la televisión o la escuchan en la radio. ¡El programa tiene un público enorme en esa región!

Uno de los beisbolistas profesionales más jóvenes en los Estados Unidos, Manny Ramírez, nació en la República Dominicana. Pero también en México y otros países de América Latina hay gran entusiasmo por este deporte. De hecho, el famoso jugador profesional de béisbol Fernando Valenzuela es mexicano.

En realidad, la pasión por los deportes es un aspecto esencial del carácter hispano.

Comprensión

¿Cierto o falso?

1. El fútbol se practica mucho en Chile y Argentina.
2. Es posible esquiar en los gimnasios.
3. Hay muchos jugadores de béisbol en el Caribe.
4. Normalmente, los hispanos no practican deportes individuales.
5. Hay un ciclista español muy famoso.

Ahora... ¡usted!

1. ¿Le gustan los deportes? ¿Cuáles practica?
2. ¿Hay deportistas famosos que juegan su deporte favorito? ¿Quiénes son? ¿Es usted admirador(a) de esas personas?
3. ¿Cuáles de los deportes mencionados en la Nota cultural le gusta practicar a usted? Indique si le gusta practicarlos mucho, a veces o nunca.

	MUCHO	A VECES	NUNCA
el béisbol	☐	☐	☐
el ciclismo	☐	☐	☐
el esquí	☐	☐	☐
el fútbol	☐	☐	☐
el fútbol norteamericano	☐	☐	☐
la natación	☐	☐	☐
el ráquetbol	☐	☐	☐
el tenis	☐	☐	☐

 Un paso más... ¡a escribir!

Imagínese que usted es un deportista famoso / una deportista famosa. ¿Cuál es su deporte? ¿Tiene muchos admiradores? ¡Descríbase! Puede incluir una descripción física y también de su personalidad.

Me llamo _____ y juego al _____. Soy muy famoso/a; tengo (*número*) admiradores. Practico este deporte (*frecuencia*). Soy (*descripción física*). ¿Mi personalidad? Pues... soy _____ y _____.

En resumen

De todo un poco

A. La correspondencia

Estos muchachos y muchachas de México quieren entablar correspondencia con otros muchachos y muchachas. Hágale preguntas a su compañero/a acerca de la información que hay sobre ellos.

MODELOS: E1: ¿Cuántos años tiene _____?

E2: Tiene _____.

E1: ¿Cuál es el deporte favorito de _____?

E2: Su deporte favorito es el/la _____.

E1: ¿Cuál es la dirección de _____?

E2: Su dirección es _____.

E1: ¿Qué le gusta hacer a _____?

E2: Le gusta _____.

Y TÚ ¿QUIÉN ERES?

✉ **MIGUEL ÁNGEL OJEDA CEGUEDA (19 años)**
Calz. I. Zaragoza 1111, Col. Agrícola Oriental, México, D.F., C.P. 08500.
Pasatiempos: natación, baloncesto, fútbol americano y ciclismo.

✉ **JOSÉ GUADALUPE AYALA RAMÍREZ (18 años)**
Julio V. Plata 74, Col. Héroe de Nacozari, México, D.F., C.P. 07780.
Pasatiempos: jugar al fútbol y tener amigos por correspondencia.

✉ **LUIS MANUEL GALVÁN O. (20 años)**
Alzate 100, Ozumba, Edo. de México, C.P. 56800.
Pasatiempos: ir a las discos, jugar al basquetbol y leer *Eres*.

✉ **LETICIA VILLANUEVA R. (24 años)**
Ardilla 341, Col. Benito Juárez, Cd. Neza, Edo. de México, D.P. 57000.
Pasatiempos: escuchar música, bailar, pasear y tener amigos.

✉ **MARÍA GUADALUPE E IRMA PRECIADO MENDOZA (16 y 23 años)**
Calle Carretera a Tesistán 1051, Col. Arcos de Zapopan, Zapopan, Jal., C.P. 45130.
Pasatiempos: escuchar música, ver la televisión y leer.

✉ **MARÍA CRUZ RODRÍGUEZ P. (22 años)**
Motolinía 237, Centro, Morelia, Mich., C.P. 58000.
Pasatiempos: ir a la playa, escuchar música y tener muchos amigos.

México

EL GOLFO DE MÉXICO

Morelia

México D.F.

JALISCO

MICHOACÁN

OCÉANO PACÍFICO

Abreviaturas:

Calz.–calzada	C.P.–código postal	Gpe.–Guadalupe
Cd.–ciudad	D.F.–Distrito Federal	Jal.–Jalisco
Col.–Colonia	Edo.–Estado	Mich.–Michoacán

B. La curiosidad

Trabaje con otros dos o tres estudiantes para escribir por lo menos dos preguntas interesantes para hacerles a estas personas famosas.

1. al presidente de los Estados Unidos
2. a un actor de cine muy guapo
3. a una actriz famosa y bonita
4. a una mujer muy bonita en una fiesta
5. a un hombre muy joven en su clase
6. a su profesor(a) de español

¡Dígalo por escrito!

Descripción de personas

De su revista favorita, seleccione una foto que tenga una o más personas y tráigala a clase. Trabajando con un compañero / una compañera, describan cada foto en detalle. ¡Usen su imaginación! Por ejemplo, pueden incluir información sobre los siguientes aspectos de la(s) persona(s) de la foto.

- ¿Cómo se llama?
- ¿De dónde es?
- ¿Dónde vive ahora? ¿Con quién(es) vive?
- ¿Cuántos años tiene?
- ¿Cuál es su fecha de nacimiento? ¿su signo?
- ¿Cómo es?
- ¿Qué ropa lleva?
- ¿Qué hace?
- ¿ ?

Después de la clase, cada uno de ustedes debe escribir una breve descripción de la foto de su compañero/a, basándose en su conversación en clase y también incluyendo todos los otros detalles que puedan. ¡No se olviden de entregar las fotos con las descripciones!

VIDEOTECA

 En este segmento de video, usted va a conocer a dos primos de Ecuador, Paloma y José Miguel. También va a conocer a Gustavo, un amigo de Paloma. Mientras mira el video, escuche bien para distinguir las frases y palabras que ya conoce. Por ejemplo, ¿qué deporte le gusta a Gustavo? ¿Cuál es la fecha del cumpleaños del padre de Paloma? También, trate de apuntar el número de teléfono de Paloma. En el Capítulo 1 del *Cuaderno de trabajo* hay más actividades para hacer después de ver el video.

Vocabulario

Los meses del año — Months of the Year

enero — January

PALABRAS SEMEJANTES: febrero, marzo, abril, mayo, junio, julio, agosto, septiembre, octubre, noviembre, diciembre

Las estaciones — Seasons

la primavera	spring
el verano	summer
el otoño	fall, autumn
el invierno	winter

Los días de la semana
Days of the Week

(el) lunes	Monday
(el) martes	Tuesday
(el) miércoles	Wednesday
(el) jueves	Thursday
(el) viernes	Friday
(el) sábado	Saturday
(el) domingo	Sunday

¿Cuándo? — When?

anteayer	day before yesterday
ayer	yesterday
durante	during
hoy	today
mañana	tomorrow
la mañana	morning
pasado mañana	day after tomorrow
por la mañana/tarde/ noche	in the morning / afternoon (evening) / at night

Los datos personales
Personal Data

la calle	street
la ciudadanía	citizenship
el cumpleaños	birthday
la dirección	address
¿Dónde vive usted (vives tú)?	Where do you live?
el estado civil	marital status

la fecha (de nacimiento)	date (of birth)
el lugar (de nacimiento)	place (of birth)
el peso	weight

PALABRAS SEMEJANTES: el pasaporte, el sexo

REPASO: el apellido, casado/a, divorciado/a, soltero/a, viudo/a

La hora — Time; Hour

¿A qué hora (es)... ?	At what time (is) . . . ?
(Es) A la(s)...	(It is) At . . .
la medianoche	midnight
el mediodía	noon
¿Qué hora es?	What time is it?
Es la una y media.	It is one-thirty.
Son las nueve menos diez (minutos).	It is ten (minutes) to nine.
Oye, ¿qué hora tienes?	Hey, what time do you have?
Perdón, ¿qué hora tiene?	Excuse me, what time do you have?
y cuarto / menos cuarto	quarter after / quarter till
y media	half past

Los deportes y los juegos
Sports and Games

el basquetbol (baloncesto)	basketball
el equipo	team
el esquí	ski; skiing
el estadio	stadium
el fútbol	soccer
el fútbol americano	football
jugar	to play
nadar	to swim
el partido	game (in sports), match
patinar (en el hielo)	to skate (on ice)
pescar	to fish

PALABRAS SEMEJANTES: el bate, el béisbol, la competición, el tenis, el voleibol

Las actividades

acampar	to camp (go camping)
andar en bicicleta	to ride a bicycle
bailar	to dance
cenar	to dine, have dinner

cocinar	to cook
dormir (todo el día)	to sleep (all day)
escuchar (música)	to listen (to music)
escribir (cartas)	to write (letters)
hacer	to do; to make
hacer ejercicio	to exercise
ir	to go
a fiestas	to parties
de compras	shopping
jugar (en la nieve)	to play (in the snow)
leer (el periódico)	to read (the newspaper)
sacar fotos	to take photos
salir (a bailar)	to go out (dancing)
trabajar	to work
ver	to see; to watch
la televisión	television
una telenovela	a soap opera
un partido de...	a . . . game

REPASO: hablar por teléfono

Los lugares   Places

el cine	movie theater
la piscina	swimming pool
la playa	beach

PALABRAS SEMEJANTES: la discoteca, el restaurante

Los verbos

decir	to say
dice	he/she says; you (*pol. sing.*)
	say
querer	to want
quieren	they want
vivir	to live
vivo	I live
vives	you (*inf. sing.*) live
vive	he/she lives; you (*pol. sing.*)
	live

Palabras y expresiones del texto

¡Dígalo por escrito!	Say it in writing!
los gustos	likes (preferences)
Hágale preguntas a...	Ask . . . questions.
la lectura	reading (*n.*)
se presenta	is shown
sobre	about
trabaje(n)	work (*command*)

PALABRAS SEMEJANTES: corresponde, la nota cultural, la preferencia

Palabras útiles

a	to
casi	almost
¿Cuándo... ?	When . . . ?
¿Dónde... ?	Where . . . ?
del (de + el)	of the (*required contraction*)
las entradas (para un concierto)	tickets (for a concert)
el equipo de música	stereo
este/esta	this
feliz	happy
el fin de semana	weekend
la firma	signature
el horario	schedule
para	for
querido/a	dear
el reproductor para discos compactos	CD player
el televisor	television set
todo/a	all, every

PALABRAS SEMEJANTES: el actor / la actriz, la cámara, el canal, la correspondencia, la curiosidad, elegante, famoso/a, favorito/a, hispano/a, la información, la música, nacional, el operador / la operadora, panamericano/a, el presidente / la presidenta, la profesión, el programa, el teléfono, las vacaciones

Expresiones útiles

¿A quién le gusta... ?	Who likes to . . . ?
¿Cómo te llamas (tú)?	What is your name?
¿Cómo se escribe... ?	How do you spell . . . ?
¿Cuándo (¿Dónde) nació?	When (Where) were you (was he/she) born?
¡Felicidades!	Congratulations!
¡Feliz cumpleaños!	Happy birthday!
No entendí bien.	I didn't understand well.
No lo creo.	I don't believe it.
Por favor.	Please.
¡Qué aburrido!	How boring!
¡Qué divertido!	How fun!
¡Qué interesante!	How interesting!
¿Qué le/te/les gusta hacer?	What do you (*pol. sing. / inf. / pl.*) like to do?
Le gusta...	He/She likes (You [*pol. sing.*] like) (to) . . .
Les gusta...	They/You (*pl.*) like (to) . . .
Te gusta...	You (*inf.*) like (to) . . .
(No) Me gusta...	I (don't) like (to) . . .
A mí también/tampoco.	I do too. / I don't either.
Ya es tarde.	It's late already.
Y tú, ¿qué dices?	And you? What do you say?

Gramática y ejercicios

1.1 Counting: Numbers 100–1000 and Dates

100 = **cien**
101 = **ciento uno**
161 = **ciento sesenta y uno**
doscientos (200) hombres
doscientas (200) mujeres
quinientos (500) edificios
quinientas (500) sillas

A. Here are the hundreds, from 100 to 1000. Note particularly the pronunciation and spelling of 500, 700, and 900. The word for *one hundred* is **cien,** but when combined with other numbers it is usually **ciento(s).** From 200 to 900, there is also a feminine form.

154 ciento cincuenta y cuatro	600 seiscientos/as
200 doscientos/as	700 setecientos/as
300 trescientos/as	800 ochocientos/as
400 cuatrocientos/as	900 novecientos/as
500 quinientos/as	1000 mil

—¿Cuántos estudiantes de España hay en el grupo? ¿Hay **cien**?

—No, hay **ciento cincuenta y cuatro.**

—*How many students from Spain are in the group? Are there a hundred?*

—*No, there are one hundred and fifty-four.*

—¿Cuántas sillas hay?
—Hay **doscientas diez.**

—*How many chairs are there?*
—*There are two hundred and ten.*

B. To state a year in Spanish, use **mil** (1000) followed by hundreds in the masculine form (if necessary).

1832 mil ochocientos treinta y dos
1993 mil novecientos noventa y tres
2000 dos mil

Ejercicio 1

Diga las siguientes fechas.

1. 1876
2. 1588
3. 1775
4. 1991
5. 2000
6. 1945
7. 1011
8. 1929
9. 1615
10. 2025

1.2   Spelling: The Spanish Alphabet

LETTER	NAME	EXAMPLE	LETTER	NAME	EXAMPLE
a	a	Ana	ñ	eñe	Íñigo
b	be, be grande	Bárbara	o	o	Olga
c	ce	Celia	p	pe	Pedro
d	de	David	q	cu	Quintín
e	e	Ernesto	r	ere	Mario
f	efe	Franco	rr	erre, doble ere	Roberto
g	ge	Gerardo	s	ese	Sara
h	hache	Hortensia	t	te	Tomás
i	i	Isabel	u	u	Úrsula
j	jota	Juan	v	uve, ve chica	Vicente
k	ca	Kati	w	doble ve, ve doble	Walter
l	ele	Laura	x	equis	Ximena
m	eme	Miguel	y	i griega	Yolanda
n	ene	Nora	z	zeta	Zulema

Learn how to spell your first and last names in Spanish; that is what you will be expected to spell most frequently.

A. Letters are feminine: **la «ele», la «i», la «equis».** The letter combination **ll** (often referred to as **doble ele**) is pronounced like a *y*. The letter combinations **ch, ll,** and **rr** cannot be divided when splitting a word into syllables.*

B. **B** and **v** are pronounced identically, so speakers use different devices to differentiate them; the most common is to call one **la be grande** and the other **la ve chica** (or **la b larga** and **la v corta**). Many people say **la be de burro, la ve de vaca** (**b** as in **burro**, **v** as in **vaca**). The letters **k** and **w** are used mostly in words of foreign origin: **kilo, whisky.**

C. Spanish speakers do not normally spell out entire words, but rather tend to refer only to the letters that might cause confusion. For example, if the name is **Rodríguez,** one might ask: **¿Se escribe con *zeta* o con *ese*?** (*Is it written with a z or with an s?*) Common spelling questions asked by most Latin Americans are the following.

s, z	¿Con **ese** o con **zeta**?	y, ll	¿Con **i griega** o con **doble ele**?
c, s	¿Con **ce** o con **ese**?	g, j	¿Con **ge** o con **jota**?
c, z	¿Con **ce** o con **zeta**?	v, b	¿Con **ve chica** o con **be grande**?

Because the letter **h** is never pronounced in Spanish, a common question is: **¿Con o sin hache?** (*With or without **h**?*)

---

*Until recently, the letter combinations **ch** and **ll** were considered single units, had separate names (**che** and **elle**), and affected alphabetization (for example, **chico** after **cumpleaños, llamar** after **luna**). You will still see this pattern of alphabetization in many dictionaries and textbooks.

Only with foreign words (or perhaps very unfamiliar Spanish words) do Spanish speakers spell out the entire word.

—¿Cómo se escribe *Dorwick*, por favor?
—Se escribe: **de, o, ere, doble ve, i, ce, ca.**
—Gracias.

Ejercicio 2

Escoja la respuesta correcta.

> MODELO: ¿Cómo se escribe _____apato?
> (a.) con zeta
> b. con ese

1. ¿Cómo se escribe _____ien?
   a. con ce
   b. con zeta

2. ¿Cómo se escribe _____aponés?
   a. con ge
   b. con jota

3. ¿Cómo se escribe nue_____o?
   a. con ve chica
   b. con be grande

4. ¿Cómo se escribe _____iudad?
   a. con ce
   b. con ese

5. ¿Cómo se escribe _____amar?
   a. con doble ele
   b. con i griega (y)

6. ¿Como se escribe _____ermano?
   a. con hache
   b. sin hache

7. ¿Cómo se escribe amari_____o?
   a. con doble ele
   b. con i griega (y)

8. ¿Cómo se escribe _____ombre?
   a. con hache
   b. sin hache

9. ¿Cómo se escribe piza_____a?
   a. con ere
   b. con erre

10. ¿Cómo se escribe ma_____or?
    a. con doble ele
    b. con i griega (y)

1.3 Talking About Habitual Actions: Present Tense of Regular *-er* and *-ir* Verbs

Following are the present-tense conjugations of the regular **-er** and **-ir** verbs **leer** and **vivir.***

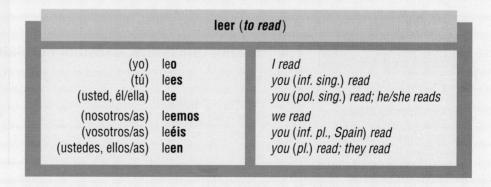

leer (*to read*)		
(yo)	le**o**	*I read*
(tú)	le**es**	*you (inf. sing.) read*
(usted, él/ella)	le**e**	*you (pol. sing.) read; he/she reads*
(nosotros/as)	le**emos**	*we read*
(vosotros/as)	le**éis**	*you (inf. pl., Spain) read*
(ustedes, ellos/as)	le**en**	*you (pl.) read; they read*

*For recognition: **vos leés, vivís**

It takes time to acquire these endings. As you read, listen, and interact more in Spanish, you will be able to use them with greater accuracy.

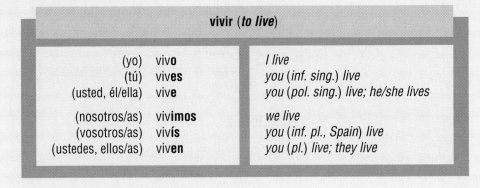

vivir (*to live*)	
(yo) viv**o**	*I live*
(tú) viv**es**	*you (inf. sing.) live*
(usted, él/ella) viv**e**	*you (pol. sing.) live; he/she lives*
(nosotros/as) viv**imos**	*we live*
(vosotros/as) viv**ís**	*you (inf. pl., Spain) live*
(ustedes, ellos/as) viv**en**	*you (pl.) live; they live*

Remember that, because Spanish verb endings indicate in many cases who or what the subject is, it is not necessary to use subject pronouns in every sentence.

—¿Dónde vives? —*Where do you live?*
—Vivo en San Juan. —*I live in San Juan.*

Ejercicio 3

leer = *to read*

Complete estas oraciones con la forma correcta del verbo **leer.**

1. Muchos españoles _____ el periódico *El País.*
2. ¿_____ (tú) muchas novelas?
3. Mi amigo _____ la Biblia todos los días.
4. (Yo) _____ libros en español.
5. Profesora, ¿_____ (usted) muchas composiciones?

Ejercicio 4

vivir = *to live*

Complete estas oraciones con la forma correcta del verbo **vivir.**

1. Pablo _____ en Texas.
2. (Nosotros) No _____ en México.
3. Susana y sus hijos _____ en Perú.
4. ¿_____ (vosotros) en España?
5. (Yo) _____ en los Estados Unidos.
6. ¿_____ (ustedes) en Panamá?

¿RECUERDA?

As you saw in **Gramática C.5** and **1.3,** Spanish verb endings usually indicate who the subject is, so it is generally not necessary to use subject pronouns (**tú, usted, él/ella, nosotros/as, vosotros/as, ustedes, ellos/as**) in questions.

¿Tienes (tú) teléfono?
¿Dónde vive (ella)?
¿Cómo se llaman (ustedes)?

1.4   Asking Questions: Question Formation

You have already seen and heard many questions in Spanish.

¿Cómo se llama usted?
¿Qué hora es?
¿Cuándo nació José?
¿Es alto Guillermo?
¿Habla usted español?
¿Tienen (ustedes) hijos?
¿Eres (tú) extrovertida?
¿Qué tiene Amanda?

A. Statements in Spanish are normally formed by using a subject, then the verb, and then any object or description.

> Ernestito tiene un perro grande.
> subject   verb   object adjective

> Amanda es delgada.
> subject verb adjective

Questions, however, are generally formed by placing the subject *after* the verb, with any object or description either following or preceding the subject.

STATEMENT:	Ernestito tiene un perro grande.	*Ernestito has a big dog.*
QUESTION:	¿Tiene Ernestito un perro grande?	*Does Ernestito have a big dog?*
STATEMENT:	Amanda es delgada.	*Amanda is thin.*
QUESTION:	¿Es delgada Amanda?	*Is Amanda thin?*
STATEMENT:	Susana vive en Perú.	*Susana lives in Peru.*
QUESTION:	¿Vive Susana en Perú?	*Does Susana live in Peru?*
STATEMENT:	(Tú) Lees muchas novelas.	*You read a lot of novels.*
QUESTION:	¿Lees (tú) muchas novelas?	*Do you read a lot of novels?*
STATEMENT:	Ellos hablan árabe.	*They speak Arabic.*
QUESTION:	¿Hablan ellos árabe?	*Do they speak Arabic?*

Note that in Spanish no additional words, such as *does* or *do*, are needed to turn a statement into a question.

Question words always have a written accent.
¿Qué? = *What?*
¿Cuándo? = *When?*
¿Quién(es)? = *Who?*
¿De quién? = *Whose?*
¿Dónde? = *Where?*
¿Cuánto/a/os/as? = *How much? / How many?*
¿Cómo? = *How?; What?*
¿Cuál(es)? = *Which?; What?*
¿Por qué? = *Why?*

B. Sometimes interrogative (question) words like **¿Qué?, ¿Cuándo?, ¿(De) Quién?, ¿Dónde?, ¿Cuántos?, ¿Cómo?, ¿Cuál?,** or **¿Por qué?** are used. These words are placed at the beginning of the question, before the verb.

¿Cuántos años tiene Guillermo?
¿Qué tiene Ernestito?
¿Dónde vive Susana?
¿De quién es el coche nuevo?
¿Cuál es tu número de teléfono?

¿Cómo está usted?
¿Quién es ese muchacho?
¿Cuándo nació usted?
¿Por qué no hablamos inglés en clase?

Ejercicio 5

Cambie las siguientes oraciones por preguntas.

> MODELO: Amanda tiene 14 años. →
> *¿Cuántos años tiene Amanda?*

1. Rubén Hernández vive en Florida.
2. Susana habla japonés.
3. Usted se llama Pedro Ruiz.
4. Ernesto y Estela tienen tres hijos.
5. Tú eres estudiante.

Ejercicio 6

Haga todas las preguntas posibles según los dibujos.

MODELO: →

¿*Estás cansado?* / ¿*Cómo estás?*

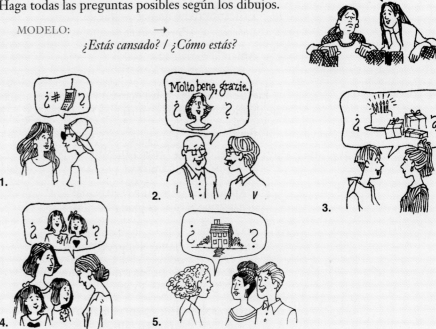

1.5   Telling Time: Hours and Minutes

The phrase ¿**Qué hora es?** is often used in Spanish to ask what time it is. Another common question is ¿**Qué hora tiene usted?** (*What time do you have?*) In both cases, the answer usually begins with **son**.

—¿Qué hora es?   —*What time is it?*
—**Son** las tres.   —*It's three o'clock.*

Es (not **son**) is used to tell the time with one o'clock and between one o'clock and two o'clock.

—¿**Es** la una?   —*Is it one o'clock?*
—No, **es** la una y veinte.   —*No, it's one twenty.*

Use **y** (*and*) to express minutes after the hour.

—¿Son las seis **y** diez?   —*Is it ten after six?*
—No, son las seis **y** veinte.   —*No, it's twenty after six.*

Use **menos** (*less*) or **para** (*to, till*) to express minutes before the hour.

Son las siete **menos** veinte.   *It's twenty to seven.* (Literally: *It's seven less twenty.*)

Son veinte **para** las siete.   *It's twenty to (till) seven.*

Use **cuarto** (*quarter*) and **media** (*half*) for fifteen and thirty minutes, respectively.

—¿Qué hora tiene usted?   —*What time do you have?*
—Son las tres y **cuarto** (**media**).   —*It's a quarter after (half past) three.*

Salvador Dalí, *La persistencia de la memoria*

a la una = **at** *one o'clock*
a las siete menos cuarto =
   at *six forty-five*

Use **a** to express *when (at what time)* an event occurs.

a la una	*at one o'clock*
a las cuatro y media	*at four thirty*
Tengo clase **a** las nueve.	*I have class at nine.*

Ejercicio 7

¿Qué hora es?

MODELOS: 2:20 → *Son las dos y veinte.*
                2:40 → *Son las tres menos veinte.*

1. 4:20		**5.** 7:07		**9.** 12:30
2. 6:15		**6.** 5:30		**10.** 5:15
3. 8:13		**7.** 3:00		
4. 1:10		**8.** 1:49		

1.6   Expressing Likes and Dislikes: *gustar* + Infinitive

Gustar is used to express
likes and dislikes.

Me gusta bailar. (*I like to
dance.*)

A. The Spanish verb **gustar** expresses the meaning of English *to like*. From a grammatical point of view, however, it is similar to the English expression *to be pleasing to someone.**

Me gusta leer.	*I like to read. (Reading is pleasing to me.)*

---

*You will learn more about the verb **gustar** and similar verbs in **Gramática 8.2.**

Gustar is usually used with pronouns that tell *to whom* something is pleasing. Here are the pronoun forms.*

	SINGULAR		PLURAL
me te le	*to me* *to you (inf. sing.)* *to you (pol. sing.);* *to him/her*	nos os les	*to us* *to you (inf. pl., Spain)* *to you (pl.); to them*

¿*Te* **gusta patinar?**
(*Do you like to skate?*)
A Ernestito *le* **gusta jugar al fútbol.**
(*Ernestito likes to play soccer.*)
A Estela y a Ernesto *les* **gusta ir al cine.**
(*Estela and Ernesto like to go to the movies.*)
Nos **gusta cocinar.**
(*We like to cook.*)

—¿Qué **te** gusta hacer?
—**Me** gusta aprender cosas nuevas.

—*What do you like to do?*
—*I like to learn new things.*

—¿Qué **les** gusta hacer?
—**Nos** gusta cocinar.

—*What do you like to do?*
—*We like to cook.*

B. Since **le gusta** can refer to *you (pol. sing.)*, *him*, or *her*, and **les gusta** can refer to *you (pl.)* or *them*, Spanish speakers often expand the sentence to be more specific. They use phrases with **a** (*to*), such as **a mi papá** (*to my father*), **a Juan** (*to Juan*), or **a los estudiantes** (*to the students*), in addition to using the pronoun **le** or **les**.†

A Carmen le gusta cantar.

Carmen likes to sing.

—¿**A usted le** gusta lavar su carro?
—No, no **me** gusta.

—*Do you like to wash your car?*
—*No, I don't like to.*

—¿**Les** gusta acampar **a Guillermo** y **a Ernestito?**
—Sí, **les** gusta mucho.

—*Do Guillermo and Ernestito like to go camping?*
—*Yes, they like to very much.*

C. The verb form that follows **gustar** is an infinitive, such as **hablar** (*to speak*), **leer** (*to read*), or **vivir** (*to live*).

PRONOUN	+	*gusta*	+	INFINITIVE
me te le nos os les	+	gusta	+	estudiar (*to study*) jugar (*to play*) comer (*to eat*) correr (*to run*) competir (*to compete*) escribir (*to write*)

---

*Recognition: (**A vos**) **Te gusta**
†You will learn more about phrases with **a, le,** and **les** in **Gramática 7.4, 8.2, 10.5, 13.4,** and **13.5.**

Ejercicio 8

¿Qué les gusta hacer a Ernestito y a Guillermo? Complete los diálogos con **me, te, les** o **nos**.

> MODELO: AMANDA: Graciela, ¿*te* gusta bailar?
> GRACIELA: Sí, *me* gusta mucho bailar.

1. MAESTRA: Ernestito, ¿_____ gusta andar en bicicleta?
   ERNESTITO: Sí, _____ gusta mucho. Tengo una bici nueva.

2. ERNESTITO: Guillermo, ¿_____ gusta jugar al béisbol?
   GUILLERMO: No, pero _____ gusta jugar al fútbol.

3. PEDRO: Ernestito y Guillermo, ¿_____ gusta escuchar la música rock?
   LOS CHICOS: ¡Claro que sí! _____ gusta mucho.

Ejercicio 9

¿Qué le(s) gusta hacer a las siguientes personas?

1. A Ernestito _____ gusta _____.
2. A Estela (la madre de Ernestito) no _____ gusta _____.
3. A Clarisa y a Marisa (las primas de Ernestito) _____ gusta _____.
4. A Ernestito _____ gusta _____.
5. Al perro _____ gusta _____.
6. A mí _____ gusta _____.

CAPÍTULO 2

Mis planes y preferencias

▼▼▼▼▼▼▼▼▼▼▼▼▼▼▼▼▼▼▼

METAS

In **Capítulo 2** you will discuss your plans for the future and your preferences. You will also talk about your classes and the weather.

Salamanca, España

ACTIVIDADES DE COMUNICACIÓN Y LECTURAS

Los planes

Las clases

Lectura   Los amigos hispanos: Nora Morales

Las preferencias y los deseos

El mundo hispano... su gente

Nota cultural   ¡Vamos a pasear!

El tiempo

El mundo hispano... imágenes

El mundo hispano... en los Estados Unidos

EN RESUMEN

GRAMÁTICA Y EJERCICIOS

2.1 Expressing Future Plans: **ir** + **a** + Infinitive

2.2 Sequencing: Ordinal Adjectives

2.3 Stating Preferences and Desires: **preferir** and **querer** + Infinitive

2.4 Describing the Weather: Common Expressions

Actividades de comunicación y lecturas

Los planes

Lea Gramática 2.1.

Los planes de Pedro y Andrea para el fin de semana

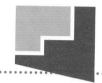

El viernes por la noche Pedro y Andrea van a ver una película.

También van a bailar en una discoteca.

El sábado Pedro va a lavar el carro.

El sábado por la tarde, Pedro y Andrea van a dar una fiesta.

El domingo por la mañana, los Ruiz van a ir a misa con sus hijas.

Luego van a almorzar en un restaurante.

El domingo por la tarde Pedro va a escribir una carta.

El domingo por la noche Andrea va a escuchar música.

Actividad 1. Preferencias: Los planes

Diga sí o no. También agregue otra actividad en cada caso.

1. El sábado por la mañana voy a...
   a. reparar mi carro.
   b. pasear por el centro.
   c. dormir.
   d. ¿ ?
2. El viernes por la noche mis padres van a...
   a. salir a cenar.
   b. ver la televisión.
   c. dar una fiesta.
   d. ¿ ?
3. El domingo por la tarde voy a...
   a. limpiar mi cuarto.
   b. practicar algún deporte.
   c. ir al cine.
   d. ¿ ?
4. Durante las vacaciones mis amigos y yo vamos a...
   a. viajar.
   b. descansar.
   c. jugar al tenis.
   d. ¿ ?
5. Este invierno voy a...
   a. esquiar.
   b. estudiar mucho.
   c. patinar en el hielo.
   d. ¿ ?

Y TÚ, ¿QUÉ DICES?

¡Qué aburrido!	¿Dónde?	Yo también.
¡Qué divertido!	¿Con quién?	Yo no.
¡Qué buena idea!	¿Cuándo? / ¿A qué hora?	

MODELO: E1: El domingo por la tarde voy a *limpiar mi cuarto.*
          E2: *¡Qué aburrido!*

Actividad 2. Narración: ¿Qué va a hacer Carmen el sábado?

PALABRAS ÚTILES

primero
luego
después
más tarde
por la mañana
por la tarde
por la noche
finalmente
por último

Actividad 3. Entrevista: Tus planes

Pregúntele a su compañero/a qué va a hacer en las siguientes ocasiones.

MODELO: E1: ¿Qué vas a hacer *en tu próximo cumpleaños*?
          E2: Voy a *salir a cenar con mi familia.*

OCASIONES	ACTIVIDADES	
en tu próximo cumpleaños	acampar	viajar
hoy, después de clases	ir al cine	salir a cenar
esta noche	descansar	estudiar
el próximo fin de semana	ir a la playa	nadar en un lago/río
durante las próximas vacaciones	trabajar	ir a muchas
el próximo verano	ver la televisión	fiestas
el viernes por la noche	leer un buen libro	ir de compras

Actividad 4. Intercambios: Madrid en el verano

Imagínese que usted está en Madrid en el mes de julio. Mire la lista de actividades posibles y decida qué va a hacer.

MODELO: E1: Voy a *nadar en la piscina.*
E2: ¿Dónde?
E1: En *el Polideportivo de San Blas.*

Actividades posibles: jugar al boliche, levantar pesas, nadar, pasear en barca, salir a bailar, salir a cenar, tomar el sol, ver los animales, viajar a la ciudad en tren

PREGUNTAS Y RESPUESTAS ÚTILES

¿Cuánto cuesta la entrada?	Cuesta *650* pesetas.
¿Dónde está?	Está en *la calle de Alcalá.*
¿A qué hora abren/cierran?	Abren/Cierran a *las 9:00.*
¿A qué hora sale/llega el tren?	Sale/Llega a *las 10:30.*
¿En qué restaurante (piscina, …)?	En *el Café de Oriente.*

Madrid en verano

Barcas

En los lagos del Retiro y la Casa de Campo y en el río Manzanares, a la altura del puente de Segovia. Desde las 10 de la mañana a la puesta del sol. El precio oscila entre 300 pesetas que cuesta una barca para dos personas y 200 pesetas por persona cuando son tres o más. Paseos de una hora.

Trenes turísticos

• **Trenes de ida y regreso en el día:** «Ciudad de Toledo» (electrotrén, domingos). Salida de Chamartín a las 9,05 h.; regreso de Toledo a las 19,45 h. Precio: adultos, 1.650 pesetas; niños de cuatro a doce años, 1.200 pesetas.

«Murallas de Ávila» (sábados). Salida de Chamartín a las 9,15 h.; regreso de Ávila a las 19,40 h. Precios: adultos, 1.650 pesetas; niños de cuatro a doce años, 1.200 pesetas.

• **Trenes de fin de semana:** «Tierras del Cid» (TER). Salida de Chamartín el sábado a las 8,30 h.; regreso de Burgos a las 17,45 h. «Ciudad Encantada de Cuenca» (TER). Salida de Atocha los sábados a las 9,30 h.; regreso de Cuenca, el domingo a las 19 h.

Parques acuáticos

Acuópolis. Toboganes, Rompeolas, Atlantic-Surf, Lago de la Aventura, Poblado del Oeste. Restaurantes, Terrazas, Parking gratuito. Abierto todos los días de 1 a 20 h. Precios: adultos, 1.550 ptas.; menores de catorce años, 1.000 ptas.

Lagosur. Km. 9 carretera de Toledo a Leganés (Leganés). Abierto de 11 a 19 h. Precios: adultos, 1.400 ptas. Viernes y sábado abierto también desde las 23 h. hasta la madrugada. Precios: hombres, 1.100 ptas.; mujeres, 700 ptas., con derecho a consumición.

Boleras

Bolera Club Stella. Arlabán, 7. Tel. 231 01 92.

Bowling Chamartín. Estación de Chamartín. Tel. 315 71 19.

Gimnasios

Gimnasio Ángel López. Primer Centro Polaris de España. Squash (nueva instalación), karate, gimna-sia, pesas, aerobic, gim-jazz, ballet infantil y adulto, baile español y rítmica. Amparo Usera, 14.

Gimnasio Argüelles. Karate, squash, aerobic, gimnasia, jazz, culturismo, musculación. Máquinas Polaris. Andrés Mellado, 21-23.

Piscinas

Municipales
Los precios de estas piscinas del Ayuntamiento son de 350 pesetas para los adultos y 150 para los niños. El horario de las piscinas es de 10 a 20 h., ininterrumpidamente.

Centro. Polideportivo de la Latina (plaza de la Cebada, 1), una piscina climatizada.

Ciudad Lineal. Polideportivo de la Concepción (Virgen del Portillo, s/n.), una piscina climatizada y una olímpica.

San Blas. Polideportivo de San Blas (avda. de Hellín, 79), una piscina climatizada, una olímpica, una para nadadores no expertos, una infantil y una piscina de 1.875 metros cuadrados.

Discotecas al aire libre

La Fiesta. Paseo Virgen del Puerto (puente Segovia).

El Jardín Del Sur. Disco-piscina. Ctra. Toledo, km. 8. Tels. 688 13 35 y 688 92 83.

Oh! Madrid. Disco-piscina. Ctra. Coruña, km. 8,700 (dirección Madrid). Tel. 207 86 97.

Restaurantes con terraza

Café Oriente. Pza. de Oriente, 2. Tels. 241 39 74 y 247 15 64.

Casa Domingo. Alcalá, 39. Tel. 276 01 37.

Casa Mingo. P.° de la Florida, 2. Tel. 247 79 18.

Casa Rafa. Narváez, 68. Tel. 273 10 87.

Cuarto y Mitad. Bolivia, 21. Tel. 250 83 84.

Currito. Pabellón de Vizcaya de la Feria del Campo. Tel. 464 57 04.

Zoo

Casa de Campo. Tels. 711 98 50/54 16. Metro Batán. Horario apertura, 10 h. Cierre del parque, 21,30 h. Menores de ocho años, 490 pesetas; mayores, 680 pesetas. Pases delfinario: mañana y tarde.

Las clases

Lea Gramática 2.2.

UNIVERSIDAD · DE · PUERTO · RICO
Nombre Carla Espinosa

hora/día	lunes	martes	miércoles	jueves	viernes
8:00	biología		biología		biología
8:30		historia		historia	
9:00	economía		economía		economía
10:30	química	química	química	química	química
11:00		(laboratorio)		(laboratorio)	
12:00	almuerzo		almuerzo		almuerzo
1:00	literatura	almuerzo	literatura	almuerzo	literatura

H—C=O
CH₃
H

$$\overset{H}{\underset{}{C}} - \overset{H}{\underset{}{C}} = O$$

H₃C—C—CH₃

UNIVERSIDAD · DE · PUERTO · RICO
Nombre Rogelio Varela

hora/día	lunes	martes	miércoles	jueves	viernes
8:00	informática	:	informática		informática
8:30		geografía		geografía	
9:00	psicología		psicología		psicología
11:00					
12:00		física		física	
2:00	ingeniería		ingeniería		ingeniería

$a = \dfrac{F}{m}$

Actividad 5. Diálogo: Las clases

Raúl, un estudiante mexicano, habla de sus clases con Esteban, su amigo norte-americano.

RAÚL: Tengo cuatro clases este semestre.
ESTEBAN: Yo tengo cinco.
RAÚL: ¿Son muy difíciles?
ESTEBAN: Solamente la clase de física es difícil. Las otras son fáciles.
RAÚL: Mi clase de arte es difícil pero muy interesante.
ESTEBAN: No tengo clase de arte, pero sí tengo una clase de sociología que me gusta mucho.

COLEGIO
ANGLO
MEXICANO
DE COYOACAN
Secundaria-Preparatoria

...primera vez, así
...ía.

...aturas de oratoria,
...ión, que son las
...cultura y desarrollo

...na)

Buscamos la eficiencia a la primera vez, así
como el liderazgo de excelencia.

El colegio te incluye las asignaturas de oratoria,
cultura empresarial y computación, que son las
materias que te darán apoyo, cultura y desarrollo
pleno de tu potencial.

EXÁMENES DE ADMISION:
18 y 25 de julio y 1 de agosto

INICIO DE CURSOS:
1° de septiembre

H. Escuela Naval Militar 42
(casi esquina con Taxqueña)
Col. San Francisco Culhuacán
(a 1 kilómetro del metro Taxqueña)

Actividad 6. Intercambios: Las clases

Ramón tiene muchas clases en su primer año de preparatoria. Pregúntele a su
compañero/a cuál es la primera (segunda, tercera, cuarta, etcétera) clase de
Ramón, a qué hora es y quién es el profesor / la profesora.

MODELO: E1: ¿Cuál es la *primera* clase de Ramón?
            E2: Su primera clase es la clase de *inglés*.
            E1: ¿A qué hora es?
            E2: Es a *las 7:45*.
            E1: ¿Quién es el profesor o la profesora?
            E2: Es *el señor García*.

SAGRADO CORAZÓN

Nombre: _Ramón Gómez_   Año: _Primero de preparatoria_

hora	materia	salón de clase	profesor(a)
7:45→8:30	inglés	403	Manuel García
8:40→9:25	matemáticas	207	Eugenia Ibarra
9:35→10:20	geografía	201	Daniel Contino
10:30→11:05	alemán	402	Alma Morales de Braun
11:05→11:20	descanso		
11:30→12:15	literatura española	405	Consuelo Acuña de Ramos
12:25→1:10	historia de México	408	Héctor Magaña M.
1:20→3:20	almuerzo		
3:30→4:15	biología	214	Isabel Santizo de Barragán
4:25→5:10	música	311	Víctor Álvarez

Actividad 7. Entrevista: Las clases

1. E1: ¿Qué clases tienes este semestre/trimestre?
   E2: Tengo _____, _____ y _____.

2. E1: ¿Cuál es tu clase favorita? ¿A qué hora es?
   E2: Mi clase favorita es la de _____. Es a la(s) _____.

3. E1: ¿Cuál es tu clase más fácil/difícil? ¿A qué hora es?
   E2: Mi clase más fácil/difícil es la de _____. Es a la(s) _____.

Actividad 8. Del mundo hispano: La Universidad del Valle de México

Éstas son las especialidades más importantes en el México actual. Trabaje con un compañero / una compañera para contestar las preguntas.

UNIVERSIDAD DEL VALLE DE MEXICO	CAMPUS					
	CENTRO		SUR		EDO. MEX.	QRO.
ESPECIALIDADES	SAN RAFAEL	GUADALUPE INSURGENTES	SAN ANGEL	TLALPAN	LOMAS VERDES	JURIQUILLA
AREA ECONOMICO-ADMINISTRATIVA						
ADMINISTRACION		•	•	•	•	
ADMINISTRACION DE EMPRESAS TURISTICAS	•	•		•	•	•
CONTADURIA PUBLICA			•	•	•	
ECONOMIA	•				•	
FINANZAS					•	
MERCADOTECNIA			•	•	•	
RELACIONES INDUSTRIALES	•				•	
RELACIONES PUBLICAS	•				•	
AREA DE CIENCIAS Y TECNOLOGIA						
ECOLOGIA				•	•	
INGENIERIA CIVIL					•	
INGENIERIA EN ECOLOGIA					•	
INGENIERIA EN ELECTRONICA Y TELECOMUNICACIONES					•	
INGENIERIA INDUSTRIAL ELECTRICA				•	•	
INGENIERIA INDUSTRIAL ELECTRONICA				•	•	
INGENIERIA INDUSTRIAL MECANICA				•	•	
INGENIERIA INDUSTRIAL QUIMICA				•	•	
INGENIERIA INDUSTRIAL EN PRODUCCION				•	•	•
SISTEMAS DE COMPUTACION ADMINISTRATIVA	•		•	•	•	•
AREA DE CIENCIAS SOCIALES						
CIENCIAS DE LA COMUNICACION	•			•	•	•
DERECHO	•			•	•	•
PEDAGOGIA						
PSICOLOGIA				•	•	
AREA DE ARTE Y HUMANIDADES						
ARQUITECTURA	•			•	•	
DISEÑO GRAFICO	•			•	•	•

1. ¿Qué campus ofrece todas las especialidades? ¿Cuál ofrece menos especialidades?
2. ¿Cuántos campus ofrecen la especialidad en ingeniería industrial química?
3. Nombren las especialidades más atractivas, en su opinión.
4. ¿Se ofrecen esas especialidades en su universidad? ¿Estudian ustedes alguna de esas especialidades?
5. ¿Cuáles son las especialidades en el área de ciencias sociales?
6. En su opinión, ¿cuáles son las especialidades más importantes en el presente? ¿Por qué?

Estudiantes mexicanos en un laboratorio de biología en México, D.F.

Los amigos hispanos: Nora Morales

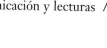

Esta lectura es sobre una estudiante mexicoamericana de San Antonio, Texas. Ella habla aquí de su ciudad y de las clases que tiene este semestre.

Las palabras en negrilla son *cognados*, palabras similares en español y en inglés; por ejemplo, **personas** (*persons*). Antes de leer, mire esas palabras para tener una idea general.

Hola, amigos. Me llamo Nora Morales y soy **estudiante de historia** en la Universidad de Texas en San Antonio. Me gusta vivir en San Antonio. Aquí hay muchas **personas** que hablan español, y la **cultura** de esta ciudad tiene gran **influencia hispana**. Caray, pues es **lógico**: ¡la mitad de la **población** de San Antonio es hispana!

Nací el cuatro de **julio** de 1973. Entonces... ¿cuál es mi edad? Soy de estatura mediana; tengo el pelo castaño y los ojos verdes. **Me fascina** la **historia**, especialmente la historia de **México,** porque de allí son mis padres. Y también me gusta mucho el idioma español; este **semestre** tengo una **clase** muy divertida con la **profesora** Martínez.

Tengo también una clase de química y otra de **biología**. En la clase de biología hay un muchacho **mexicano** muy amable y chistoso; se llama Raúl Saucedo. A veces **practico** el español con él y hablamos de México.

Comprensión

Diga si las siguientes oraciones son ciertas o falsas. Si son falsas, haga las correcciones necesarias.

MODELO: Los padres de Nora son de España. →
Es falso. Los padres de Nora son de *México.*

1. Nora nació el Día de la Independencia de los Estados Unidos.
2. Nora habla en español con un amigo norteamericano en la clase de biología.
3. A Nora le gusta mucho su clase de español.
4. Nora es alta y tiene el pelo negro.

Ahora... ¡usted!

1. ¿Tiene clases que le gustan mucho? ¿Cuáles son sus favoritas?
2. ¿Le gusta su clase de español? ¿Por qué?
3. ¿Cuáles son sus actividades favoritas en la clase de español?

Un paso más... ¡a escribir!

Describa a su mejor amigo/a. ¿Cuándo nació? ¿Qué edad tiene? ¿Cuáles son sus características físicas? ¿Qué les gusta hacer a ustedes cuando están juntos?

Las preferencias y los deseos

Lea Gramática 2.3.

Los planes para el sábado

Doña Lola quiere coser.

Guillermo quiere montar a caballo.

El señor Ramírez prefiere nadar.

Doña Rosita quiere ir al parque.

Don Anselmo quiere pescar.

Ramón prefiere andar en motocicleta.

Andrea y Pedro prefieren descansar y charlar.

La familia Ruiz quiere merendar en el parque.

Actividad 9. Diálogo: Una invitación

ESTEBAN: ¿Te gusta *jugar al tenis*?

LAN: Sí, me gusta mucho.

ESTEBAN: ¿Quieres *jugar al tenis en el parque* el *domingo*?

LAN: ¿A qué hora?

ESTEBAN: A *las once*.

LAN: Perfecto. Nos vemos el *domingo* a *las once*.

Actividad 10. Intercambios: ¿Cuáles son sus actividades favoritas?

Converse con su compañero/a sobre sus preferencias.

MODELO: E1: ¿Qué prefieres hacer *los lunes a las cuatro de la tarde*?

E2: Prefiero *escribir cartas*.

HORA Y DÍA	ACTIVIDADES
1. Los sábados, a las siete de la mañana, prefiero...	a. jugar al tenis.
2. Los viernes, a las ocho de la noche, prefiero...	b. cocinar.
	c. descansar.
3. Los lunes, a las cuatro de la tarde, prefiero...	d. correr.
	e. escribir cartas.
4. Los domingos, a las diez de la mañana, prefiero...	f. montar a caballo.
	g. bailar.
5. Los sábados, a las tres de la tarde, prefiero...	h. ver la televisión.
	i. dormir.
	j. leer el periódico.
	k. ¿ ?

Actividad 11. Entrevista: Mis actividades favoritas

MODELO: E1: ¿Prefieres *nadar en la piscina o en el mar*?

E2: Prefiero *nadar en el mar*.

1. ¿cenar en casa o en un restaurante?
2. ¿jugar al boliche o al billar?
3. ¿jugar al basquetbol o al fútbol?
4. ¿andar en motocicleta o en bicicleta?
5. ¿escribir cartas o recibir cartas?
6. ¿leer el periódico o ver la televisión?
7. ¿lavar el carro o trabajar en el jardín?
8. ¿merendar en un parque o comer en casa?
9. ¿ir a la playa o a las montañas?
10. ¿leer una novela o explorar la red mundial?

Actividad 12. Del mundo hispano: ¿Qué prefieren hacer los españoles en su tiempo libre?

Converse con un compañero / una compañera sobre la tabla a continuación.

MODELOS: E1: ¿Cuál es la *primera preferencia* de los españoles?
E2: *Pasar tiempo con la familia y los niños.*

E1: En general, ¿los europeos prefieren
recibir visitas o *escuchar la radio*?
E2: Prefieren *recibir visitas.*

Actividad 13. Conversación: El perfil del hombre perfecto

Trabajando en grupos, organicen estas descripciones en dos columnas: (1) el macho y (2) el hombre liberado.

- Le gusta ver películas violentas.
- Prefiere jugar al fútbol americano.
- Va a bailar con frecuencia.
- Le gusta jugar al tenis.
- Prefiere montar en motocicleta.
- Le gusta escuchar la música rock.
- Prefiere la música romántica.

- Prefiere manejar un jeep.
- Prefiere salir con los amigos.
- Prefiere llevar ropa deportiva.
- Le gusta mucho salir por la noche.
- Prefiere cenar en familia.
- Siempre quiere llevar vaqueros, botas y chaqueta negra.

Ahora, escriban una lista para describir uno de los siguientes estereotipos de mujer.

1. la mujer tradicional
2. la mujer liberada

3. la mujer perfecta

EL MUNDO HISPANO... su gente

Cecilia Ortega tiene 24 años y es de España.

¿Qué le gusta hacer en su tiempo libre?

Leer me apasiona;[1] prácticamente devoro[2] los libros. Me gustan especialmente las novelas policíacas o de misterio, y las biografías. También voy al cine una vez por semana. Me gustan las películas europeas. En general, detesto las películas violentas y las comedias de chiste fácil,[3] aunque me gustan mucho las comedias inteligentes.

EL OCÉANO ATLÁNTICO

Francia

Portugal

España

EL MAR MEDITERRÁNEO

[1]me... *is my passion*   [2]*I devour*   [3]de... *simplistic*

NOTA CULTURAL

VOCABULARIO ÚTIL

planificar	*to plan*
disfrutar de	*to enjoy*
una fuente	*fountain*
los bancos	*benches*
las damas	*checkers*

¡Vamos a pasear!

En esta Nota cultural se describen dos lugares en las ciudades hispanas donde hay mucha actividad social: las calles y la plaza. La plaza, especialmente, es el lugar que muchos hispanos prefieren para estar con los amigos.

En las calles de las ciudades hispanas siempre hay mucha actividad de todo tipo: hay personas que conversan, que caminan, que van de compras. Los hispanos, en general, prefieren no planificar demasiado su tiempo libre. A muchos les gusta disfrutar del momento presente y hacer las cosas de un modo espontáneo. La gente sale con el pretexto de visitar a un amigo, de comprar algo o para pasear por la plaza.

La plaza está generalmente en el centro de la ciudad. Muchas plazas tienen una fuente, árboles y bancos. En algunos pueblos, la gente juega allí a diferentes juegos como el dominó, las damas o las cartas. Pero a la mayoría de los hispanos les gusta ir a la plaza para sentarse y conversar o simplemente para mirar a las personas que pasan.

¡Me gusta la lluvia en la plaza!

Comprensión

Complete las siguientes oraciones lógicamente según la Nota cultural. Puede haber más de una respuesta correcta.

1. Generalmente, los hispanos prefieren...
   a. planificar todas sus actividades.
   b. ser espontáneos respecto al tiempo libre.
   c. pensar más en el momento presente.
2. A los hispanos les gusta pasear por...
   a. las calles.
   b. la plaza.
   c. su casa.
3. Normalmente, en la plaza, las personas...
   a. juegan a varios juegos y conversan.
   b. hacen su tarea o trabajan.
   c. se sientan y miran a otras personas.

Ahora... ¡usted!

1. ¿Tiene esta ciudad un lugar donde la gente puede ir a pasear? ¿Qué lugar es? ¿Qué le gusta hacer a usted allí normalmente?
2. ¿Qué le gusta hacer en su tiempo libre?
3. Generalmente, ¿planifica muy bien sus actividades? ¿Por qué?

Un paso más... ¡a escribir!

Describa su lugar favorito. ¿Dónde está? ¿Por qué le gusta pasar tiempo allí? ¿Prefiere estar solo/a en ese lugar o con otras personas? ¿Con quién(es) prefiere estar?

El tiempo

Lea Gramática 2.4.

¿Qué tiempo hace?

Hace buen tiempo.   Hace sol.   Hace mucho calor.   Hace mucho frío.   Nieva.

Llueve.

Hace viento.

Hace fresco.

Está nublado.

Actividad 14. Definiciones: Las estaciones y el clima

Lea estas descripciones y diga qué estación representa cada una: la primavera, el verano, el otoño o el invierno.

1. Hace mucho frío y a veces nieva.
2. Llueve mucho, a veces hace viento, nacen muchos animales y hay muchas flores y plantas nuevas.
3. Las clases empiezan y hay árboles de hojas amarillas, anaranjadas y de color café. Es la temporada del fútbol norteamericano.
4. Es la estación de las vacaciones. Hace mucho calor y muchas personas van a nadar al lago o a la piscina.

Ahora, mire el país y los meses y diga qué estación es.

1. España: diciembre, enero, febrero. Es _____.
2. Chile: diciembre, enero, febrero. Es _____.
3. México: septiembre, octubre, noviembre. Es _____.
4. Perú: septiembre, octubre, noviembre. Es _____.
5. Uruguay: marzo, abril, mayo. Es _____.
6. Argentina: junio, julio, agosto. Es _____.

Actividad 15. Intercambios: El clima

MODELOS:

E1: ¿Cuál va a ser la temperatura *máxima* en *Mexicali mañana*?
E2: Va a ser de *treinta y nueve grados*.

E1: ¿Cuál fue la temperatura *mínima* en *Acapulco ayer*?
E2: Fue de *veinticinco grados*.

CIUDAD	TEMPERATURA DE AYER		PRONOSTICO	
	MAXIMA	MINIMA	MAXIMA	MINIMA
DF	21	12	22	12
Mexicali	37	25	39	24
Mérida	34	22	33	23
Toluca	18	8	18	8
Chihuahua	33	30	34	19
Monterrey	34	22	36	22
Guadalajara	26	16	25	16
Acapulco	32	25	32	24
Veracruz	25	23	29	24

CLIMA

Actividad 16. Descripción de dibujos: ¿Qué tiempo hace?

Escuche la descripción de estos dibujos y diga el número del dibujo indicado.

1.   2.   3.

4.   5.   6.

Ahora, hágale preguntas sobre los dibujos a su compañero/a.

MODELO: E1: ¿Qué tiempo hace en el *dibujo número 3*?
          E2: *Hace mucho calor.*
          E1: ¿Qué estación es?
          E2: Es *el verano.*

EL MUNDO HISPANO... imágenes

Una plaza en el Barrio de Santa Cruz, en Sevilla, España. Cuando hace buen tiempo, a los hispanos les gusta ir a la plaza para sentarse, para pasear o para reunirse[1] con los amigos. Sólo cuando hace mucho frío hay muy pocas personas en este lugar.

En la foto vemos a varias personas, algunas alrededor de la fuente[2] y otras que comen en un café. ¡Todo el mundo se reúne en la plaza!

[1]*meet*   [2]*fountain*

EL MUNDO HISPANO... en los Estados Unidos

Sofía Panagiotidis tiene 24 años y es de Venezuela. Lleva cinco años en los Estados Unidos y vive en Pensilvania.

¿Cómo es el clima en su país? ¿Hace mucho frío en el invierno? ¿mucho calor en el verano? Generalmente, ¿llueve mucho o poco? ¿Es muy diferente el clima de su país al de la ciudad donde usted vive ahora? ¿Qué clima le gusta más? ¿Por qué?

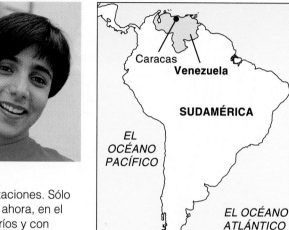

Yo soy de Caracas y el clima allí es muy agradable, nunca hace ni mucho frío ni mucho calor.[1] En general, Venezuela no tiene cuatro estaciones. Sólo hay épocas[2] de lluvia y épocas de sequía.[3] Donde vivo ahora, en el noreste[4] de los Estados Unidos, los inviernos son muy fríos y con mucha nieve, y los veranos son muy calurosos[5] y húmedos. Yo prefiero el clima de Venezuela porque uno no tiene que llevar abrigo cuando hace un poco de frío, y no hay mucha humedad cuando hace un poco de calor. ¡Es como vivir una eterna primavera!

[1]nunca... *it's never too cold nor too hot* [2]*seasons* [3]de... *dry* [4]*northeast* [5]*hot*

En resumen

De todo un poco

A. La ropa y el clima

MODELO: E1: ¿Qué ropa llevas *cuando hace frío?*
E2: Cuando hace frío *llevo abrigo y botas.*

¿Qué ropa llevas...

1. cuando hace fresco?
2. cuando hace mucho calor?
3. cuando hace viento?
4. cuando nieva?
5. cuando llueve?
6. cuando hace mucho sol?

B. ¿Qué actividades asocia usted con el tiempo?

MODELO: E1:   ¿Qué te gusta hacer *cuando hace viento*?
          E2:   Cuando hace viento me gusta *volar una cometa en la playa.*

¿Qué te gusta hacer...

1. cuando hace fresco?
2. cuando hace mucho calor?
3. cuando hace mucho frío?
4. cuando nieva?
5. cuando llueve?
6. cuando hace mucho sol?

C. ¡De vacaciones!

Imagínese que usted está de vacaciones. Lea estos pronósticos del tiempo y diga cuáles son sus planes. Luego, invente un pronóstico para la ciudad y el día de su preferencia, y léaselo a la clase para ver cuáles son los planes de sus compañeros.

1. Madrid, 2 de agosto: Va a hacer mucho calor. La temperatura máxima va a ser de 40°C.
2. México, D.F., 22 de julio: Va a hacer fresco y va a estar nublado por la mañana. Va a llover toda la tarde.
3. Los Ángeles, California, 28 de diciembre: Este fin de semana va a nevar en las montañas. Aquí en la ciudad va a hacer mucho frío y va a llover casi todos los días. La temperatura va a bajar a 51°F.
4. ¿ ?

 ¡Dígalo por escrito!

Las actividades de verano

En la página 81 hay una descripción de algunas de las actividades que se puede hacer en Madrid en el verano. Mire esa descripción otra vez y luego trabaje con dos o tres compañeros de clase para comentar algunos de los pasatiempos de verano típicos en su ciudad. Después, trabaje solo/a para escribir una descripción de su ciudad en verano.

VIDEOTECA

 Manolo, Lola y su hija Marta, los personajes de este segmento de video, viven en Sevilla, en la región de España que se llama Andalucía. Lola quiere hacer planes para el fin de semana. ¿Qué tiempo va a hacer? ¿Qué quiere hacer Lola con su familia? En el Capítulo 2 del *Cuaderno de trabajo* hay más actividades para hacer después de ver el video.

Vocabulario

Las actividades favoritas

almorzar	to have lunch
andar en motocicleta/ bicicleta	to ride a motorcycle/bicycle
caminar	to walk
charlar	to chat
comer	to eat
correr	to run
coser	to sew
dar una fiesta	to give a party
desayunar	to have breakfast
descansar	to rest
divertirse	to have fun
esquiar	to ski
estudiar	to study
explorar (la red mundial)	to explore (the Internet)
ir	to go
va	you go; he/she goes
van	they go
lavar	to wash
levantar pesas	to lift weights
limpiar	to clean
merendar (en el parque)	to have a picnic (in the park)
montar a caballo	to ride a horse
pasar tiempo	to spend time
pasear	to go for a walk
pasear en barca	to go for a boat ride
practicar un deporte	to play a sport
preferir	to prefer
prefiero	I prefer
prefiere	you prefer; he/she prefers
recibir una visita	to have company
reparar	to fix
tomar (una siesta)	to take (a nap)
tomar el sol	to sunbathe
volar una cometa	to fly a kite

Las materias — School Subjects

la especialidad	major
la informática	data processing
la ingeniería	engineering
la química	chemistry

PALABRAS SEMEJANTES: la antropología, el arte, la biología, las ciencias sociales, el curso, la economía, la física, la geografía, la historia, la literatura, la música, la psicología, la sociología

REPASO: el español, el francés, el inglés, las matemáticas

El tiempo — The Weather

el clima	weather; climate
Está nublado.	It is overcast (cloudy).
el grado	degree
Hace (muy) buen/mal tiempo.	The weather is (very) fine/bad.
Hace fresco.	It's cool.
Hace (mucho) calor.	It's (very) hot.
Hace (mucho) frío.	It's (very) cold.
Hace (mucho) sol.	It's (very) sunny.
Hace (mucho) viento.	It's (very) windy.
llover	to rain
Llueve (mucho).	It rains (a lot).
nevar	to snow
Nieva (mucho).	It snows (a lot).
el pronóstico del tiempo	weather forecast
¿Qué tiempo hace?	What is the weather like?

PALABRAS SEMEJANTES: la temperatura máxima/ mínima

¿Cuándo?

ahora	now
a la(s)	at (*time*)
... de la mañana	. . . in the morning
... de la tarde	. . . in the afternoon
... de la noche	. . . in the evening
con frecuencia	frequently
después	after
esta noche	tonight
finalmente	finally
más tarde	later
por último	lastly
siempre	always

REPASO: ¿A qué hora... ?, ayer, anteayer, hoy, luego, mañana, pasado mañana, por la mañana/tarde/noche

Los lugares

el centro	downtown
el jardín	garden

el lago	lake
el mar	sea
la montaña	mountain
el parque	park
la preparatoria	prep school; high school
el río	river

PALABRAS SEMEJANTES: el campus, el laboratorio

REPASO: la playa

Los números ordinales
Ordinal Numbers

primer, primero/a	first
segundo/a	second
tercer, tercero/a	third
cuarto/a	fourth
quinto/a	fifth
sexto/a	sixth
séptimo/a	seventh
octavo/a	eighth
noveno/a	ninth
décimo/a	tenth

Las descripciones

actual	present-day
algún, alguno/a	some
buen, bueno/a	good
deportivo/a	sport related
europeo/a	European
próximo/a	next
solo/a	alone

PALABRAS SEMEJANTES: atractivo/a, importante, industrial, liberado/a, macho/a, perfecto/a, romántico/a, tradicional, violento/a

REPASO: aburrido/a, interesante

Otros verbos útiles   Other Useful Verbs

abrir	to open
bajar	to go down
cerrar (ie)	to close
cierran	they close
contestar	to answer
empezar (ie)	to start, begin
llegar	to arrive
manejar	to drive
nacer	to be born
ofrecer	to offer
recibir	to receive
ser	to be

REPASO: hablar, leer

Los sustantivos   Nouns

el almuerzo	lunch
el árbol	tree
el billar	billiards, pool
el boliche	bowling
el café	coffee
el descanso	break
el deseo	wish
el estereotipo	stereotype
la(s) flor(es)	flower(s)
la(s) hoja(s)	leaf/leaves
la misa	Mass
los (pantalones) vaqueros	jeans
el pasatiempo	hobby
la película	film, movie
la red mundial	Internet
la respuesta	answer
la revista	magazine
el té	tea
la temporada	season
el tiempo libre	free time

PALABRAS SEMEJANTES: el animal, el área, el cereal, el fútbol americano, el grupo, la invitación, la lista, la música rock, la novela, el plan / los planes, las preferencias, el presente, la radio, el semestre, el trimestre

Palabras del texto

conversar	to converse
converse(n)	converse (command)
decidir	to decide
decida(n)	decide (command)
siguiente	following
la tabla	table (graph)

PALABRAS SEMEJANTES: asociar, el caso, la columna, la conversación, la definición, describir, inventar, la narración, la ocasión, organizar, la palabra, representar

Palabras y expresiones útiles

aquí	here
en general	in general
fue	(it) was
más/menos	more (most) / less (least)
Nos vemos.	See you.
por	by, for
¿Por qué... ?	Why . . . ?
¡Qué buena idea!	What a good idea!
solamente	only
el tren	train
¿Verdad?	Isn't that true?

Gramática y ejercicios

2.1 Expressing Future Plans: *ir* + *a* + Infinitive

ir = *to go*
¿Qué vas a hacer esta noche? (*What are you going to do tonight?*)
Voy a estudiar. (*I'm going to study.*)

The most common way of expressing future plans is to use the verb **ir** (*to go*) plus the preposition **a** (*to*) followed by an infinitive. This construction is commonly referred to as the *informal future*, because Spanish has another future tense, generally reserved for talking about more long-term future plans.*

—¿Qué **vas a hacer** mañana?

—*What are you going to do tomorrow?*

—**Voy a esquiar.**

—*I am going to ski.*

—¿Qué **van a hacer** ustedes este fin de semana?
—**Vamos a ir** al cine.

—*What are you going to do this weekend?*
—*We're going to go to the movies.*

—¿Qué **van a hacer** Esteban y Alberto después de la clase?
—**Van a jugar** al basquetbol.

—*What are Steven and Al going to do after class?*
—*They're going to play basketball.*

Here are the forms of the irregular verb **ir**.†

ir (*to go*)		
(yo)	voy	*I am going*
(tú)	vas	*you (inf. sing.) are going*
(usted, él/ella)	va	*you (pol. sing.) are going; he/she is going*
(nosotros/as)	vamos	*we are going*
(vosotros/as)	vais	*you (inf. pl., Spain) are going*
(ustedes, ellos/as)	van	*you (pl.) are going; they are going*

Ejercicio 1

A continuación tiene usted una conversación sobre los planes de algunos compañeros de clase. Complete las oraciones con las formas correctas del verbo **ir**.

MODELO: Luis *va* a hacer ejercicio en el parque.

1. —¿Qué _____ a hacer tú después de la clase?
   —(Yo) _____ a ir de compras con una amiga.

---

*You will learn how to form the future tense in **Gramática 15.3**.
†Recognition: **vos vas**

2. —¿Y qué _____ a hacer Esteban y Carmen?

—Esteban _____ a estudiar y Carmen _____ a trabajar.

3. —¿Y la profesora Martínez? ¿Qué _____ a hacer ella?

—Creo que _____ a leer la tarea de sus estudiantes, pero nosotros _____ a ir al cine.

4. —Pablo, ¿cuándo _____ a estudiar tú?

—(Yo) _____ a estudiar más tarde, probablemente esta noche.

5. —¿Y tú, Alberto? ¿Cuándo _____ a hacer la tarea para la clase de español?

—(Yo) _____ a hacer mi tarea mañana por la mañana.

2.2   Sequencing: Ordinal Adjectives

primer, primero/a = *first*
segundo/a = *second*
tercer, tercero/a = *third*
cuarto/a = *fourth*
quinto/a = *fifth*
sexto/a = *sixth*
séptimo/a = *seventh*
octavo/a = *eighth*
noveno/a = *ninth*
décimo/a = *tenth*

Ordinal adjectives are used to put things and people into a sequence or order. The ordinals in English are *first*, *second*, *third*, *fourth*, and so on. Here are the ordinals from *first* to *tenth* in Spanish.

primero/a	sexto/a
segundo/a	séptimo/a
tercero/a	octavo/a
cuarto/a	noveno/a
quinto/a	décimo/a

Mi **segunda** clase es difícil.   *My second class is difficult*

As with **uno** (*one*), the words **primero** and **tercero** drop the final **-o** when used before a masculine singular noun.

Estoy en el **primer** (**tercer**) **año.**   *I am in the first (third) grade.*

Ejercicio 2

Conteste las preguntas según el dibujo.

Ernesto   doña Lola   Amanda   don Anselmo
Estela   Guillermo   Ramón

1. ¿Quién es la primera persona*?
2. ¿Quién es la segunda persona?
3. ¿Es Guillermo la quinta?
4. ¿Es Amanda la primera?
5. ¿Es doña Lola la tercera?
6. ¿Quién es la sexta persona?
7. Don Anselmo es la quinta persona, ¿verdad?
8. ¿Quién es el primer hombre?
9. ¿Quién es la segunda mujer?
10. ¿Es don Anselmo el tercer hombre?

*Persona is a feminine word, even when it refers to a man.

preferir = *to prefer, would rather*

querer = *to want*

¿Qué quieres hacer ahora? (*What do you want to do now?*)

Quiero descansar. (*I want to rest.*)

¿Qué prefieres hacer? (*What do you prefer to do?* [*What would you rather do?*])

Prefiero comer ahora. (*I prefer to eat now.*)

2.3 Stating Preferences and Desires: *preferir* and *querer* + Infinitive

The verbs **preferir*** (*to prefer, would rather*) and **querer*** (*to want*) are used to express preferences and desires. They are often followed by an infinitive. (Remember that infinitives are the non-conjugated verb forms that end in **-ar, -er,** or **-ir**.)

—¿Qué **quieres** hacer este invierno?
—**Quiero** esquiar.
—¿Qué **prefiere** hacer Pablo?
—**Prefiere** viajar.

—*What do you want to do this winter?*
—*I want to ski.*
—*What does Paul prefer to do?*
—*He would rather travel.*

Note that the **e** of the stem of these verbs changes to **ie**, except in the **nosotros/as** and **vosotros/as** forms.[†]

querer (*to want*)			preferir (*to prefer*)
(yo)	quiero	prefiero	*I want/prefer*
(tú)	quieres	prefieres	*you (inf. sing.) want/prefer*
(usted, él/ella)	quiere	prefiere	*you (pol. sing.) want/prefer; he/she wants/prefers*
(nosotros/as)	queremos	preferimos	*we want/prefer*
(vosotros/as)	queréis	preferís	*you (inf. pl., Spain) want/prefer*
(ustedes, ellos/as)	quieren	prefieren	*you (pl.) want/prefer; they want/prefer*

Ejercicio 3

Complete estas oraciones según el modelo.

MODELO: Nora *quiere* patinar, pero Luis *prefiere* jugar al tenis.

1. Yo _____ ir al cine, pero Esteban _____ salir a bailar.
2. Nora _____ ver la televisión, pero Alberto _____ ir de compras.
3. Lan _____ pasear por el parque, pero yo _____ dormir todo el día.
4. Nora _____ comer comida china, pero Carmen y Pablo _____ cocinar en casa.
5. Mónica _____ dar una fiesta, pero Alberto _____ bailar en una discoteca.
6. El padre de Esteban _____ acampar, pero yo _____ ir a la playa.
7. Carmen _____ sacar fotos, pero Lan _____ escribir una carta.
8. Luis _____ dibujar, pero yo _____ tocar la guitarra.
9. Mónica y Pablo _____ ir a pasear por el centro, pero yo _____ dormir toda la tarde.
10. Luis y Alberto _____ descansar, pero Esteban _____ leer el periódico.

---

*Recognition: **vos preferís, querés**
[†]Verbs like **preferir** and **querer** that use more than one stem in their conjugation are known as *irregular verbs.* You will learn more about this type of verb beginning in **Gramática 3.3.**

Ejercicio 4

¿Qué quieren hacer estas personas? Conteste según el modelo.

MODELO: ¿Qué quiere hacer Guillermo? → *Quiere jugar al basquetbol.*

1. ¿Qué quiere
hacer Ernestito?

2. ¿Qué prefiere hacer
el señor Ramírez?

3. ¿Qué quieren hacer
Estela y Andrea?

4. Luis y Nora, ¿qué
prefieren hacer ustedes?

5. ¿Qué prefieren hacer
Diego y Rafael?

6. ¿Qué quiere hacer
Amanda?

Ejercicio 5

Escriba los planes y las preferencias de estas personas.

	PLANES		PREFERENCIAS/DESEOS
MODELO: Nora	*va a leer*	pero	*prefiere (quiere) dormir.*

1. Lan

2. Carmen

3. Esteban

4. Alberto

5. Pablo

6. Mi compañera

7. Yo

2.4 Describing the Weather: Common Expressions

Spanish speakers use several verbs to describe weather conditions.

A. If a weather expression refers to a phenomenon that can be felt (good weather, heat, cold, wind), use **hacer**.

—¿Qué tiempo **hace** hoy?	—*What's the weather like today?*
—**Hace frío.**	—*It's cold.*

Other weather expressions with **hacer** are **hace calor** (*it's hot*), **hace buen/mal tiempo** (*the weather is good/bad*), **hace viento** (*it's windy*), **hace sol** (*it's sunny*), and **hace fresco** (*it's cool*).

B. If a weather expression refers to a phenomenon that can be seen, use **haber**.

—**Hay neblina** por la costa.	—*It's foggy (There is fog) along the coast.*
—**Hay nubes** hoy.	—*It's cloudy (There are clouds) today.*

C. For resultant states (that is, conditions that result from a specific phenomenon, such as **Hay nubes** or **Hace sol**), use **estar** with the appropriate adjective.

—**Está nublado** hoy.	—*It's cloudy today.*
—**Está soleado** en las montañas.	—*It's sunny in the mountains.*

Sidebar:

Most Spanish weather expressions use either **hacer** or **haber**.
Hace frío. (*It's cold.*)
Hace calor. (*It's hot.*)
Hace buen/mal tiempo. (*The weather is good/bad.*)
Hay neblina. (*It's foggy.*)

But to talk about resultant states, use **estar** + adjective.
Está nublado. (*It's cloudy.*)

Nevar and **llover** use just the verb.
Nieva. (*It's snowing.* [*It snows.*])
Llueve. (*It's raining.* [*It rains.*])

D. To talk about rain and snow, use only the corresponding verb (**llover** or **nevar**).

—Siempre **llueve** aquí por la tarde.

—*It always rains here in the afternoon.*

—**Nieva** mucho en Montana.

—*It snows a lot in Montana.*

Note in all of these weather expressions that Spanish does not use a pronoun corresponding to English *it*.

Ejercicio 6

Diga qué tiempo hace.

1.   2.   3.   4.   5.   6.

Ejercicio 7

Diga si son posibles o imposibles estas combinaciones.

1. —¿Hace sol?
   —Sí, y también hace calor.
2. —¿Hace mal tiempo?
   —Sí, y llueve mucho.
3. —¿Hace buen tiempo?
   —Sí, y hace mucho frío.

4. —¿Hace calor?
   —Sí, y también nieva.
5. —¿Hace frío?
   —Sí, y también hace mucho calor.

Las actividades y los lugares

METAS

In **Capítulo 3** you will discuss daily activities as well as activities happening at the moment. You will also talk about places on your campus and about where you and others are from.

Tegucigalpa, Honduras

ACTIVIDADES DE COMUNICACIÓN Y LECTURAS

¿Dónde está?

Lectura   Una tarjeta postal desde Madrid

Las actividades diarias

Lectura   Los amigos hispanos: Adela Martínez

El mundo hispano... imágenes

¿De dónde es usted?

El mundo hispano... su gente

Nota cultural   Los hispanos en los Estados Unidos

Las actividades del momento

El mundo hispano... en los Estados Unidos

EN RESUMEN

GRAMÁTICA Y EJERCICIOS

3.1 Locating People and Objects: **estar**

3.2 Talking About Habitual Actions: Present Tense of Regular Verbs

3.3 Using Irregular Verbs: **hacer, salir, jugar**

3.4 Describing Origin and Location: **ser de / estar en**

3.5 Referring to Actions in Progress: Present Progressive

Actividades de comunicación y lecturas

¿Dónde está?

Lea Gramática 3.1.

Actividad 1. Intercambios: La Universidad Estatal del Oriente

Mire el plano de la página siguiente. Escuche mientras su profesor(a) describe dónde están varios edificios. Escriba el nombre del edificio en el espacio en blanco.

Edificios: la biblioteca, la cafetería, la Facultad de Ciencias Sociales, la Facultad de Medicina, el gimnasio, el teatro

Ahora, pregúntele a su compañero/a dónde están los edificios en el plano.

MODELOS: E1: ¿Dónde está *el teatro?*
E2: Está *enfrente de la Facultad de Bellas Artes.*

E1: ¿En qué calle está *la cafetería?*
E2: Está en la *avenida de las Rosas, enfrente de la librería.*

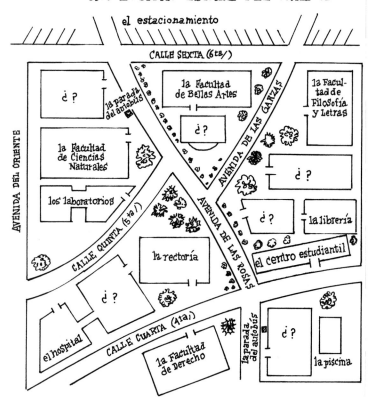

LA · UNIVERSIDAD · ESTATAL · DEL · ORIENTE

Actividad 2. Diálogo abierto: Las clases

E1: Hola, _____. ¿Tienes clases hoy?
E2: Sí, tengo _____ y _____.
E1: ¿Dónde?
E2: En el edificio de _____.
E1: ¿Dónde está ese edificio?
E2: Está al lado del / de la _____.

Actividad 3. Entrevista: En nuestra universidad

Pregúntele a su compañero/a dónde están los siguientes lugares en su universidad.
Use **al lado de, enfrente de, detrás de, entre, en el edificio de...**

MODELO: E1: ¿Dónde está *la cafetería?*
E2: Está *detrás de...*

1. la biblioteca
2. el gimnasio
3. la librería

4. el teatro
5. la Facultad de _____
6. ¿ ?

Una tarjeta postal desde Madrid

Clara Martin es una joven norteamericana que ahora estudia en Madrid. El año pasado Clara fue estudiante de la profesora Martínez; gracias a esa clase, ahora Clara habla muy bien el español.

Ésta es la primera tarjeta postal que Clara manda a su profesora. ¡Adela Martínez va a recibir muchas postales más!

Estimada profesora:

¡Por fin estoy en Madrid! Es una ciudad muy grande y tiene mucho más tráfico que San Antonio. Estoy ansiosa por verlo todo. Me gusta mucho el Parque del Retiro. ¡Y el Museo del Prado es impresionante! Esta tarjeta es de la Plaza Mayor, un lugar interesante adonde va mucha gente a tomar café y a conversar. (Es mi lugar favorito.) Bueno, hasta muy pronto.

Un abrazo,

Clara

P.D. ¡Estoy hablando muchísimo español!

Prof. Adela Martínez
Department of Foreign Languages
University of Texas at San Antonio
San Antonio, TX 78285
USA

Madrid, España

Comprensión

¿Cierto o falso? Si la oración es falsa, haga las correcciones necesarias.

1. San Antonio tiene menos tráfico que Madrid.
2. Clara va a ver pocos lugares.
3. Clara no practica mucho el español en Madrid.
4. El lugar favorito de Clara es el Museo del Prado.
5. En la Plaza Mayor la gente toma café y conversa.

Ahora... ¡usted!

1. Cuando usted viaja, ¿les manda tarjetas postales a su familia y amigos? Por lo general, ¿le gusta escribir mucho en las postales o prefiere decir poco?
2. ¿Le gusta recibir tarjetas postales de sus amigos y familiares cuando viajan? ¿Por qué?

Un paso más... ¡a escribir!

A. Imagínese que usted está de vacaciones y que va a mandarle una tarjeta postal a alguna persona. ¿Quién es esa persona? ¿Qué va a decirle? Use la tarjeta de Clara como guía y... ¡escriba!

Querido/a _____:

Por fin estoy en _____. Es un lugar muy _____ y tiene _____. Me gusta mucho _____. Esta tarjeta postal es de _____.

Hasta muy pronto.

Un abrazo,

(su firma aquí)

P.D. ¡_____!

B. Ahora, léale el texto de su tarjeta postal a su compañero/a, ¡pero no mencione el lugar! Su compañero/a va a tratar de adivinar ese detalle.

Las actividades diarias

Lea Gramática 3.2–3.3.

Un día típico en la vida de la familia Ramírez

Ernesto lee el periódico todas las mañanas.

Los Ramírez y sus hijos desayunan juntos.

Ernesto sale de la casa a las 8:30.

Ernesto espera el autobús.

Amanda y sus hermanos caminan al parque.

Guillermo juega al fútbol con sus amigos.

Berta limpia la casa.

Estela prepara la cena.

La familia Ramírez cena a las 8:00.

Actividad 4. Intercambios: Las actividades diarias

MODELOS: E1: ¿Quién *va a misa*?
E2: *Silvia.*

E1: ¿Cuándo *hace ejercicio Mayín*?
E2: *Los viernes por la mañana.*

	SILVIA BUSTAMANTE MÉXICO, D.F.	**ADRIANA BOLINI BUENOS AIRES**	**MAYÍN DURÁN LOS ÁNGELES**
lun., por la mañana	va en metro al trabajo	va en carro a su oficina	va en coche a la estación de radio
mié., por la tarde	trabaja en la estación de autobuses	trabaja con una computadora	escribe un reportaje
vie., por la mañana	estudia	asiste a una reunión	hace ejercicio en el gimnasio
sáb., por la mañana	lleva su ropa a la lavandería	pasea por el parque	lee el periódico
dom., por la mañana	va a misa	juega al tenis	ve la televisión

Actividad 5. Asociaciones: Las actividades típicas

¿Cuáles son las actividades típicas de estas personas?

1. un profesor / una profesora
2. un hombre / una mujer de negocios
3. una ama de casa
4. un(a) estudiante

Actividades posibles: almuerza en un restaurante, charla con un amigo en la cafetería, cocina, habla por teléfono, lee las tareas de los estudiantes, lee una revista, limpia la casa, prepara las lecciones, trabaja en su oficina, va a la biblioteca

Actividad 6. Narración: Un día en la vida de Carla Espinosa

PALABRAS ÚTILES

primero	después	finalmente
luego	más tarde	por último
entonces	¿A qué hora?	
	A la(s)...	

Actividad 7. Preferencias: ¿Con qué frecuencia?

Diga con qué frecuencia usted hace estas actividades durante la semana. Use
siempre, con frecuencia, a veces, varias veces y **nunca**.

1. Veo la televisión por la noche.
2. Salgo a cenar con amigos.
3. Juego al basquetbol.
4. Voy al cine.
5. Lavo el carro.
6. Hago ejercicio aeróbico.
7. Preparo la cena.
8. Como en el carro.
9. Escucho la radio mientras estudio.
10. Tomo refrescos.

Actividad 8. Asociaciones: Las actividades de mi familia

En su familia, ¿quién hace las siguientes actividades?

MODELOS: estudia(n) en la universidad →
Mis hermanos estudian en la universidad.

trabaja(n) los sábados →
Nadie en mi familia trabaja los sábados.

1. sale(n) mucho con sus amigos
2. esquía(n) en el invierno
3. ve(n) la televisión
4. va(n) al cine los fines de semana
5. lee(n) el periódico por la mañana
6. escucha(n) música clásica
7. trabaja(n) los sábados
8. nada(n) en el verano

Actividad 9. Entrevista: El fin de semana

GENERALMENTE LOS VIERNES POR LA NOCHE...
1. ¿Sales con tus amigos? ¿Vas al cine? ¿Vas a una discoteca o a un club?
2. ¿Trabajas? ¿Hasta qué hora?
3. ¿Cenas en algún restaurante?
4. ¿Lees un libro?
5. ¿Vas a (Das) una fiesta? ¿Dónde? ¿Con quién(es)?

GENERALMENTE LOS SÁBADOS...
6. ¿Practicas algún deporte? ¿Cuál prefieres?
7. ¿Ves la televisión? ¿Qué programas te gustan?
8. ¿Vas de compras? ¿Adónde?
9. ¿Trabajas? ¿Dónde? ¿Cuántas horas?
10. ¿Estudias? ¿Dónde? ¿Con quién(es)?

Actividad 10. Entrevista: La música

1. ¿Escuchas mucho la radio? ¿Cuándo y dónde? ¿En casa? ¿En el carro? ¿Los fines de semana? ¿Por la mañana?
2. ¿Qué clase de música prefieres? ¿Qué emisora escuchas, generalmente?
3. ¿Cuáles son tus artistas preferidos?
4. ¿Prefieres escuchar la radio o poner discos compactos?

LECTURA

Los amigos hispanos: Adela Martínez

VOCABULARIO ÚTIL	
la política	politics
de vez en cuando	once in a while
me pone	makes me
le hago la lucha	I try
estadounidense	U.S. citizen

La profesora Martínez nació en San Antonio, Texas, de padres mexicanos. Ella habla aquí de sus actividades favoritas y de su trabajo de verano en Guanajuato, México. A Adela le gusta conversar con los amigos, montar a caballo, escuchar música, tocar la guitarra y cantar.

¡Hola! Ya saben que soy profesora. Me gusta mucho enseñar español, pero no quiero hablarles solamente de mi trabajo. Voy a contarles, primero, de mis pasatiempos y de las actividades que hago en mi tiempo libre. Uno de mis pasatiempos favoritos es conversar con los amigos en algún café o restaurante. Los temas que más discutimos —¡y siempre con entusiasmo!— son la cultura hispana, la literatura y la política internacional. Pero también hablamos de cosas personales.

De vez en cuando monto a caballo; es un pasatiempo muy divertido. En mi tiempo libre, también escucho música. Creo que tengo un gusto bastante variado: me gusta la música clásica, la folclórica y la popular. Cuando estoy triste, toco la guitarra y canto. ¡La guitarra siempre me pone contenta! A mis estudiantes les fascina escucharme cantar canciones tradicionales como «Cielito lindo». Les confieso que no canto muy bien, pero, como dicen los mexicanos, le hago la lucha.

Durante los veranos enseño español en la ciudad de Guanajuato, México. Guanajuato es la capital del estado del mismo nombre, que está en el centro del país. Es una ciudad pequeña, muy hermosa, de aspecto colonial y con una historia muy interesante. En Guanajuato es fácil llegar a todas partes y la gente es muy amable y amistosa. Es la ciudad ideal para los cursos de verano, creo yo.

Me gustan mucho mis cursos de verano, además, porque llegan a mis clases personas de diferentes países. Normalmente tengo estudiantes árabes, chinos, japoneses, franceses y un gran número de canadienses y estadounidenses. Juntos hacemos excursiones, visitamos los museos y salimos por la noche a bailar. A veces los invito a mi casa a merendar. ¡Cuánto les gusta hablar de México cuando vienen a mi casa!

Comprensión

Complete los siguientes comentarios. ¡Cuidado! A veces hay más de una respuesta correcta.

1. Cuando la profesora Martínez está triste...
   a. conversa con sus amigos en algún café.
   b. toca la guitarra y canta.
   c. monta a caballo.

2. La profesora viaja a Guanajuato todos los veranos porque...
   a. enseña un curso de español en esa ciudad.
   b. sus padres viven en Guanajuato.
   c. no hay cursos de verano en otras ciudades.

3. A los estudiantes de la profesora Martínez les gusta escucharla cantar porque...
   a. ella tiene una voz de soprano fantástica.
   b. ella sabe cantar canciones mexicanas muy bonitas.
   c. con la música, ellos pueden comprender la cultura de México.

4. A la profesora le gusta tener tiempo libre porque...
   a. entonces sale a cenar con sus amigos.
   b. necesita escribir libros sobre la política mexicana.
   c. detesta su trabajo.

Ahora... ¡usted!

1. ¿Qué le gusta hacer, generalmente, durante los veranos? ¿estudiar? ¿trabajar? ¿viajar?

2. Compare las actividades de Adela Martínez con las actividades de verano que a usted le gusta hacer.

3. ¿Le gustaría viajar a otro país para estudiar? ¿Adónde le gustaría ir? ¿Por qué?

Un paso más... ¡a escribir!

Describa la ciudad donde usted nació o la ciudad donde vive ahora. Utilice como guía la descripción de Guanajuato que hace Adela Martínez. Para empezar, ¿es grande o pequeña su ciudad? ¿Cómo se llama? ¿En qué estado del país está? Describa a la gente de allí: ¿es amistosa, indiferente, alegre, amable? Termine su descripción con esta oración: *Mi ciudad es ideal para...*

EL MUNDO HISPANO... imágenes

En muchas ciudades hispanas, como Guanajuato, México, se conservan los edificios y la arquitectura de la época colonial. Guanajuato es una ciudad muy hermosa. Es famosa en todo el mundo hispano por su Festival de Teatro Cervantino,[1] que se celebra todos los años en octubre.

Un sitio muy interesante —¡y diferente!— en Guanajuato es el Museo del Panteón.[2] Allí se exhíben muchas momias;[3] algunas son del siglo[4] pasado, pero también hay varias más recientes. ¿Cómo es posible esto? Bueno, se dice que la tierra de Guanajuato contiene minerales que conservan intactos los cadáveres. ¡Es algo fantástico!

[1]*Theater festival named after the great Spanish writer Miguel de Cervantes (1547–1616), author of* Don Quijote.   [2]*Located on a hilll outside the city, this museum is also known as* El museo de las momias, *the Museum of the Mummies.*   [3]*mummies*   [4]*century*

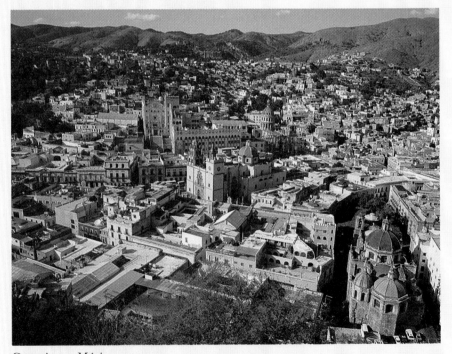

Guanajuato, México

¿**D**e dónde es usted?

Lea Gramática 3.4.

ESPAÑA
español
española

PORTUGAL
portugués
portuguesa

Pilar Álvarez
Madrid, España

MÉXICO, AMÉRICA CENTRAL y EL CARIBE

Rubén Hernández
Miami, Florida
La Habana, Cuba

Silvia Bustamante
México, D.F.

CUBA
cubano/a

Carla Espinosa
San Juan, P.R.

PUERTO RICO
puertorriqueño/a

MÉXICO
mexicano/a

LA REPÚBLICA DOMINICANA
dominicano/a

GUATEMALA
guatemalteco/a

PANAMÁ
panameño/a

EL SALVADOR
salvadoreño/a

NICARAGUA
nicaragüense

COSTA RICA
costarricense

Mayín Durán
Los Ángeles, California
Colón, Panamá

HONDURAS
hondureño/a

COLOMBIA
colombiano/a

Ricardo Sícora
Caracas, Venezuela

Susana Yamasaki
Lima, Perú

VENEZUELA
venezolano/a

ECUADOR
ecuatoriano/a

BRASIL
brasileño/a

PERÚ
peruano/a

BOLIVIA
boliviano/a

PARAGUAY
paraguayo/a

CHILE
chileno/a

URUGUAY
uruguayo/a

ARGENTINA
argentino/a

SUDAMÉRICA

Adriana Bolini
Buenos Aires, Argentina

La presencia hispana en los Estados Unidos es fuerte y se expresa de muchas formas. En la foto, un mural hispano en el distrito de La Misión (*Mission District*) de la ciudad de San Francisco, California.

Actividad 11. Diálogo: ¿De dónde eres tú?

ROGELIO: Buenos días. Yo soy Rogelio Varela. ¿Cómo te llamas?
MARTA: Me llamo Marta Guerrero. ¿De dónde eres tú?
ROGELIO: Soy de aquí, de San Juan. ¿Y tú?
MARTA: Soy de México, pero vivo en San Juan ahora.

Actividad 12. Entrevista: ¿De dónde...?

1. E1: ¿De dónde eres?
   E2: Soy de _____.
2. E1: ¿De dónde es tu padre?
   E2: Es de _____.
3. E1: ¿De dónde es tu madre?
   E2: Es de _____.
4. E1: ¿Tienes algún amigo de otro país?
   E2: Sí, tengo un amigo / una amiga de _____.
5. E1: ¿Cómo se llama tu amigo/a?
   E2: Se llama _____.

EL MUNDO HISPANO... su gente

María Diana Suárez tiene 17 años y es costarricense.

¿Qué tipo de música le gusta más?

Escucho todo tipo de música, pero me gusta más el rock en inglés y en español. Mis cantantes favoritos son Luis Miguel[1] y Whitney Houston. Y mis conjuntos[2] favoritos son Green Day y Los Sobraos.[3] Me gusta la música latina —la salsa, el merengue[4]— por su ritmo y su sabor,[5] y porque es nuestra. ¡Amo toda la música!

[1]Luis Miguel es un famoso cantante mexicano que canta canciones románticas. (*In 1994, Luis Miguel recorded "Come Fly With Me" with Frank Sinatra for* Duets II, *Sinatra's second collection of duets with renowned American and international performers.*) [2]grupos musicales [3]Conjunto español; sus alegres canciones son una combinación de rock, música de baile y ritmos flamencos; su disco más popular es *Rumba mola* (1996). [4]La salsa y el merengue son parte de la música tradicional del Caribe. [5]*energy, vitality* (lit., *flavor*)

VOCABULARIO ÚTIL	
la comunidad	*community*
los campos	*fields*
se encuentran	*are found*
sea cual sea	*whatever might be*

Los hispanos en los Estados Unidos

La palabra *Hispanic* se usa con frecuencia para describir a todos los hispanos que viven en los Estados Unidos. Pero dentro de la comunidad hispana hay personas de varios países que forman grupos diferentes, como los mexicoamericanos y los puertorriqueños. En esta lectura se describen estos grupos y otros que también son hispanos.

Jackson Heights, Ciudad de Nueva York

Los hispanos que viven en los Estados Unidos contribuyen de manera importante a la vida cultural y social de este país. Los más famosos trabajan en el mundo artístico —el cine, la música— y en los deportes. Pero también están presentes en otros campos, como la política y la educación, por ejemplo.

Hay hispanos en casi todas las ciudades estadounidenses. Algunos son emigrantes de España, muchos otros de toda América Latina. Los hispanos en los Estados Unidos forman cuatro grandes grupos. Es importante saber cuáles son, pues cada uno tiene una historia interesante y muy particular.

El primer grupo es el de los **mexicoamericanos** o **chicanos**, que viven principalmente en el suroeste, en los estados de California, Nuevo México, Arizona, Texas y Colorado. Dentro de esta población hay descendientes de los primeros exploradores españoles.

El segundo grupo lo forman los **puertorriqueños**, muchos de los cuales viven en Nueva York. Y los **cubanos** forman el tercer grupo; éstos residen en varios estados, pero especialmente en la Florida, Nueva Jersey y California. El cuarto grupo es el de los **centroamericanos**, que se encuentran en California y los estados del este. Por ejemplo, en la ciudad de Takoma Park, Maryland, y en el área de Washington, D.C., hay una comunidad muy grande de **salvadoreños**.

Hay 24 millones de hispanos en los Estados Unidos. Dentro de este enorme grupo, existe una gran variedad de culturas y de historias nacionales. A algunos hispanos les gusta llamarse *Hispanic* o *Hispanic American*; otros usan las palabras *Latino* y *U.S. Latino*; también hay los que prefieren especificar su nacionalidad: salvadoreño, cubano o salvadoreñoamericano y cubanoamericano.

Sea cual sea la palabra preferida, la presencia de esta comunidad —y de cada uno de sus grupos— es cada día más visible y relevante en los Estados Unidos.

Comprensión

A. Diga qué grupo(s) de hispanos predomina(n) en cada ciudad.

CIUDAD	GRUPO(S)	CIUDAD	GRUPO(S)	CIUDAD	GRUPO(S)
Houston	_____	Nueva York	_____	Los Ángeles	_____
Miami	_____	Albuquerque	_____	Takoma Park	_____

B. ¿Quién habla en cada caso? Indique si es una persona mexicanoamericana (**M**), puertorriqueña (**P**) o cubanoamericana (**C**).

1. _____ Vivo en Nuevo México; mi familia y yo somos descendientes de los primeros colonizadores españoles.
2. _____ Soy bilingüe y vivo en Los Ángeles. Mis padres nacieron en Guadalajara.
3. _____ Soy de una isla que es un estado libre asociado. Me consideran ciudadano de los Estados Unidos.
4. _____ Nací en una isla del Caribe. Ahora vivo con muchos de mis compatriotas en Miami.

Ahora... ¡usted!

1. ¿Tiene amigos hispanos? ¿Son chicanos o de otros grupos?
2. ¿Cuántos hispanos famosos puede mencionar? ¿De qué países son?

Un paso más... ¡a escribir!

Usando **Comprensión B** como guía, describa a algunos de sus amigos hispanos. Si no tiene ningún amigo hispano, describa a dos hispanos famosos.

Las actividades del momento

Lea Gramática 3.5.

Son las 5:00 de la tarde y éstas son las actividades de algunos de los vecinos mexicanos.

Guau. Guau.

Ramón está levantando pesas.

El bebé está llorando.

El perro está ladrando.

Pedro está leyendo el periódico.

Doña Lola está planchando la ropa.

Marisa y Clarisa están masticando chicle.

Don Anselmo está fumando.

Actividad 13. Asociaciones: ¿Acciones extrañas?

El gato está buceando.　　　El caballo está fumando.　　　El bebé está
levantando pesas.

Diga si estas actividades son extrañas o normales. Después, justifique sus respuestas.

1. una muchacha que está caminando
2. un pez que está nadando
3. un caballo que está fumando
4. un bebé que está llorando
5. una profesora que está masticando tabaco en clase
6. un hombre que está planchando
7. un pájaro que está patinando
8. un perro que está ladrando
9. un gato que está buceando
10. un bebé que está levantando pesas

Actividad 14. Narración: ¿Qué está haciendo Rogelio?

Actividad 15. Descripción de dibujos: La hora y las actividades

Diga qué están haciendo las siguientes personas y a qué hora. (Diga la hora usando **menos** o **para**.)

MODELO: Son las ocho menos diez y Guillermo está haciendo su tarea.
(Son diez para las ocho...)

1. Estela

2. Guillermo

3. Amanda

4. Ernesto

5. Berta

6. Pedro

EL MUNDO HISPANO... en los Estados Unidos

Ilia Rolón tiene 25 años y nació en Nueva York, de padres puertorriqueños. Ilia vive en la ciudad de Nueva York.

¿Qué hace usted para divertirse o descansar?

Mi pasatiempo favorito es bailar. Cuando estoy bailando, ¡se me olvida casi todo![1] No me gusta bailar en pareja[2] porque me es difícil coordinar mis pasos con los pasos de mi pareja. Tengo mi propio estilo de baile con influencia latina y africana. A todo el que me ve bailar le impresiona la sensualidad de mi baile. Como puede imaginar, esto a veces causa malentendidos.[3] Pero yo no bailo para impresionar a nadie. El baile me alegra porque me permite una libertad física de la que carezco[4] en mi vida diaria.

los Estados Unidos

Ciudad de Nueva York

EL OCÉANO ATLÁNTICO

EL OCÉANO PACÍFICO

[1]*se... I forget almost everything!*   [2]*en... with a partner*   [3]*misunderstandings*   [4]*I lack*

En resumen

De todo un poco

A. Una encuesta sobre las actividades diarias

Diga qué hace usted a estas horas todos los días.

> A las 3:00 p.m., _____.
> A las 5:00 p.m., _____.
> A las 6:30 p.m., _____.
> A las 8:00 p.m., _____.
> A las 10:00 p.m., _____.
> A las 12:00 (medianoche), _____.

Ahora, compare sus actividades con las de varios compañeros. ¿Hacen ustedes las mismas actividades a la misma hora?

> MODELO: E1: A las 12:00 *duermo.*
> E2: Yo no, yo *estudio.*

Finalmente, hable con varios compañeros para encontrar una persona que haga las mismas actividades que usted, a la misma hora.

B. El mapa de Sudamérica: ¿Dónde están estos países?

Trabajen en grupos de cuatro. Una persona debe leer las instrucciones a continuación; las otras tres personas deben seguir las instrucciones y escribir los nombres de los países en el mapa que el profesor / la profesora va a darles.

INSTRUCCIONES

1. Miren Venezuela. Está al norte, *arriba de* Brasil. Brasil es un país muy grande que está *al lado derecho del* mapa, *debajo de* Venezuela.
2. Ahora vamos a Colombia. Está *al lado izquierdo* de Venezuela.
3. Ahora escriban «Ecuador» en el país muy pequeño que está al sur, *debajo de* Colombia y al lado del Océano Pacífico.
4. *Al lado izquierdo de* Brasil, *en medio del* mapa, está Bolivia. Está *lejos del* mar.
5. *Al lado izquierdo de* Brasil y *debajo de* Ecuador y Colombia, escriban «Perú.» Este país está *entre* Brasil, Bolivia y el Océano Pacífico.
6. *Debajo de* Perú, al sur, está Chile. Éste es un país largo y angosto (delgado). Está *al lado del* Océano Pacífico.
7. *Al lado derecho de* Chile está otro país muy grande, Argentina.
8. *Al lado derecho de* Argentina, y *al lado izquierdo del* Océano Atlántico, está Uruguay. Éste es un país muy pequeño.
9. *Arriba de* Argentina, al norte, y *debajo de* Bolivia y Brasil está otro país pequeño, Paraguay. No está *cerca del* mar.

Ahora, revisen su trabajo con el mapa que está en la página 113.

¡Dígalo por escrito!

Los pasatiempos y las actividades

Imagínese que usted acaba de recibir una carta de un(a) estudiante de un pueblo pequeño de México. Él/Ella le pregunta: «¿Cómo pasa usted el tiempo libre?» ¿Qué le va a contestar usted? Primero, trabaje con otros dos o tres compañeros de clase para comentar las actividades en que ustedes participan en su tiempo libre y por qué les gustan esas actividades. ¿Las hacen a solas o con otras personas? ¿Con quién(es)? Después, cada uno de ustedes debe escribirle una carta al / a la estudiante, contestando sus preguntas y también incluyendo algunas preguntas que hacerle a él/ella.

VIDEOTECA

¿Recuerda usted al estudiante Diego González? Es de los Estados Unidos, pero ahora estudia en la Ciudad de México. En este segmento de video, Diego está en la librería y habla con Lupe, una compañera de clase. ¿Qué pasa entre los dos? ¿Cuál es la materia preferida de Diego? ¿Qué tienen en común Lupe y Diego? Al final del segmento, ¿qué planes hacen? En el Capítulo 3 del *Cuaderno de trabajo* hay más actividades para hacer después de ver el video.

Vocabulario

¿Dónde está... ?	Where is . . . ?
a la derecha/izquierda de	to the right/left of
al lado de	to the side of
alrededor de	around
aquí	here
arriba de	above; on top of
cerca de	close to
debajo de	under
detrás de	behind
encima de	on top of
enfrente de	in front of
en medio de	in the middle of
entre	between
lejos de	far from
al norte/sur	to the north/south

Los lugares en la universidad	
la biblioteca	library
el edificio	building
el estacionamiento	parking lot
la Facultad de Bellas Artes	School of Fine Arts
la Facultad de Ciencias Naturales	School of Natural Sciences
la Facultad de Ciencias Sociales	School of Social Sciences
la Facultad de Derecho	School of Law
la Facultad de Filosofía y Letras	School of Humanities
la Facultad de Medicina	School of Medicine
la librería	bookstore

la parada del autobús	bus stop
la rectoría	office of the president
el teatro	theater

PALABRAS SEMEJANTES: la cafetería, el gimnasio, el hospital

REPASO: el laboratorio

Los lugares en la ciudad

la avenida	avenue
la lavandería	laundromat
la tienda	store

El origen

¿De dónde es usted (eres tú)?	Where are you from?
Soy de...	I am from . . .
¿De dónde es... ?	Where is . . . from?
Es de...	He/She is from . . .

Los países hispanos y las nacionalidades
Hispanic Countries and Nationalities

Bolivia	boliviano/a
Chile	chileno/a
Colombia	colombiano/a
Costa Rica	costarricense
Cuba	cubano/a
Ecuador	ecuatoriano/a
El Salvador	salvadoreño/a
Guatemala	guatemalteco/a
Honduras	hondureño/a
Nicaragua	nicaragüense
Panamá	panameño/a
Paraguay	paraguayo/a
Perú	peruano/a
Puerto Rico	puertorriqueño/a
la República Dominicana	dominicano/a
Uruguay	uruguayo/a
Venezuela	venezolano/a

REPASO: Argentina, argentino/a; Brasil, brasileño/a; España, español(a); México, mexicano/a

Otros lugares

| el Caribe | Caribbean |
| Sudamérica | South America |

PALABRAS SEMEJANTES: América Central, el Océano Atlántico, el Océano Pacífico, Portugal

Los verbos

asistir (a)	to attend
bucear	to skin-dive/scuba dive; to snorkle
caminar	to walk
ducharse	to take a shower
esperar	to wait (for)
fumar	to smoke
ladrar	to bark
llorar	to cry
masticar (chicle)	to chew (gum)
mirar	to look
planchar	to iron
poner discos compactos	to play CDs
recoger	to gather, pick up
regresar	to return
tocar la guitarra	to play the guitar
tomar (el autobús, una clase)	to take (the bus, a class)

PALABRAS SEMEJANTES: preparar, usar

REPASO: desayunar, hablar, levantar pesas, manejar, practicar un deporte

Las personas

el ama de casa	housewife
el hombre / la mujer de negocios	businessman/businesswoman
nadie	no one, nobody
el novio / la novia	boyfriend/girlfriend

PALABRAS SEMEJANTES: el/la artista, el/la bebé

Los sustantivos

la cama	bed
la cena	dinner
el metro	subway
el pájaro	bird
el pez	fish
el refresco	soft drink
el reportaje	newspaper report, article
la reunión	meeting
la tarea	homework
el trabajo	work
la vida	life

PALABRAS SEMEJANTES: la acción, el autobús, el club, la ensalada, la estación, el tabaco

REPASO: el caballo, la misa

¿Cuándo?

a la misma hora	at the same time
desde (+ *time*)	since, from
generalmente	usually; generally
hasta	until; up to
mientras	meanwhile
nunca	never
todos los días	everyday
varias veces	several times

REPASO: con frecuencia, esta noche, siempre

Los adjetivos

diario/a	daily
ese (edificio)	that (building)
extraño/a	strange
juntos/as	together
preferido/a	favorite

PALABRAS SEMEJANTES: aeróbico/a, clásico/a, normal, posible, típico/a

Palabras del texto

comparar	to compare
deber (debe)	should

encontrar	to find
la encuesta	survey
el espacio en blanco	blank (space)
el momento	moment
revisar	to check; to revise
revise(n)	check (*command*)
seguir las instrucciones	to follow directions
varios/as	several

Palabras y expresiones útiles

¿Dónde... ?	Where . . . ?
la emisora	radio station
el estado	state
esto	this (in general)
el plano	map (of a room or city)
¿Qué está haciendo... ?	What are you (is he/she) doing?
Estoy...	I am . . .
Está...	He/She is . . .

PALABRA SEMEJANTE: la lección

Gramática y ejercicios

3.1 Locating People and Objects: *estar*

Estar is used for location.
¿Dónde está Susana?
(*Where is Susan?*)
Está en casa. (*She's at home.*)

Use the verb **estar*** (*to be*) to locate people and objects.

—¿Dónde **está** la profesora Martínez?   —*Where is Professor Martínez?*
—**Está** en clase.   —*She's in class.*

—Esteban, ¿dónde **está** su libro?   —*Steve, where is your book?*
—**Está** en casa.   —*It's at home.*

Here are the present-tense forms of the irregular verb **estar**.

estar = *to be*

estar (*to be*)		
(yo)	est**oy**	*I am*
(tú)	est**ás**	*you (inf. sing.) are*
(usted, él/ella)	est**á**	*you (pol. sing.) are; he/she is*[†]
(nosotros/as)	est**amos**	*we are*
(vosotros/as)	est**áis**	*you (inf. pl., Spain) are*
(ustedes, ellos/as)	est**án**	*you (pl.) are; they are*

Ejercicio 1

Diga dónde están estas personas.

MODELO: Mi hijo *está* en la escuela.

1. Yo _____ en la biblioteca.
2. Luis y Nora _____ en su clase de biología.
3. Tú _____ en la rectoría.
4. Esteban y yo _____ en el edificio de Ciencias Naturales.
5. La profesora Martínez _____ en su oficina.
6. Nora y yo _____ enfrente del hospital.
7. Esteban, ¿_____ detrás del teatro?
8. Profesora Martínez, ¿_____ usted en la librería ahora?
9. Alberto y Pablo _____ en la universidad.
10. Nosotros _____ aquí en la Facultad de Derecho.

---

*Recognition: **vos estás**
[†]Remember that there is no Spanish equivalent for the English subject pronoun *it*. The third-person verb form conveys the meaning of *it* as well as of *he* or *she*.

3.2   Talking About Habitual Actions: Present Tense of Regular Verbs

As you have seen in **Gramática A.6, C.5,** and **1.3,** Spanish verb endings tell us who is performing the action. The subject pronouns (**yo, tú, usted, ella, nosotros,** etc.) are often omitted.

A. You already know that the endings of Spanish verbs must correspond to the subject of the sentence: that is, to the person or thing that does the action.

—Nora, ¿cuándo estudi**as**? 　　　　—*Nora, when do you study?*
—Estudi**o** por la mañana. 　　　　—*I study in the morning.*

—¿Qué hac**en** ustedes los domingos? 　—*What do you do on Sundays?*
—Visit**amos** a nuestros abuelos. 　　—*We visit our grandparents.*

B. Most Spanish verbs end in **-ar**. Here are the endings for **-ar** verbs.*

llegar = *to arrive*

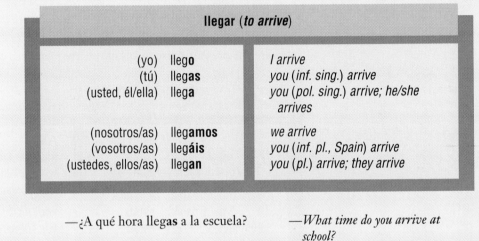

llegar (*to arrive*)		
(yo)	lleg**o**	*I arrive*
(tú)	lleg**as**	*you (inf. sing.) arrive*
(usted, él/ella)	lleg**a**	*you (pol. sing.) arrive; he/she arrives*
(nosotros/as)	lleg**amos**	*we arrive*
(vosotros/as)	lleg**áis**	*you (inf. pl., Spain) arrive*
(ustedes, ellos/as)	lleg**an**	*you (pl.) arrive; they arrive*

—¿A qué hora lleg**as** a la escuela? 　—*What time do you arrive at school?*

—Generalmente lleg**o** a las 9:00. 　　—*Generally I arrive at 9:00.*

C. Verbs that end in **-er** and **-ir** use identical endings, except for the **nosotros/as** and **vosotros/as** forms.†

comer = *to eat*

comer (*to eat*)		
(yo)	com**o**	*I eat*
(tú)	com**es**	*you (inf. sing.) eat*
(usted, él/ella)	com**e**	*you (pol. sing.) eat; he/she eats*
(nosotros/as)	com**emos**	*we eat*
(vosotros/as)	com**éis**	*you (inf. pl., Spain) eat*
(ustedes, ellos/as)	com**en**	*you (pl.) eat; they eat*

---

*Recognition: **vos llegás**
†Recognition: **vos comés, escribís**

escribir = *to write*

escribir (*to write*)	
(yo) escrib**o**	*I write*
(tú) escrib**es**	*you (inf. sing.) write*
(usted, él/ella) escrib**e**	*you (pol. sing.) write;* *he/she writes*
(nosotros/as) escrib**imos**	*we write*
(vosotros/as) escrib**ís**	*you (inf. pl., Spain) write*
(ustedes, ellos/as) escrib**en**	*you (pl.) write; they write*

—¿Dónde com**en** al mediodía?   —*Where do you eat at noon?*
—Com**emos** en casa.   —*We eat at home.*

—¿Escrib**es** la tarea a máquina?   —*Do you type the homework?*
—No, escrib**o** los ejercicios a   —*No, I write the exercises by hand.*
mano.

These agreement rules take some time to acquire. Think about them when you are editing your writing; don't be overly concerned about them in speech.
Note that the principal difference between **-ar, -er**, and **-ir** verbs are the vowels **a** and **e**.

D. The verb form must agree with the subject even when the subject is not explicitly stated. When the subject is expressed, it may be a pronoun, as in the preceding table, or a noun.

La profesora Martínez no **habla**   *Professor Martínez does not speak*
francés.   *French.*

The subject may also consist of a noun + pronoun. A subject combining a noun or pronoun with **yo** takes the **nosotros/as** form.

Nora y yo no **hablamos** italiano.   *Nora and I don't speak Italian.*

A subject combining a noun or pronoun with **tú** or **usted** takes the plural form.

Alberto y tú hablan español con   *Al and you speak Spanish with*
Raúl.   *Raúl.*

In Central America, Argentina, and Uruguay, **vos** = **tú**.

E. Central America, Argentina, and Uruguay use a different subject pronoun—**vos**—and verb form for informal singular address.*

—¿Qué hora ten**és vos**?   —*What time do you have?*
—Tengo las 6:30.   —*I have 6:30.*

—¿Cuándo lleg**ás vos**?   —*When do you arrive?*
—Llego a las 9:00 de la noche.   —*I arrive at 9:00 p.m.*

---

*You may learn more about **vos** forms in the **Expansión gramatical** section of the *Cuaderno de trabajo*.

Ejercicio 2

Combine las personas de la lista A con las actividades de la lista B.

MODELO: Mi hermano y yo jugamos al tenis.

LISTA A
1. la profesora Martínez
2. yo
3. tú
4. mi hermano y yo
5. mis compañeros de clase
6. vosotros

LISTA B
a. hacen la tarea para mañana
b. maneja un carro nuevo
c. jugamos al tenis
d. como demasiado
e. habláis español
f. lees el periódico

Ejercicio 3

Éstas son las actividades de Amanda, su familia y sus amigos. Escriba la forma correcta del verbo entre paréntesis.

MODELO: Amanda *llama* a Graciela muy temprano en la mañana. (llamar)

1. Graciela y yo _____ las composiciones juntas. (escribir)
2. Mi novio Ramón _____ ropa muy elegante. (llevar)
3. Mi mamá y yo _____ la casa los sábados. (limpiar)
4. Mis padres _____ juntos por la mañana. (desayunar).
5. Mi hermano Guillermo _____ las tiras cómicas los domingos. (leer)
6. Andrea y Pedro Ruiz _____ juntos al mediodía. (comer)
7. Ernestito _____ mucho en su bicicleta. (montar)
8. (Yo) _____ por teléfono con mi amiga Graciela. (hablar)
9. Amanda, Guillermo y Ernestito _____ a la escuela de lunes a viernes. (asistir)
10. Ramón, Graciela y yo siempre _____ los últimos discos en la radio. (escuchar)

Ejercicio 4

Imagínese que usted es Amanda. Escriba preguntas según los modelos. Use la forma correcta de **tú**, **usted** o **ustedes**.

MODELOS: Pregúntele a doña Lola si va en metro al trabajo. →
Doña Lola, ¿va usted en metro al trabajo?

Pregúntele a Rafael si lee el periódico por la mañana. →
Rafael, ¿lees el periódico por la mañana?

1. Pregúntele a su papá si toma mucho café en el trabajo.
2. Pregúntele a Diego si él y sus amigos juegan al béisbol.
3. Pregúnteles a Graciela y a Diego si tienen una computadora.
4. Pregúntele a Raúl si hace ejercicio en un gimnasio.
5. Pregúntele a Pedro Ruiz si trabaja por la noche.
6. Pregúntele a don Eduardo si prepara café por la mañana.
7. Pregúntele a su mamá si cocina por la mañana o por la tarde.
8. Pregúntele a Clarisa si ve la televisión por la noche.
9. Pregúntele a doña Rosita Silva si asiste a misa los domingos.
10. Pregúntele a doña Lola si lava su ropa en casa o en una lavandería.

3.3 Using Irregular Verbs: *hacer, salir, jugar*

A verb that uses more than one stem in its conjugation is considered irregular. Here are the forms of three common irregular verbs.

A. The present tense of **hacer*** (*to do; to make*) uses two stems: **hag-** for the **yo** form and **hac-** for all others.

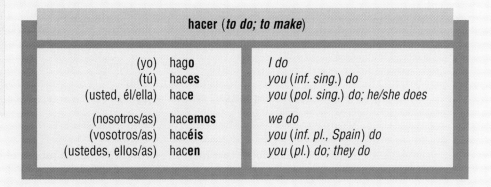

hacer (*to do; to make*)		
(yo)	hag**o**	*I do*
(tú)	hac**es**	*you (inf. sing.) do*
(usted, él/ella)	hac**e**	*you (pol. sing.) do; he/she does*
(nosotros/as)	hac**emos**	*we do*
(vosotros/as)	hac**éis**	*you (inf. pl., Spain) do*
(ustedes, ellos/as)	hac**en**	*you (pl.) do; they do*

—¿Qué **haces** después de clases?   —*What do you do after school?*
—**Hago** mi tarea.   —*I do my homework.*

B. The present tense of **salir**[†] (*to leave; to go out*) uses the stems **salg-** for the **yo** form and **sal-** for all others.

salir (*to leave; to go out*)		
(yo)	salg**o**	*I leave*
(tú)	sal**es**	*you (inf. sing.) leave*
(usted, él/ella)	sal**e**	*you (pol. sing.) leave; he/she leaves*
(nosotros/as)	sal**imos**	*we leave*
(vosotros/as)	sal**ís**	*you (inf. pl., Spain) leave*
(ustedes, ellos/as)	sal**en**	*you (pl.) leave; they leave*

To express a point of departure with **salir**, use the preposition **de**, even if the preposition *from* is not used in English.

—¿A qué hora **sales de** tu casa por la mañana?   —*What time do you leave home in the morning?*
—**Salgo** a las 7:30.   —*I leave at 7:30.*

---

*Recognition: **vos hacés**
[†]Recognition: **vos salís**

¿RECUERDA?

In **Gramática C.5** you learned that verbs that use only one stem in their conjugations—such as **hablar, comer, vivir**—are regular verbs. Irregular verbs, on the other hand, use more than one stem in their conjugations. You saw the forms of two such irregular verbs, **preferir** and **querer**, in **Gramática 2.3.** Review those forms now, if necessary.

hacer = *to do; to make*
(Yo) Hago. = *I do; I make.*
(Tú) Haces. = *You (inf. sing.) do; you make.*
(Nosotros) Hacemos. = *We do; we make.*

salir = *to leave; to go out.*
(Yo) Salgo. = *I leave; I go out.*
(Tú) Sales. = *You (inf. sing.) leave; you go out.*
(Nosotros) Salimos. = *We leave; we go out.*

C. The present tense of the verb **jugar*** (*to play*) uses the stem **jug-** for the infinitive and the **nosotros/as** and **vosotros/as** forms and **jueg-** for all other forms. This verb follows the same pattern as **preferir** and **querer** in **Gramática 2.3.**

jugar = *to play*
(Yo) Juego. = *I play.*
(Tú) Juegas. = *You (inf. sing.) play.*
(Nosotros) Jugamos. = *We play.*

jugar (*to play*)	
(yo) **jue**go	*I play*
(tú) **jue**gas	*you (inf. sing.) play*
(usted, él/ella) **jue**ga	*you (pol. sing.) play; he/she plays*
(nosotros/as) jug**amos**	*we play*
(vosotros/as) jug**áis**	*you (inf. pl., Spain) play*
(ustedes, ellos/as) **jue**gan	*you (pl.) play; they play*

Remember that there are two words spelled **juego: el juego** (*the game*) and **(yo) juego** (*I play*).

Los sábados **juego** al fútbol con mis amigos. — *Saturdays I play soccer with my friends.*

¡Me gusta mucho ese **juego**! — *I like that game a lot!*

Ejercicio 5

Complete las conversaciones con la forma correcta de **hacer**, **salir** o **jugar**.

MODELO: —Luis, ¿cuándo *haces* las tareas?
—*Hago* las tareas por la tarde.

1. —Señor Ramírez, ¿a qué hora ＿＿ usted de casa para su trabajo?
—＿＿ a las 8:30.
2. —Guillermo, ¿＿＿ al fútbol por la tarde?
—Sí, ＿＿ después de clases.
3. —Señor Padilla, ¿＿＿ usted ejercicio todos los días?
—No, ＿＿ ejercicio en el gimnasio solamente los lunes y los miércoles.
4. —Ernesto y Estela, ¿＿＿ ustedes al tenis?
—Sí, ＿＿ al tenis los sábados.

¿RECUERDA?

In **Gramática A.3** you saw how the verb **ser** is used to identify people and things, whereas the verb **estar** is used to locate people and objects (**Gramática 3.1**). Review those verbs and their conjugations now, if necessary.

3.4 Describing Origin and Location: *ser de / estar en*

A. A form of the verb **ser** (*to be*) followed by **de** (*from, of*) can specify origin. The following questions show you how to ask where someone is from.

—¿**De dónde es** Adriana Bolini? — *—Where is Adriana Bolini from?*
—**Es de** Buenos Aires. — *—She's from Buenos Aires.*

—Raúl, ¿**de dónde eres**? — *—Raúl, where are you from?*
—**Soy de** México. — *—I'm from Mexico.*

*Recognition: **vos jugás**

ser = origin; **estar** = location

¿De dónde es usted? (*Where are you from?*)

Soy de Perú. (*I'm from Peru.*)

¿Dónde está usted? (*Where are you?*)

Estoy aquí, en el patio. (*I'm here, on the patio.*)

The distinction between **ser** and **estar** takes a while to acquire. Keep listening to and reading Spanish and you will develop a feel for it.

As you know, **ser** can be followed directly by an adjective of nationality (see **Gramática C.4**).

—Sr. Ramírez, ¿**es** usted argentino?

—No, **soy** mexicano.

—*Mr. Ramírez, are you Argentinean?*

—*No, I'm Mexican.*

B. Remember that two verbs in Spanish correspond to the English verb *to be*. **Ser** is used to tell where someone is from; **estar** is used to express location (see **Gramática 3.1**).

Clara **es de** los Estados Unidos, pero este año **está en** España. Ernesto y Estela **son de** México, pero ahora **están en** Italia.

Clara is from the United States, but she's in Spain this year. Ernesto and Estela are from Mexico, but now they're in Italy.

Ejercicio 6

Diga de dónde son las siguientes personas y dónde están ahora.

MODELO: Adriana es de Argentina, pero ahora está en Washington, D.C.

3.5 Referring to Actions in Progress: Present Progressive

The present progressive (**estar** + verb ending in **-ndo**) is used to express actions in progress.
Estoy leyendo un libro. (*I am reading a book.*)

To describe an action that is taking place at the moment, Spanish uses a form of **estar** (*to be*) and an **-ndo** (*-ing*) form called a present participle.* This combination is called the *present progressive.*

estar + -ndo		
estoy		jugando (*playing*)
estás		caminando (*walking*)
está	+	fumando (*smoking*)
estamos		escuchando (*listening*)
estáis		escribiendo (*writing*)
están		comiendo (*eating*)

—¿Qué **está haciendo** Paula?   —*What is Paula doing?*
—**Está lavando** su carro.   —*She's washing her car.*

—Guillermo, ¿qué **estás haciendo**?   —*Guillermo, what are you doing?*
—**Estoy escribiendo** una composición.   —*I'm writing a composition.*

Present participles:
-ar verbs: replace **-ar** of infinitive with **-ando**
-er and **-ir** verbs: replace **-er/-ir** of infinitive with **-iendo**

The present participle (**-ando, -iendo**) is formed from the infinitive.

jug**ar** → jug**ando**   com**er** → com**iendo**
habl**ar** → habl**ando**   viv**ir** → viv**iendo**

When a present participle is irregular, it will be noted as follows: **dormir** (**durmiendo**), **leer** (**leyendo**).

—**¿Está durmiendo** Ernestito ahora?   —*Is Ernestito sleeping now?*
—Sí, está muy cansado.   —*Yes, he's very tired.*

—Estela, ¿qué **estás leyendo**?   —*Estela, what are you reading?*
—**Estoy leyendo** una novela.   —*I'm reading a novel.*

Ejercicio 7

1. ¿Qué está haciendo Guillermo?

2. ¿Qué están haciendo don Eduardo y don Anselmo?

3. ¿Qué está haciendo Amanda?

---

*Recognition: **vos estás jugando**

4. ¿Qué está haciendo la señora Ramírez? **5.** ¿Qué están haciendo Pedro y Andrea? **6.** ¿Qué está haciendo Javier Saucedo?

Ejercicio 8

Don Anselmo tiene curiosidad hoy y le hace muchas preguntas a don Eduardo. Conteste las preguntas que hace don Anselmo.

MODELO: —¿Y Amanda? ¿Va a ver la televisión más tarde?
—No, Amanda ya está *viendo la televisión.*

1. —¿Y Raúl? ¿Va a dormir esta noche?
—No, Raúl ya está _____ .
2. —¿Y Ernestito? ¿Va a jugar con sus amigos esta tarde?
—No, Ernestito ya está _____ con ellos.
3. —¿Y doña Lola? ¿Va a leer el periódico más tarde?
—No, doña Lola ya está _____ el periódico.
4. —¿Y Estela Ramírez? ¿Va a lavar la ropa mañana?
—No, Estela ya está _____ la ropa.
5. —¿Y Guillermo Ramírez? ¿Va a tocar la guitarra esta noche?
—No, Guillermo ya está _____ la guitarra.

CAPÍTULO 4

La vida diaria y los días feriados

▼▼▼▼▼▼▼▼▼▼▼▼▼▼▼▼▼▼▼▼▼▼

METAS

In **Capítulo 4** you will discuss where events take place, daily activities, and how you feel. You will share your family's holiday customs with your classmates and you will also learn about holidays and celebrations in the Hispanic world.

San Antonio, Texas: celebración de La Posada

ACTIVIDADES DE COMUNICACIÓN Y LECTURAS

Los lugares

Lectura   Una tarjeta de Clara: Los lugares en Madrid

Los días feriados y las celebraciones

El mundo hispano... en los Estados Unidos

Nota cultural   Celebraciones del mes de julio

La rutina diaria

El mundo hispano... su gente

Los estados físicos y anímicos

Lectura   «Versos sencillos»

EN RESUMEN

GRAMÁTICA Y EJERCICIOS

4.1 Talking about Location: **ir** + **a(l)**; **estar** + **en**

4.2 Discussing Habitual Actions: Verbs with Stem-Vowel Changes (**ie, ue**) in the Present Tense

4.3 Discussing Habitual Actions: Irregular Verbs

4.4 Describing Daily Routine: Reflexives

4.5 Describing States: **estar** + Adjective

4.6 Describing States: **tener** + Noun

Actividades de comunicación y lecturas

Los lugares

Lea Gramática 4.1.

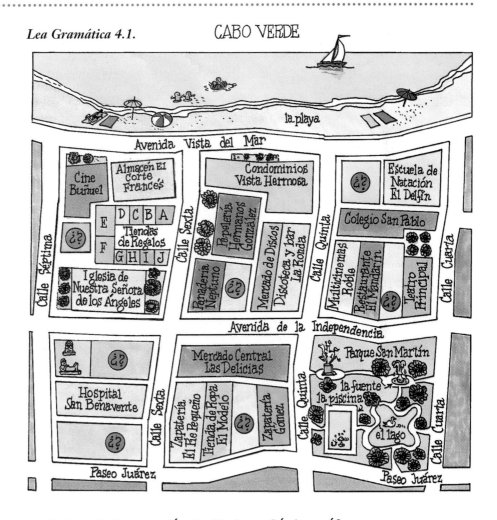

Actividad 1. Descripción de dibujos: ¿Dónde está?

Escuche a su profesor(a) y escriba el nombre de estos lugares en los cuadros correspondientes.

Videocentro
Hotel Los Cabos
Bar El Gato Verde
Farmacia Cruz Blanca

Café de Paco
Biblioteca Municipal
Museo Nacional

Actividad 2. Asociaciones: ¿Qué hacemos cuando vamos a estos lugares?

Empareje las actividades a continuación con los lugares apropiados.

MODELOS: el parque →
Cuando vamos al parque, *merendamos con nuestros amigos.*

la papelería →
Cuando vamos a la papelería, *compramos papel, lápices y cuadernos.*

LUGAR	ACTIVIDAD
1. el cine	a. bailamos
2. una tienda de ropa	b. compramos zapatos
3. la playa	c. vemos las exhibiciones
4. el mercado	d. caminamos y conversamos
5. una discoteca	e. rezamos
6. una panadería	f. vemos una película
7. un museo	g. compramos pan o pasteles
8. la iglesia	h. tomamos el sol y nadamos
9. la plaza	i. compramos vestidos y camisas
10. un hospital	j. compramos comida
11. una zapatería	k. leemos y estudiamos
12. la biblioteca	l. visitamos a un enfermo

Actividad 3. Preferencias: ¿Cuándo?

Diga sí o no, o complete cada oración con una frase adecuada.

1. Voy a estudiar en la biblioteca...
   - a. este fin de semana.
   - b. esta noche.
   - c. ahora mismo.
   - d. ¿ ?
2. Voy a ir con mis amigos a una discoteca...
   - a. mañana por la noche.
   - b. esta noche.
   - c. el próximo sábado.
   - d. ¿ ?
3. Mi profesor(a) de español va a comer en un restaurante...
   - a. hoy.
   - b. pasado mañana.
   - c. mañana por la noche.
   - d. ¿ ?
4. Mi novio/a va a ir conmigo al cine...
   - a. el próximo sábado.
   - b. este viernes.
   - c. el lunes por la tarde.
   - d. ¿ ?
5. Voy a salir de vacaciones...
   - a. el próximo mes.
   - b. mañana por la mañana.
   - c. el próximo fin de semana.
   - d. ¿ ?

Y TÚ, ¿QUÉ DICES?

¿De veras?	Buena idea.	¡Qué aburrido!
¿De verdad?	Yo también.	¡Qué lástima!
¡No lo creo!	¡Qué divertido!	

MODELO: E1: Voy a estudiar en la biblioteca a las 5:00 de la mañana.
E2: *¡No lo creo!*

Actividad 4. Intercambios: El cine en Sevilla

Lea esta guía del cine en Sevilla. Luego, hágale preguntas sobre la guía a su compañero/a.

MODELO: E1: ¿Quieres ir al cine?

E2: Hummm... no sé. ¿Qué película quieres ver?

E1: En el *cine Alameda* ponen *Fenómeno*.

E2: ¿A qué hora?

E1: A *las 12.00, 17.45, 20.15 y 22.45 horas.*

E2: ¿Cuánto cuesta?

E1: *650 pesetas.*

E2: Perfecto.

Guía del ocio — el cine en Sevilla

Alameda Multicines 4 salas.
 Tel. (95) 438 01 56.
El Día de la Independencia. De Roland Emmerich. Con Will Smith y Jeff Goldblum. 15.45, 18.00, 20.15 y 22.30 horas. No recomendada para menores de 18 años. 550 pesetas.
Las aventuras de Pinocho. De Steve Barron. Especial para toda la familia. 16.00, 19.00, 22.00 y 0.45 horas. Todos los públicos. 600 pesetas.
Fenómeno. De John Turteltaub. Con John Travolta. 12.00, 17.45, 20.15 y 22.45 horas. No recomendada para menores de 18 años. 650 pesetas.
El hombre de California. De George Zaloom. 12.30, 17.00, 19.00, 21.00 y 23.00 horas. Todos los públicos. 475 pesetas.

Azul Multicines 2 salas.
 Tel. (95) 441 53 09 / La Florida, 15.
Los últimos días del Edén. 18.00, 20.15 y 22.30 horas. No recomendada para menores de 18 años. 500 pesetas.
Borrador. De Carles Russell. Con Arnold Schwarzenegger. 17.30, 20.00 y 22.30 horas. No recomendada para menores de 18 años. 650 pesetas.

Regina
 Tel. (95) 421 42 12 / Jerónimo Hernández 19.
Sensatez y sentimiento. De Ang Lee. Con Emma Thompson y Hugh Grant. 17.45, 20.15 y 22.45 horas. Todos los públicos. 700 pesetas.

Rialto Multicines 3 salas.
 Tel. (95) 425 44 88 / Plaza del Padre Jerónimo de Córdoba, 7.
El mundo perdido. 16.45, 18.45, 20.45 y 22.45 horas. Todos los públicos. 550 pesetas.
El jorobado (Cuasimodo) de Notre Dame. Especial infantil. Dibujos animados. 12.30, 17.00, 18.30, 20.00, 21.30 y 23.00 horas. Todos los públicos. 550 pesetas.
Como agua para chocolate. De Alfonso Arau. Con Lumi Cavazos y Marco Leonardi. Libreto de Laura Esquivel basado en su novela. 17.00, 19.00, 21.00 y 22.45 horas. No recomendada para menores de 18 años. 600 pesetas.

Madrid: El cine es uno de los pasatiempos favoritos de los españoles. En España se exhiben muchas películas españolas, que hoy tienen una reputación internacional, y películas extranjeras dobladas (*dubbed*) al español.

Actividad 5. Entrevista: ¿Qué haces tú?

1. ¿Qué te gusta hacer cuando vas a la playa? ¿Te gusta andar en velero?
2. ¿Qué haces cuando estás en una biblioteca? ¿Lees periódicos?
3. ¿Qué haces en un parque? ¿Practicas algún deporte? ¿Cómo se llama tu parque favorito? ¿Caminas mucho allí? ¿Corres? ¿Cuándo?
4. ¿Vas mucho al cine? ¿Adónde vas? ¿Con quién(es)? ¿Qué tipo de películas te gusta? ¿Te gustan las películas de acción?
5. ¿En qué mercado o supermercado compras la comida? ¿Por qué? ¿Está cerca de tu casa? ¿Tiene precios módicos?

Una tarjeta de Clara: Los lugares en Madrid

Ésta es la segunda tarjeta postal que Clara Martin le manda a la profesora Martínez.

Estimada profesora:

¡Qué divertido es vivir en Madrid! La ciudad es grande, pero es fácil llegar a todos los lugares porque el transporte público es muy bueno. Me gusta mucho ir de compras aquí. Hay dos almacenes muy populares: Galerías Preciados y El Corte Inglés. (Esta postal es de mi almacén favorito.) Pero lo ideal es que cerca de mi apartamento hay de todo: una panadería (¡qué rico es el pan caliente!), un mercado enorme, una plaza muy bonita, un cine, una discoteca... ¡de todo! ¡Hasta la próxima!
Un abrazo,

Clara

Prof. Adela Martínez
Department of Foreign Languages
University of Texas at San Antonio
San Antonio, TX 78285
USA

Madrid: El Corte Inglés es el almacén más grande de España.

Comprensión

1. ¿Por qué es Madrid un lugar divertido para Clara?
2. ¿Cuál es una de sus actividades favoritas?
3. Mencione los dos almacenes que le gustan a Clara.
4. Según Clara, ¿cuál es el aspecto ideal de Madrid?

Ahora... ¡usted!

1. ¿Le gusta ir de compras? ¿Por qué? Explique.
2. ¿Va de compras con frecuencia? ¿Adónde va, normalmente?
3. ¿Prefiere ir a los almacenes grandes o a las tiendas pequeñas? ¿Por qué?

Un paso más... ¡a escribir!

Imagínese que usted va a mandarle una tarjeta postal de su ciudad a un amigo o a una amiga. Mencione sus lugares favoritos en la ciudad donde vive. ¿Cuáles son las actividades más divertidas que hace?

Puede usar el siguiente modelo para escribir la postal.

> Querido/a ———:
> Aquí tienes una postal de mi ciudad, (*nombre*). Mis lugares favoritos son ——— y ———. En mi ciudad hago varias actividades divertidas. Por ejemplo, me gusta ———, ——— y ———.
> Bueno, ¡hasta la próxima!
> Un abrazo,
>
> (*firma*)

Los días feriados y las celebraciones

Actividad 6. Definiciones: ¿Qué día es?

1. Generalmente hay regalos y un pastel cuando uno celebra su _____.
2. En México se celebra el 16 de septiembre; en Argentina es el 9 de julio; en los Estados Unidos es el 4 de julio. Es el _____.
3. El _____ es un día de fiesta en los Estados Unidos. Las familias se reúnen y preparan una comida abundante.
4. Los hispanos celebran este día más que los norteamericanos. Es el día antes de la Navidad, _____.
5. Es la semana antes del Domingo de Pascua. Las personas religiosas, especialmente en España y en Latinoamérica, asisten a varias ceremonias en las iglesias. Es la _____.
6. Mucha gente le da la bienvenida a este primer día de enero con bailes y fiestas muy alegres. Esperan las 12:00 de la noche con impaciencia. Es el _____.
7. En muchos países hispanos, los niños no reciben regalos el 25 de diciembre. Los reciben el 6 de _____, el Día de _____.
8. El _____ es una fiesta de ocho noches. Cada noche se enciende una vela más, hasta 9. A veces los niños reciben un regalo.

LAS PALABRAS VIVEN

Hay varios nombres para los días feriados en el mundo hispano. Por ejemplo, en México el Día de la Madre es **el Día de las Madres**. En España, el Día de la Raza es **el Día de la Hispanidad**. En algunos países *Easter* es **la Pascua**, pero también se le llama **las Pascuas**, **la Pascua Florida**, **el domingo de Pascua** o **la Pascua de Resurrección**. Y en muchos países la expresión ¡**Felices Pascuas**! quiere decir lo mismo que ¡**Feliz Navidad**!

Actividad 7. Entrevista: Las fiestas

¿Qué prefiere usted hacer para celebrar...

1. su cumpleaños?
2. el Día de la Independencia?
3. la Navidad u otro día feriado? (el Jánuca, la Pascua, la Pascua Judía, el Ramadán)
4. su aniversario de boda u otro aniversario importante?
5. el Día de la Madre o el Día del Padre?
6. la Nochevieja o el Año Nuevo?

Actividades posibles: celebrar con mis parientes, cenar en casa, comer pastel, dar una fiesta, ir a la playa, ir al cine, ir a un café, ir de compras, merendar en el parque, quedarme en casa, salir a bailar, salir a cenar en un restaurante, ver la televisión

Ahora, entreviste a un compañero / una compañera de clase.

MODELO: E1: ¿Qué prefieres hacer para celebrar *tu cumpleaños*?
E2: Durante el día, prefiero *quedarme en casa* y *ver la televisión*. Por la noche, me gusta *salir a cenar en un restaurante* con mis amigos.

Actividad 8. Entrevista: Los días feriados

1. ¿Cómo te gusta celebrar tu cumpleaños? ¿Quién hace los preparativos para celebrar tu cumpleaños?

2. ¿Qué haces el Día de Acción de Gracias? ¿Celebras esta fiesta en casa con tu familia o vas a la casa de otros parientes o amigos? ¿Qué comen ustedes?

3. ¿Qué aspecto del Año Nuevo te gusta más? ¿Qué aspecto te gusta menos? ¿Celebras el Año Nuevo con tu familia o con tus amigos? ¿Qué hacen ustedes para celebrarlo?

4. ¿Cómo celebras el Día de la Independencia, con tu familia o con tus amigos? ¿Van a un parque o se quedan en casa? ¿Celebran solos o invitan a otros parientes/amigos? ¿Ven los fuegos artificiales? ¿De dónde los ven, de casa o de un parque? ¿A qué hora vuelves a tu casa?

5. ¿Qué otras fiestas celebras con tu familia o tus amigos? ¿Qué hacen ustedes para celebrar esas fiestas? ¿Dan muchos regalos? ¿Ponen decoraciones en casa?

¡ESTA NOCHE LLEGAN LOS REYES!

¡TENGO UNOS NERVIOS!... ¿Y VOS?¿EEH?

¡EH! ¿Y VOS? ¿TENÉS NERVIOS, O QUÉ TENÉS?

"NERVO-CALM" -GRAGEAS-

EL MUNDO HISPANO... en los Estados Unidos

Óscar M. Ramírez es cubano, tiene 40 años y vive en Miami, Florida. Óscar lleva[1] 30 años en los Estados Unidos.

Describa algunos de los días feriados que usted celebra con su familia.

los Estados Unidos

EL OCÉANO PACÍFICO

EL OCÉANO ATLÁNTICO

Miami, Florida

El único día feriado que mi familia todavía celebra en los Estados Unidos «a la hispana» es la Nochebuena, el 24 de diciembre. Se celebra dándole a la ocasión todo su significado religioso. La noche es «buena» porque es cuando celebramos el nacimiento del Niño Jesús. Aquí la palabra «buena» quiere decir «santa».

Siempre hay en la sala de la casa un pesebre,[2] con una figurita del Niño Jesús, recién nacido.[3] Están con él su madre, la Virgen María, y su padre en la

[1] *has been* [2] *manger* [3] recién... *just born*

(Continúa)

Tierra, San José. Los rodean una vaca, un burro y muchos pastores con sus ovejas.[4] A todo esto se le llama el «Nacimiento».[5] También están los tres Reyes Magos, que dan al Niño regalos preciosos. Pero los Reyes Magos no se ponen en el Nacimiento hasta[6] el 6 de enero, cuando llegan al pesebre guiados por una estrella,[7] la Estrella de Belén. (En mi país los niños no reciben regalos el 25 de diciembre, sino el 6 de enero.)

Delante del Nacimiento se sirve una gran cena: puerco asado, cidra, uvas, turrones de almendras y nueces[8] de diferentes tipos; se cantan villancicos,[9] y a medianoche todos vamos a misa.[10]

[4]Los... *They are surrounded by a cow, a donkey, and many shepherds with their sheep.*
[5]el... *Nativity scene*   [6]*until*   [7]guiados... *guided by a star*   [8]puerco... *pork roast, cider, grapes, almond nougat, nuts*   [9]*Christmas carols*   [10]*Mass*

NOTA CULTURAL

VOCABULARIO ÚTIL

los artesanos	*craftsmen*
la artesanía	*crafts*
los toros	*bulls*
el pañuelo	*handkerchief*
la faja	*waistband*
arriesgan la vida	*they risk their lives*

Celebraciones del mes de julio

El mes de julio es un mes de fiestas por todo el mundo hispano. Julio es un mes de invierno en algunos países, como en Argentina. Los argentinos celebran con fuegos artificiales la emocionante Fiesta de la nieve en Bariloche. Y México tiene la Fiesta de Uruapan, que se celebra en Michoacán. Puerto Rico ofrece la alegre Feria Artesanal de Barranquitas. En esta feria hay bailes folclóricos, música y canciones. Los artesanos de todo el país llevan sus artesanías para venderlas.

Bariloche, Argentina: Fiesta de la nieve

Michoacán, México: Fiesta de Uruapan

Puerto Rico: Feria Artesanal de Barranquitos

En Pamplona, España, se celebran las Fiestas de San Fermín, que duran una semana. Estas fiestas tienen un espectáculo impresionante. Varias calles de la ciudad se cierran por la mañana y entonces... ¡salen los toros! Muchísimos hombres (dos mil, más o menos) esperan la salida de estos animales. Los hombres van vestidos de blanco, con un pañuelo rojo al cuello y una faja roja a la cintura. Todos corren aproximadamente un kilómetro por las calles... ¡pero corren con los toros! Y algunos arriesgan la vida.

El espectáculo de Pamplona dura sólo cuatro minutos, ¡pero son cuatro minutos de pura emoción!

Pamplona, España: las Fiestas de San Fermín

Comprensión

Busque la definición correcta. ¡Cuidado! Hay varias respuestas posibles.

1. _____ las Fiestas de San Fermín
2. _____ la Fiesta de Uruapan
3. _____ la Fiesta de la nieve, en Bariloche
4. _____ la Feria Artesanal de Barranquitas

a. Hay un espectáculo corto, pero impresionante.
b. Se celebra en Michoacán, México.
c. Aquí los artesanos venden su trabajo.
d. Duran siete días.
e. Hay música y bailes.
f. En esta fiesta los hombres corren con los toros.
g. Hay fuegos artificiales.
h. Es una celebración de invierno.

Ahora... ¡usted!

1. ¿Celebra usted el 4 de Julio, el Día de la Independencia de los Estados Unidos? ¿Cómo celebra este día feriado?
2. ¿En qué otras celebraciones participa usted?
3. ¿Conoce fiestas de otros países que se celebran en julio?
4. Mire las fotos que acompañan la Nota cultural e imagínese que usted está en esas fiestas. ¿Qué ve? ¿Qué está haciendo?

Un paso más... ¡a escribir!

Usted tiene un amigo o una amiga de otro país. Esta persona quiere saber cuáles son los días feriados que usted celebra. Escríbale una tarjeta postal con una breve descripción de sus fiestas favoritas. ¿Por qué le gustan? ¿Qué hace en estas fiestas? ¿Las celebra con la familia o con amigos?

La rutina diaria

Lea Gramática 4.2–4.4.

Una mañana en la casa de los Ramírez

Ernesto se afeita.   Estela se maquilla.   Ernestito se lava los dientes.   Amanda se pone la ropa.   Guillermo se levanta.

Actividad 9. Orden lógico: Primero... luego... y después...

Ponga en orden estas actividades. Use las palabras **primero**, **luego** y **después**.

1. **a.** Me seco.   **b.** Me lavo los dientes.   **c.** Me baño.
2. **a.** Me maquillo.   **b.** Me levanto.   **c.** Me pongo la ropa.
3. **a.** Me peino.   **b.** Me afeito.   **c.** Me ducho.
4. **a.** Me baño.   **b.** Me levanto.   **c.** Me despierto.
5. **a.** Me lavo el pelo.   **b.** Me quito la ropa.   **c.** Me seco el pelo.
6. **a.** Me lavo los dientes.   **b.** Desayuno.   **c.** Preparo el desayuno.
7. **a.** Me pongo el pijama.   **b.** Me acuesto.   **c.** Me quito la ropa.

Actividad 10. Descripción de dibujos: La rutina

Escuche mientras su profesor(a) describe uno de los dibujos a continuación. Diga el título que corresponde al dibujo.

Un lunes a las 6:30 con la familia Ramírez.

Guillermo   Ernestito   Amanda   Estela   Ernesto

Un jueves a las 6:30 con la familia Ramírez.

Guillermo   Ernestito   Amanda y Estela   Ernesto

Un sábado a las 9:00 de la mañana con los amigos norteamericanos.

Un domingo a las 9:00 de la mañana con los amigos norteamericanos.

Ahora, escoja uno de los dibujos y descríbaselo a un compañero / una compañera de clase. Él/Ella va a decir qué dibujo es.

Actividad 11. Narración: La rutina de Adriana

PALABRAS ÚTILES

primero
luego
después
más tarde
finalmente
por último
a la(s)...
desde la(s)...
   hasta la(s)...

EL MUNDO HISPANO... su gente

Gregorio Merino Díaz tiene 32 años y es de Chile.

Describa un día típico de su vida.

Un día típico es un día de trabajo. Soy Inspector General[1] de un colegio particular[2] de Santiago. Para mi esposa y para mí el día comienza a las 6:00 de la mañana, pues vivimos muy lejos de nuestro trabajo. Nos duchamos y luego desayunamos café y tostadas. A las 7:00 nos vamos al trabajo. Tomamos locomoción colectiva.[3] Luego de cuarenta y cinco minutos de viaje, llegamos al colegio; yo voy a mi oficina y mi esposa a la biblioteca, donde trabaja. Por lo general tomamos un café alrededor de[4] las 10:00. Regresamos a casa a las 15 horas, cuando termina la jornada de trabajo.[5]

[1]Inspector... *administrator*   [2]colegio... *private school*   [3]locomoción... *public transportation*
[4]alrededor... *around*   [5]jornada... *workday*

Actividad 12. Entrevista: Preguntas personales

1. ¿Te gusta levantarte temprano o tarde? ¿Quién se levanta primero donde tú vives?
2. ¿Te bañas o te duchas? ¿Cuándo prefieres bañarte? ¿Qué marca de jabón usas?
3. ¿Te afeitas con navaja o con rasuradora eléctrica?
4. ¿Te maquillas todos los días? ¿Te maquillas más cuando sales de noche?
5. ¿Te lavas el pelo todos los días? ¿Qué marca de champú prefieres? ¿Usas un acondicionador? ¿De qué marca es?
6. ¿Te pones perfume/colonia todos los días? ¿Qué marca prefieres?

Los estados físicos y anímicos

Lea Gramática 4.5–4.6.

(Ernesto)   (Estela)

está contento   están tristes   está enojado   está enferma

está aburrido   está ocupada   está preocupado

Ramón   Amanda

tienen hambre   tienen prisa   tiene sueño   tiene sed

tiene calor   tiene frío   tiene miedo

Actividad 13. Conversación: Las emociones

Diga si usted está de acuerdo o no con las siguientes afirmaciones.

FRASES ÚTILES

(No) Estoy de acuerdo.
Depende.

1. Es bueno gritar si uno está enojado.
2. Si uno está deprimido, es mejor comer algo.
3. Si uno tiene frío, es mejor tomar una limonada.
4. Si uno está de mal humor, es buena idea hablar con un buen amigo o un pariente.
5. Si uno está aburrido, es preferible ver la televisión.
6. Si uno tiene prisa y va a llegar tarde a clase, es mejor manejar muy rápido.
7. Es recomendable quedarse en casa cuando uno está enfermo.
8. Si uno tiene miedo, es buena idea comerse las uñas.

Actividad 14. Preferencias: ¿Qué hace usted en estas situaciones?

1. Cuando estoy triste,...
   a. quiero estar solo/a.
   b. escucho música.
   c. compro ropa nueva.
   d. ¿ ?
2. Cuando estoy contento/a,...
   a. salgo en el carro.
   b. voy de compras.
   c. prefiero estar solo/a.
   d. ¿ ?
3. Cuando estoy cansado/a,...
   a. duermo.
   b. leo.
   c. me baño.
   d. ¿ ?
4. Cuando estoy aburrido/a,...
   a. como.
   b. llamo a mi novio/a
      o a un amigo / una amiga.
   c. me quedo en casa.
   d. ¿ ?
5. Cuando tengo hambre,...
   a. como hamburguesas.
   b. tomo un vaso de leche.
   c. me lavo los dientes.
   d. ¿ ?
6. Cuando tengo frío,...
   a. me quito la chaqueta.
   b. me baño con agua caliente.
   c. me pongo un suéter.
   d. ¿ ?
7. Cuando tengo calor,...
   a. tomo un refresco.
   b. tomo café caliente.
   c. me ducho.
   d. ¿ ?
8. Cuando tengo prisa,...
   a. camino rápidamente.
   b. tomo el autobús.
   c. doy un paseo.
   d. ¿ ?

Y TÚ, ¿QUÉ DICES?

Sí, yo también. (Sí, a mí también me gusta eso.)	Yo sí.	¡Excelente idea!
	Yo no.	¡Qué buena idea!
Yo tampoco. (A mí tampoco me gusta eso.)	Es mejor.	¡Ni pensarlo!
	Es peor.	¡Qué ocurrencia!

Actividad 15. Asociaciones: Los estados anímicos

¿Qué estado de ánimo asocia usted con las siguientes ocasiones?

1. Es su cumpleaños.
2. Está tomando un examen de español.
3. Es un sábado de primavera. Hace sol y buen tiempo. Usted está en el parque con su perro.
4. Es la Nochevieja.
5. Usted tiene una entrevista para un trabajo en 10 minutos y de pronto recibe una llamada de su abuela.
6. Usted recibe una buena nota en su examen de biología.
7. Encuentra a su perro comiendo su mejor camisa.
8. Su gato está muy enfermo.

Actividad 16. Entrevista: Soluciones

¿Qué haces cuando estás...

1. deprimido/a?
2. nervioso/a?
3. de buen/mal humor?
4. enamorado/a?

¿Qué haces cuando tienes...

1. frío?
2. sueño?
3. sed?
4. miedo?

«Versos sencillos» de José Martí (selecciones)

Varios de los *Versos sencillos* de este famoso poeta cubano (1853–1895) son parte de la canción popular «Guantanamera». En las siguientes selecciones, Martí hace una descripción de su personalidad: es un hombre sincero y artístico, a quien le gusta la naturaleza.[1] El poeta también habla de su poesía y de su hijo.

Yo soy un hombre sincero
De donde crece la palma,[2]
Y antes de morirme[3] quiero
Echar[4] mis versos del alma.[5]

Yo vengo de todas partes,
Y hacia[6] todas partes voy:
Arte soy entre[7] las artes.
En los montes,[8] monte soy.

Oigo un suspiro,[9] a través
De[10] las tierras y la mar,
Y no es un suspiro, —es
Que mi hijo va a despertar.

Con los pobres de la tierra
Quiero yo mi suerte[11] echar:
El arroyo[12] de la sierra
Me complace[13] más que el mar.

Todo es hermoso y constante,
Todo es música y razón,
Y todo, como el diamante,
Antes de luz es carbón.[14]

Mi verso es de un verde claro
Y de un carmín encendido:[15]
Mi verso es un ciervo herido[16]
Que busca en el monte amparo.[17]

Camagüey, Cuba: Una de las características del paisaje (*landscape*) cubano es la hermosa palma real (*royal*).

[1]*nature* [2]*crece... the palm tree grows* [3]*antes... before I die* [4]*To cast; To express* [5]*soul* [6]*toward* [7]*among* [8]*forests* [9]*sigh* [10]*a... through*
[11]*luck* [12]*brook* [13]*Me... Pleases me* [14]*coal* [15]*carmín... bright crimson* [16]*ciervo... wounded deer* [17]*shelter*

Comprensión

Escoja las respuestas correctas. ¡Cuidado! Hay más de una posibilidad.

1. ¿Cómo es la personalidad del poeta? Martí es...
   a. sincero.   **b.** agresivo.   **c.** artístico.   **d.** como el monte.
   e. tímido.   **f.** perezoso.
2. ¿De qué color son los versos de José Martí? Son...
   a. rojos.   **b.** verdes.   **c.** amarillos.   **d.** negros.
   e. de color carmín.   **f.** azules.
3. ¿Con qué se relaciona el despertar del hijo de Martí? Con...
   a. el llanto.   **b.** el suspiro.   **c.** la tierra.   **d.** el mar.
   e. el bosque.   **f.** su casa.
4. ¿Qué elementos de la naturaleza menciona el poeta? Martí menciona...
   a. la palma.   **b.** el arroyo.   **c.** el monte.   **d.** el árbol.
   e. el océano.   **f.** el carbón.

Ahora... ¡usted!

1. ¿Le gusta leer poesía? ¿Por qué? ¿Hay un poeta o una poeta que le guste mucho? ¿Por qué le gusta?
2. ¿Escribe usted poemas u otros tipos de escritura? ¿Cuáles son los temas de su poesía / su escritura en general?

 Un paso más... ¡a escribir!

Use los versos de Martí como guía y escriba un poema para expresar sus propios sentimientos.

Yo soy _____
De donde _____ ,
Y antes de morirme quiero _____ .

Yo vengo de _____
Y hacia _____ voy:
_____ soy entre _____
En _____ , _____ soy.

En resumen

De todo un poco

A. ¡Los Reyes Magos vienen mañana!

Mire los dibujos de la siguiente página y ponga en orden las oraciones a continuación para que coincidan con los dibujos.

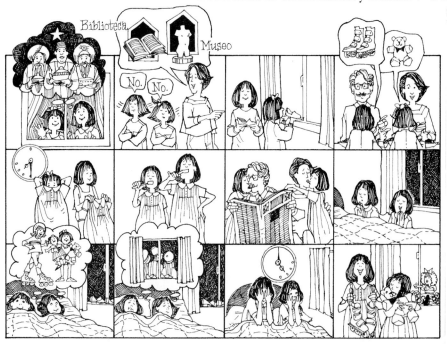

a. _____ Se lavan los dientes.

b. _____ Finalmente son las siete y media. Se ponen el pijama.

c. _____ Se despiertan a las cinco de la mañana. Tienen miedo de mirar la ventana.

d. _____ Se acuestan pero no se duermen. Hablan de los juguetes que esperan recibir.

e. _____ Su madre quiere llevarlas al museo y a la biblioteca pero ellas prefieren quedarse en casa.

f. _____ Es el cinco de enero. Son las 5:00 de la tarde. Clarisa y Marisa están nerviosas e impacientes.

g. _____ Rezan antes de acostarse.

h. _____ Corren a la ventana. Ahí están los juguetes que quieren. ¡Qué contentas están!

i. _____ Les dicen «Buenas noches» a sus padres con un beso.

j. _____ Ponen los zapatos en la ventana y esperan... ¡Los Reyes Magos van a venir mañana muy temprano!

k. _____ Por fin se duermen. Sueñan que los Reyes Magos no les traen nada.

l. _____ Cenan con sus padres y charlan sobre los juguetes que quieren.

B. Entrevista con su profesor(a)

Trabaje con dos o tres estudiantes. Escriban preguntas para entrevistar a su profesor(a). Cada grupo va a escribir ocho buenas preguntas para saber más sobre él/ella. Escriban preguntas sobre su vida en casa, su rutina diaria, sus estados de ánimo, sus actividades favoritas, sus preferencias, cómo celebra los días feriados, etcétera.

MODELOS: ¿A qué hora se levanta usted durante la semana?

¿Qué le gusta hacer después del trabajo?

¿Qué hace usted cuando está aburrido/a?

¿Cómo celebra el Año Nuevo?

¿Qué le gusta hacer los viernes por la noche?

Después, cada grupo debe hacerle sus preguntas al profesor / a la profesora. Tomen apuntes sobre la información para luego escribir una composición sobre él/ella.

¡Dígalo por escrito!

Los días feriados

¿Cuál es el día feriado que más le gusta a usted? ¿Por qué? Trabaje con varios compañeros de clase para hablar de sus días feriados favoritos, por qué les gustan esos días y por qué *no* les gustan otros. Luego, en casa, escriba una descripción de su propio día feriado favorito. ¿Cómo lo celebra? ¿Dónde? ¿Con quién(es)? ¿Qué hace usted para prepararse para esa celebración?

VIDEOTECA

En este segmento de video, la familia Durán, de Sevilla, celebra la primera comunión de Marta. Para muchas familias hispanas, la primera comunión es una ceremonia religiosa muy importante. ¿Quiénes vienen a la ceremonia? ¿Dónde la celebran? En el Capítulo 4 del *Cuaderno de trabajo* hay más actividades para hacer después de ver el video.

Vocabulario

Los lugares

abajo	below
ahí (allí)	there
el almacén	department store
el colegio	private school
la escuela	school
la iglesia	church
el mercado	market
la panadería	bakery
la papelería	stationery store
el supermercado	supermarket
el videocentro	video store
la zapatería	shoe store

PALABRAS SEMEJANTES: la América Latina (Latinoamérica), el bar, el café, la discoteca, la farmacia, el hotel, el museo, el parque, la plaza

REPASO: el cine, el lago, la tienda

Los días feriados y las celebraciones
Holidays and Celebrations

el Año Nuevo	New Year's Day
el Día de Acción de Gracias	Thanksgiving Day
el Día de las Brujas	Halloween
el Día de los Enamorados	Valentine's Day
el Día de la Independencia	Independence Day
el Día de la Madre	Mother's Day
el Día de los Muertos	All Souls' Day (November 2nd)
el Día del Padre	Father's Day
el Día de los Reyes Magos	Epiphany, Day of the Magi (January 6th)
el día del santo	saint's day
el Día de Todos los Santos	All Saints' Day (November 1st)
el Domingo de Pascua	Easter Sunday
el Jánuca	Hanukkah

la(s) Navidad(es)	Christmas
la Nochebuena	Christmas Eve
la Nochevieja	New Year's Eve (December 31st)
la Pascua Judía	Passover
el Ramadán	Ramadan
la Semana Santa	Holy Week

La rutina diaria   Daily Routine

acostarse (ue)	to go to bed
me acuesto / se acuesta	
afeitarse	to shave
bañarse	to bathe
despertarse (ie)	to wake up
me despierto / se despierta	
dormir (ue)	to sleep
dormirse (ue)	to fall asleep
me duermo / se duerme	
lavarse los dientes	to brush one's teeth
lavarse el pelo	to wash one's hair
levantarse	to get up
maquillarse	to put on makeup
peinarse	to comb one's hair
ponerse (perfume / la ropa)	to put on (perfume/ clothes)
me pongo / se pone	
quitarse (la ropa)	to take off (one's clothes)
secarse (el pelo)	to dry (one's hair)
venir	to come
vengo/viene	
volver (ue) (vuelvo/vuelve)	to return, go back

REPASO: almorzar (ue), cenar, ducharse, hacer (hago/hace), ir de compras, manejar

Los estados físicos y anímicos
Physical and Mental States

estar...	to be . . .
alegre	happy
contento/a	happy
de buen/mal humor	in a good/bad mood
deprimido/a	depressed
enamorado/a	in love
enfermo/a	sick
enojado/a	angry
ocupado/a	busy
preocupado/a	worried
triste	sad
tener...	to be . . .
calor	hot
frío	cold

hambre	hungry
miedo	afraid
prisa	in a hurry
sed	thirsty
sueño	sleepy

REPASO: (estar) aburrido/a

¿Cuándo?

ahora mismo	right now
antes de	before
cuando	when
de pronto	suddenly
desde la(s)... hasta la(s)...	from (hour) to (hour)
después de	after
la próxima semana	next week
tarde	late
temprano	early
todos los días	every day

REPASO: ayer, después, hoy, luego, mañana, pasado mañana

Los verbos

andar en velero	to go sailing
aprender	to learn
beber (un refresco)	to drink (a soft drink)
comprar	to buy
dar (doy/da)	to give
dar la bienvenida	to welcome
dar un paseo	to go for a walk
escoger	to choose
escojo/escoge	
gritar	to yell, scream
llamar	to call (on the phone)
poner	to put
poner una película	to show a movie
quedarse (en casa)	to stay (at home)
reunirse	to get together
me reúno / se reúne	
rezar	to pray
saber	to know
sé/sabe	
soñar (ue) (con)	to dream (about)
traer	to bring
traigo/trae	

PALABRAS SEMEJANTES: celebrar, coincidir, conversar, corresponder, invitar, visitar

Palabras del texto

correspondiente	corresponding
la oración	sentence

La gente

People

el médico	doctor
el/la paciente	patient
el pariente / la parienta	relative

Los sustantivos

el acondicionador	conditioner
el agua	water
el árbol (de Navidad)	(Christmas) tree
el beso	kiss
la boda	wedding
la colonia	cologne
la comida	food
el cuadro	box, square
el desayuno	breakfast
los fuegos artificiales	fireworks
la fuente	fountain
la guía	guide; guidebook
el jabón	soap
el juguete	toy
la leche	milk
la llamada	(telephone) call
la marca	brand
la natación	swimming
la navaja	razor blade
la nota	note; grade
el pan	bread
el pastel	cake
la peseta	*monetary unit of Spain*
el precio	price
la rasuradora eléctrica	electric razor
el regalo	gift
el tipo	type
el título	title
el vaso	glass

PALABRAS SEMEJANTES: la afirmación, el aniversario, el aspecto, la celebración, la ceremonia, el champú, la composición, el condominio, la decoración, la emoción, el examen, la exhibición, la fruta, la hamburguesa, la impaciencia, la limonada, el/la patriota, el pijama, la situación, la solución

Los adjetivos

caliente	hot
hermoso/a	beautiful
módico/a	affordable

PALABRAS SEMEJANTES: abundante, impaciente, municipal, preferible, recomendable

Palabras y expresiones útiles

¿Adónde va usted... ?	Where do you go . . . ?
algo	something
conmigo	with me
depende	(it) depends
¿De veras? / ¿De verdad?	Really?
¿Dónde está... ?	Where is . . . (located)?
es mejor/peor	it is better/worse
especialmente	especially
¡Excelente idea!	Excellent idea!
nada	nothing
¡Ni pensarlo!	Don't even think of it!
¡Qué lástima!	What a pity!
¡Qué ocurrencia!	What a silly idea!
rápidamente	quickly, rapidly
rápido	quick
tampoco	neither

Gramática y ejercicios

¿RECUERDA?

Remember from **Gramática 2.1** that the present-tense forms of **ir** are **voy, vas, va, vamos, vais,** and **van.*** These verb forms can mean *going* or simply *go(es).*

4.1 Talking about Location: *ir* + *a*(*l*); *estar* + *en*

Gramática ilustrada

Raúl y Mónica **van al** cine.

Raúl y Mónica **están en** el cine.

adónde = *where* (*to*)
ir a = *to go to*
Voy al cine. (*I'm going to the movies.*)

A. **¿Adónde?** ([*To*] *Where?*) is used to ask where someone is going. The verb **ir** (*to go*) followed by the preposition **a** (*to*) is used to express the idea of movement toward a location. Note that **a** + **el** contracts to **al** (*to the*).

—**¿Adónde vas?**   —*Where are you going?*
—**Voy al** parque.   —*I'm going to the park.*

—**¿Adónde van** ustedes los sábados?   —*Where do you go on Saturdays?*
—**Vamos al** trabajo y luego **vamos a la** biblioteca para estudiar.   —*We go to work and then we go to the library to study.*

—**¿Adónde va** la profesora Martínez?   —*Where's Professor Martínez going?*
—**Va a la** universidad.   —*She's going to the university.*

Ir a + infinitive is used to express the future.
Mañana voy a trabajar. (*Tomorrow I'm going to work.*)
este viernes = *this Friday*
el próximo viernes = *next Friday*
El próximo mes vamos a empezar las clases. (*Next month we're going to start classes.*)

The expression **ir** + **a** + *location*, used with the following expressions of time, indicates when you are going.

este viernes	*this Friday*	el próximo sábado	*next Saturday*
este fin de semana	*this weekend*	la próxima semana	*next week*
esta primavera	*this spring*	el próximo mes	*next month*

Vamos a ir al restaurante El Tecolote **la próxima semana.**   *We're going to go to the Tecolote Restaurant next week.*

---

*Recognition: **vos vas**

B. The verb **estar** + **en** is used to express the idea of being at a location.

—¿**Está** Guillermo **en** la biblioteca?   —*Is Guillermo at the library?*
—No, **está en** el gimnasio.   —*No, he's at the gym.*

Ejercicio 1

¿Adónde van estas personas? Complete las oraciones con la forma apropiada del verbo **ir** y **al** o **a la**.

MODELO: Usted *va al* parque los domingos.

1. Mis compañeros y yo _____ tienda nueva enfrente de la universidad.
2. Mis hermanos siempre _____ cine los sábados.
3. (Nosotros) _____ supermercado a comprar fruta.
4. La profesora Martínez _____ oficina a trabajar.
5. (Yo) _____ playa a tomar el sol y nadar.
6. (Yo) Siempre _____ biblioteca a leer y estudiar.
7. Esteban y Carmen _____ restaurante chino que hay cerca de aquí para cenar.
8. Luis _____ plaza a pasear con una amiga.
9. (Nosotros) _____ librería a comprar el libro de español.
10. (Tú) _____ trabajo después de las clases.

4.2 Discussing Habitual Actions: Verbs with Stem-Vowel Changes (*ie*, *ue*) in the Present Tense

A. Here is the present tense of several commonly used verbs that follow the same pattern of stem-vowel changes as **querer** and **preferir: cerrar** (*to close*), **pensar** (*to think*), **empezar** (*to begin*), **perder** (*to lose*), and **encender** (*to light; to turn on*).[†]

	cerrar	pensar	empezar	perder	encender
(yo)	cierro	pienso	empiezo	pierdo	enciendo
(tú)	cierras	piensas	empiezas	pierdes	enciendes
(usted, él/ella)	cierra	piensa	empieza	pierde	enciende
(nosotros/as)	cerramos	pensamos	empezamos	perdemos	encendemos
(vosotros/as)	cerráis	pensáis	empezáis	perdéis	encendéis
(ustedes, ellos/as)	cierran	piensan	empiezan	pierden	encienden

cierro = *I close*
cerramos = *we close*
empiezo = *I begin*
empezamos = *we begin*

—¿A qué hora **cierran** ustedes la Nochevieja?   —*What time do you close on New Year's Eve?*
—**Cerramos** a las 5:00 de la tarde.   —*We close at 5:00 P.M.*

---

*Recognition: **vos querés, preferís**
[†]Recognition: **vos cerrás, pensás, empezás, perdés, encendés**

—**¿Encienden** ustedes las velas de Jánuca cada año?

—Sí, las **encendemos** por ocho noches seguidas.

—*Do you light Hanukkah candles every year?*

—*Yes, we light them for eight nights in a row.*

B. Three other verbs follow the same pattern as **jugar**: **dormir** (*to sleep*), **volver** (*to return, go back*), and **almorzar** (*to have lunch*).*

	jugar	**dormir**	**volver**	**almorzar**
(yo)	**ju**e**go**	**du**e**rmo**	**vu**e**lvo**	alm**ue**rzo
(tú)	**ju**e**gas**	**du**e**rmes**	**vu**e**lves**	alm**ue**rzas
(usted, él/ella)	**ju**e**ga**	**du**e**rme**	**vu**e**lve**	alm**ue**rza
(nosotros/as)	**ju**g**amos**	**dormimos**	**volvemos**	almorzamos
(vosotros/as)	**ju**g**áis**	**dormís**	**volvéis**	almorzáis
(ustedes, ellos/as)	**ju**e**gan**	**du**e**rmen**	**vu**e**lven**	alm**ue**rzan

jue**go** = *I play*
jug**amos** = *we play*
vue**lvo** = *I return*
vol**vemos** = *we return*

These forms may be difficult to remember, but they will feel more natural as you hear and read more Spanish. Therefore, don't try to memorize all this, but do refer to the rules when you edit your writing.

—¿A qué hora **vuelven** a casa después de una fiesta?

—A veces no **volvemos** hasta las 3:00 o 4:00 de la madrugada.

—*What time do you return home after a party?*

—*Sometimes we don't return until 3:00 or 4:00 in the morning.*

Ejercicio 2

¿Qué hacen usted y sus amigos? Complete estas oraciones con la forma correcta del verbo entre paréntesis.

MODELO: —¿*Cierran* ustedes los ojos en clase? (cerrar) →
—No, no *cerramos* los ojos en clase.

1. —¿_____ ustedes en su clase de español? (dormir)
—¡Claro que no! Nunca _____ en clase, porque nos divertimos.
2. —¿_____ ustedes en casa o en el trabajo? (almorzar)
—Generalmente _____ en casa con la familia.
3. —¿_____ ustedes al trabajo después de almorzar? (volver)
—Sí, _____ a las 2:00.
4. —¿_____ ustedes al tenis los fines de semana? (jugar)
—A veces _____, a veces no.
5. —¿_____ ustedes mucho al tenis en el invierno? (jugar)
—No, _____ poco porque hace demasiado frío.
6. —¿_____ ustedes frecuentemente cuando _____ al basquetbol? (perder, jugar)
—No, casi nunca _____ cuando _____ al basquetbol.
7. —¿_____ ustedes ir al cine por la tarde? (preferir)
—No, _____ ir por la mañana con los niños.
8. —¿_____ ustedes las vacaciones en mayo o en junio? (empezar)
—Normalmente _____ las vacaciones en junio.

*Recognition: **vos jugás, dormís, volvés, almorzás**

4.3   Discussing Habitual Actions: Irregular Verbs

vengo = *I come*
viene = *he/she comes; you come*
venimos = *we come*

A. As you know, an irregular verb is one that uses more than one stem to form its conjugation. (In many cases the irregularity is only in the **yo** form.) Here are some common verbs that add a **g** in the **yo** form: **tener** (*to have*), **venir** (*to come*), **salir** (*to leave; to go out*), and **poner** (*to put*).*

	tener	venir	salir	poner
(yo)	ten**g**o	ven**g**o	sal**g**o	pon**g**o
(tú)	tienes	vienes	sales	pones
(usted, él/ella)	tiene	viene	sale	pone
(nosotros/as)	tenemos	venimos	salimos	ponemos
(vosotros/as)	tenéis	venís	salís	ponéis
(ustedes, ellos/as)	tienen	vienen	salen	ponen

—¿Siempre **viene** usted temprano?
—Sí, casi siempre **vengo** a las 8:00.

—*Do you always come early?*
—*Yes, I almost always come at 8:00.*

—¿Dónde **pongo** mi ropa?
—Aquí mismo, encima de esta silla.

—*Where do I put my clothes?*
—*Right here, on this chair.*

digo = *I say*
dice = *he/she says; you say*
decimos = *we say*

B. The verbs **traer** (*to bring*) and **oír** (*to hear*) insert **ig** in the **yo** form.† In addition, **oír** adds a **y** in all but the **yo, nosotros/as,** and **vosotros/as** forms. The verbs **hacer** and **decir** change the **c** to **g** in the **yo** form. **Decir** (*to say, tell*) also changes the stem vowel **e** to **i** in all but the **nosotros/as** and **vosotros/as** forms.‡

	traer	oír	hacer	decir
(yo)	trai**g**o	oi**g**o	ha**g**o	di**g**o
(tú)	traes	o**y**es	haces	di**c**es
(usted, él/ella)	trae	o**y**e	hace	di**c**e
(nosotros/as)	traemos	oímos	hacemos	decimos
(vosotros/as)	traéis	oís	hacéis	decís
(ustedes, ellos/as)	traen	o**y**en	hacen	di**c**en

—¿Qué **traes** a las fiestas?
—**Traigo** mis discos compactos y algo de comer.

—*What do you bring to parties?*
—*I bring my CDs and something to eat.*

—¿No **oyes** un ruido extraño?
—No, no **oigo** nada.

—*Don't you hear a strange noise?*
—*No, I don't hear anything.*

---

*Recognition: **vos tenés, venís, salís, ponés**
†Recognition: **vos traés, oís**
‡Recognition: **vos hacés, decís**

Ejercicio 3

Un amigo le hace preguntas sobre su clase de español. Contéstele según el modelo.

MODELO: —Generalmente, ¿vienes temprano a la clase de español?
—Sí, *vengo* temprano todos los días.

1. —¿Traes tu perro a la clase de español?
—¡Claro que no! _____ solamente el libro y el cuaderno.
2. —¿Pones tu libro de español debajo de la mesa?
—No, _____ el libro encima de la mesa.
3. —¿Le dices «Buenos días» en español al profesor / a la profesora?
—¡Qué va! A las 2:00 de la tarde le _____ «Buenas tardes».
4. —¿Oyes música en tu clase?
—Sí, _____ canciones en español, naturalmente.
5. —¿Sales de tu clase a las 3:00?
—No, _____ a las 2:50.
6. —¿Siempre vienes a la clase preparado/a?
—Sí, casi siempre _____ preparado/a.
7. —¿Tienes mucha tarea?
—Sí, _____ tarea todos los días excepto el domingo.
8. —¿Qué haces en tu clase?
—_____ un poco de todo: converso, leo, escribo.

4.4. Describing Daily Routine: Reflexives

A. In English, pronouns that indicate that the subject of a sentence does something to himself or herself are called *reflexive;* they end in *-self* (*-selves*).

He cut himself.
She looked at herself in the mirror.

Babies often talk to themselves.
We didn't blame ourselves.

Some actions that the subject does to himself or herself are not expressed with reflexive pronouns in English. For example, *I get up at 7:00. I take a bath and then get dressed.* In such sentences, Spanish always uses a reflexive pronoun: **Yo me levanto a las 7:00. Me baño y luego me pongo la ropa.**

B. Here is the present tense of the verb **levantarse** (*to get up*) with reflexive pronouns.*

> Actions done to oneself are expressed using reflexive words.
> **Me afeito**. (*I shave* [*myself*].)
> **Nos ponemos la ropa**. (*We put on our clothes.*)

levantarse (*to get up*)		
(yo)	me levanto	*I get up*
(tú)	te levantas	*you (inf. sing.) get up*
(usted, él/ella)	se levanta	*you (pol. sing.) get up;* *he/she gets up*
(nosotros/as)	nos levantamos	*we get up*
(vosotros/as)	os levantáis	*you (inf. pl., Spain) get up*
(ustedes, ellos/as)	se levantan	*you (pl.) get up; they get up*

*Recognition: **vos te levantás**

C. Following is a list of verbs with the reflexive pronouns **me** (*myself*) and **se** (*himself, herself, yourself* [*pol. sing.*]) that you can use to describe your daily routine or that of someone else. Notice that the infinitives with the reflexive pronoun end in **se**.

	INFINITIVE	
Me acuesto. / Se acuesta.*	acostarse	*I go to bed. / He/She goes to bed; You (pol. sing.) go to bed.*
Me despierto. / Se despierta.†	despertarse	*I wake up. / He/She wakes up; You (pol. sing.) wake up.*
Me levanto. / Se levanta.	levantarse	*I get up (out of bed). / He/She gets up; You (pol. sing.) get up.*
Me baño. / Se baña.	bañarse	*I take a bath. / He/She takes a bath; You (pol. sing.) take a bath.*
Me ducho. / Se ducha.	ducharse	*I take a shower. / He/She takes a shower; You (pol. sing.) take a shower.*
Me lavo el pelo. / Se lava el pelo.	lavarse el pelo	*I wash my hair. / He/She washes his/her hair; You (pol. sing.) wash your hair.*
Me seco. / Se seca.	secarse	*I dry off. / He/She dries off; You (pol. sing.) dry off.*
Me afeito. / Se afeita.	afeitarse	*I shave. / He/She shaves; You (pol. sing.) shave.*
Me lavo los dientes. / Se lava los dientes.	lavarse los dientes	*I brush my teeth. / He/She brushes his/her teeth; You (pol. sing.) brush your teeth.*
Me peino. / Se peina.	peinarse	*I comb my hair. / He/She combs his/her hair; You (pol. sing.) comb your hair.*
Me maquillo. / Se maquilla.	maquillarse	*I put on makeup. / He/She puts on makeup; You (pol. sing.) put on makeup.*
Me pongo la ropa. / Se pone la ropa.	ponerse la ropa	*I put on my clothes. / He/She puts on his/her clothes; You (pol. sing.) put on your clothes.*
Me quito la ropa. / Se quita la ropa.	quitarse la ropa	*I take off my clothes. / He/She takes off his/her clothes; You (pol. sing.) take off your clothes.*

Me levanto temprano y **me ducho** en seguida. Generalmente **me lavo** el pelo. Luego **me seco** y **me peino**.

Alberto **se levanta** tarde. **Se ducha** rápidamente, pero no **se afeita**. **Se pone la ropa** y **se peina**.

I get up early and I take a shower immediately. Generally I wash my hair. Afterward I dry off and I comb my hair.

Al gets up late. He showers quickly, but doesn't shave. He dresses and combs his hair.

D. Reflexive pronouns are normally placed directly before the verb (**me seco**), but they may be attached to infinitives (**secarme**) and present participles (**secándome**).

---

*Acostarse is a stem-changing verb: the stem vowel **o** changes to **ue** in all but the **nosotros/as** and **vosotros/as** forms.
†**Despertarse** is also a stem-changing verb: the stem vowel **e** changes to **ie** in all but the **nosotros/as** and **vosotros/as** forms.

Me gusta **afeitarme** primero y luego **bañarme**.

I like to shave first and then take a bath.

Ernesto va a **levantarse** y **bañarse** inmediatamente.

Ernesto is going to get up and take a bath immediately.

—Amanda, ¿qué estás haciendo?

—Amanda, what are you doing?

—Estoy **lavándome** los dientes.

—I'm brushing my teeth.

Ejercicio 4

¿Qué oración describe mejor los siguientes dibujos?

1. _____

2. _____

3. _____

4. _____

5. _____

6. _____

7. _____

a. Él se quita la camisa, pero ella se pone los zapatos.

b. Él sale para el trabajo a las 8:00, pero su hijo sale para la escuela a las 8:30.

c. Ella lee novelas después de trabajar, pero él prefiere ver la televisión.

d. Este joven se ducha por la mañana, pero las niñas prefieren bañarse por la noche.

e. Él se afeita la cara, pero su esposa se afeita las piernas.

f. A él no le gusta bañarse, pero le gusta bañar al perro.

g. Se acuesta a las 11:30 y se levanta a las 6:00.

Ejercicio 5

Imagínese que su hermanito de tres años le hace estas preguntas tontas. Contéstele correctamente.

MODELO: ¿Te lavas los dientes con jabón? →
No, me lavo los dientes con pasta de dientes.

1. ¿Te bañas antes de las 5:00 de la mañana?
2. ¿Te lavas el pelo con detergente?
3. ¿Te afeitas en la lavandería?
4. ¿Te levantas temprano los domingos?
5. ¿Te quitas la ropa en la universidad?
6. ¿Te peinas en la biblioteca?
7. ¿Te maquillas en la clase de español?
8. ¿Te duchas por la noche?

4.5   Describing States: *estar* + Adjective

Estar (*to be*) describes a state (how someone is at a particular time).
—¿**Cómo estás**? (*How are you?*)
—**Estoy cansada**. (*I'm tired.*)

Use **estar** (**estoy, estás, está, estamos, estáis, están**) to describe how someone is, or is feeling, at a particular time.

—¿Cómo **estás**?	—*How are you?*
—**Estoy** un poco deprimido.	—*I'm a bit depressed.*
—¿Cómo **está** José Luis hoy?	—*How is José Luis today?*
—**Está** enfermo.	—*He's sick.*
—¿Cómo **están** ustedes?	—*How are you?*
—**Estamos** muy bien, gracias.	—*We are fine, thank you.*

Remember that **ser** is used to identify or describe the relatively permanent characteristics of someone or something, *not* to tell how that person or thing is (feeling) at a particular moment.

Alberto **es alto, delgado, joven y muy guapo.**	*Al is tall, thin, young, and very handsome.*
Hoy **está confundido y cansado.**	*Today he's confused and tired.*

Ejercicio 6

Describa el estado físico o anímico de estas personas.

MODELOS: Carmen → Carmen *está nerviosa*.

yo → Yo *estoy cansado*.

1. yo
2. mi primo
3. Luis y yo
4. Nora
5. tú (*f.*)
6. Pablo y Mónica

a. está nervioso
b. están ocupados
c. estoy enojado/a
d. estamos preocupados
e. estás contenta
f. está deprimida

Graciela

Ejercicio 7

Mire los dibujos y haga preguntas. Use la forma correcta de **estar** y adjetivos como (**un poco**) **triste, ocupado/a, cansado/a, enojado/a, deprimido/a, interesado/a en... , irritado/a, contento/a, enamorado/a**, etcétera.

MODELO: ¿Está cansada Graciela?

Clarisa y Marisa

1.

Ernesto

2.

Ramón ♥ Amanda

3.

Guillermo

4.

AGENCIA DE VIAJES

Silvia Nacho

5.

4.6 Describing States: *tener* + Noun

Some states of being are described in Spanish with the verb **tener** (*to have*), although they correspond to the verb *to be* in English. Common states expressed with **tener** are **tener hambre** (*to be hungry*), **tener sueño** (*to be sleepy*), **tener sed** (*to be thirsty*), **tener prisa** (*to be in a hurry*), **tener frío** (*to be cold*), **tener calor** (*to be hot*), and **tener miedo** (*to be afraid*).

—Ernesto, ¿cuándo quieres comer? **Tengo** mucha **hambre**.

—*Ernesto, when do you want to eat? I'm very hungry.*

—Estela, ¿quieren ir al cine tú y Ernesto esta noche?
—No, gracias. **Tenemos** mucho **sueño** y queremos acostarnos.

—*Estela, do you and Ernesto want to go to the movies tonight?*
—*No, thanks. We're very sleepy and want to go to bed.*

—Guillermo, ¿**tienes sed**?
—Sí, **tengo** mucha **sed**. Vamos a tomar algo.

—*Guillermo, are you thirsty?*
—*Yes, I'm very thirsty. Let's get something to drink* (*drink something*).

—¿Por qué **tiene prisa** Amanda?
—Porque su clase empieza a las 8:00.

—*Why is Amanda in a hurry?*
—*Because her class begins at 8:00.*

With the words **calor/frío** (*heat/cold*) and **caliente** (*hot*), several combinations are possible.

To describe people, use **tener** + **calor/frío**.

—Nora, ¿tú no **tienes calor**?   —*Nora, aren't you hot?*
—No, no **tengo calor**. Me   —*No, I'm not hot. I love*
gusta mucho el sol.   *the sun.*

To describe things, use **estar** + **caliente/frío**.

Lan, cuidado. No toques la   *Lan, be careful. Don't touch the*
estufa. **Está** muy **caliente**.   *stove. It's very hot.*

To describe the weather, use **hacer** + **calor/frío**.

Ay, Pablo, **hace mucho frío**   *Paul, it's really cold today. I'm*
hoy. Voy a ponerme un abrigo.   *going to put on a coat.*

Ejercicio 8

Describa el estado de estas personas. Estados posibles: **tener calor, frío, hambre, prisa, sed, sueño, miedo**.

MODELO: (Yo) *Tengo prisa* porque la clase empieza a las 4:00.

1. A mediodía, Mayín _____.
2. Si (tú) _____, ¿por qué no te pones un suéter?
3. (Nosotros) _____ porque la temperatura está a 45°C hoy.
4. A medianoche (yo) _____.
5. Estoy en casa. Son las 8:55 y tengo una clase a las 9:00. (Yo) _____.
6. Hace mucho sol hoy. Guillermo y Ernestito quieren tomar agua fría porque _____.
7. Cuando estoy solo/a de noche, a veces _____.
8. ¿Tienes algo para tomar? (Yo) _____.

Ejercicio 9

Mire los dibujos. ¿Cuál es la oración que mejor identifica cada dibujo?

MODELO: Tiene sed.

1. _____

a. Tienen miedo.	**e.** Hace mucho calor.	**i.** Está preocupado.
b. Tiene prisa.	**f.** Nieva hoy.	**j.** Está deprimido.
c. Tiene calor.	**g.** Está enojado.	**k.** Tiene hambre.

2. _____   3. _____

4. _____

5. _____

Las clases y las carreras

▼▼▼▼▼▼▼▼▼▼▼▼▼▼▼▼▼▼▼▼▼▼▼

METAS

In **Capítulo 5,** you will discuss classroom activities and your classmates' talents and abilities. You will also talk about careers and recreational plans for the future.

Santiago, República Dominicana: la Universidad de Madre y Maestra

ACTIVIDADES DE COMUNICACIÓN Y LECTURAS

Las actividades de la clase de español

Las palabras viven   El inglés y el español

Las habilidades

Nota cultural   Los gestos

El mundo hispano... en los Estados Unidos

Las carreras y las actividades del trabajo

El mundo hispano... imágenes

El mundo hispano... su gente

Las actividades futuras

Lectura   Los amigos hispanos: Adriana Bolini

EN RESUMEN

GRAMÁTICA Y EJERCICIOS

5.1 Telling to Whom Something Is Said: Indirect Object Pronouns with Verbs of Informing

5.2 Expressing Abilities: **saber** and **poder** + Infinitive

5.3 Pointing out People and Objects: Demonstrative Adjectives

5.4 Expressing Plans and Desires: **pensar, quisiera, me gustaría, tener ganas de**

5.5 Ordering Events: Infinitives after Prepositions

5.6 Making Suggestions: *Let's*

Actividades de comunicación y lecturas

Las actividades de la clase de español

Lea Gramática 5.1.

Alberto les habla a sus compañeros.

Mónica le escribe
una carta a su amigo.

La profesora nos dice «Buenos días».

La profesora nos hace preguntas.

Le contestamos a la profesora.

Nora le lee las Notas
culturales a Esteban.

Carmen le hace una pregunta
a la profesora Martínez.

La profesora le explica la
gramática a Carmen.

Actividad 1. Encuesta: ¿Con qué frecuencia?

¿Con qué frecuencia hacen ustedes las siguientes actividades en la clase de español?

MODELOS: Escribimos las palabras nuevas en el cuaderno *todos los días*.

A veces leemos las Notas culturales.

La profesora *siempre* nos hace preguntas.

PALABRAS ÚTILES

nunca	muchas veces
raras veces	siempre
a veces	todos los días

1. Les hablamos a los compañeros de clase.
2. Escribimos las palabras nuevas en el cuaderno.
3. Merendamos en el salón de clase.
4. Contestamos las preguntas del profesor / de la profesora.
5. Escuchamos las opiniones de los compañeros de clase.
6. Jugamos juegos de video.
7. Aprendemos palabras nuevas.
8. Le hacemos preguntas al profesor / a la profesora.
9. Hacemos la tarea en clase.
10. Dormimos una siesta.
11. Le decimos «Buenas noches» al profesor / a la profesora.
12. Les escribimos cartas a los parientes.

Actividad 2. Preferencias: La clase de español

Aquí hay varias actividades relacionadas con la clase de español. Póngalas en orden, del número 1 (¡Me gusta mucho!) al número 7 (¡No me gusta nada!). Después, compare sus respuestas con las de sus compañeros de clase.

1. En el salón de clase:
   a. _____ tomar exámenes
   b. _____ trabajar en grupos
   c. _____ escuchar al profesor / a la profesora cuando nos habla
   d. _____ hablarles a mis compañeros en español
   e. _____ ver videos
   f. _____ participar en conversaciones
   g. _____ escuchar música hispana o cantar en español

2. Fuera del salón de clase:
   a. _____ estudiar para los exámenes
   b. _____ escribir composiciones
   c. _____ hacer la tarea de gramática
   d. _____ escuchar las cintas de comprensión oral
   e. _____ hablarles a mis amigos hispanos en español
   f. _____ ver la televisión en español
   g. _____ escuchar una emisora de radio hispana

Actividad 3. Descripción de dibujos: En la universidad

Escuche a su profesor(a) mientras él/ella describe las actividades de los estudiantes norteamericanos. Diga el número del dibujo que corresponde a cada descripción.

Ahora, escoja uno de los dibujos y descríbaselo a su compañero/a. Él/Ella va a decir cuál de los dibujos usted describe.

Actividad 4. Entrevista: La clase de español

1. ¿Te asigna mucha tarea el profesor / la profesora? ¿Lees todas las lecturas? ¿Dónde escuchas las cintas de comprensión oral: en tu coche, en casa o en el laboratorio de lenguas?

2. ¿Les explicas a tus compañeros cómo hacer la tarea cuando ellos no comprenden las instrucciones del profesor / de la profesora? ¿Te ayudan ellos?

3. ¿A veces llegas tarde a clase? Cuando llegas tarde, ¿qué le dices al profesor / a la profesora?

4. ¿Te gusta cuando el profesor / la profesora te hace una pregunta? ¿Siempre le contestas al profesor / a la profesora en español? ¿Piensas en español cuando hablas español?

5. ¿Te gusta la clase de español? ¿Qué cosas *no* te gusta hacer en la clase?

LAS PALABRAS VIVEN

VOCABULARIO ÚTIL

extranjeras	*foreign*
el jonrón	*home run*
los préstamos	*borrowed words; lit. loan*
pertenecían	*belonged*
la pista	*clue; hint*
encontrar	*to find*

El inglés y el español

La adopción de palabras extranjeras ocurre con frecuencia en todos los idiomas. ¡Es un proceso natural! Por ejemplo, en el idioma español se usan diariamente palabras inglesas. En la comida, **bistec** —que viene de *beef steak*— y **sándwich.** En la ropa, **suéter** y **jeans.** Cuando se habla de deportes, los hispanos juegan al **fútbol**, al **basquetbol,** al **voleibol,** y hacen un **jonrón** o meten un **gol.** Entre los préstamos más recientes están los anglicismos el **estrés** y, del campo de las computadoras, **formatear.**

El inglés también tiene palabras que normalmente se consideran parte del idioma español: por ejemplo, *vista, plaza, sierra, rodeo, patio* y *siesta.* Otras palabras inglesas de origen español, un poco modificadas, son *cigar* (**cigarro**) y *lasso* (**lazo**). El inglés también usa palabras de origen indígena que ya forman parte del español que se habla hoy en día: *tamale* (**tamal**), de la lengua náhuatl en México; y *hurricane* (**huracán**) y *barbecue* (**barbacoa**), de la lengua de los indígenas del Caribe.

La influencia del español es muy evidente en los nombres geográficos. *Colorado, California, Nevada, San Francisco, San Diego, Los Angeles, Santa Fe, El Paso, Amarillo, Pueblo* y muchos otros nombres de ciudades y estados norteamericanos son españoles. ¿Sabe usted por qué tienen nombres en español estos lugares? La razón es que muchos de estos sitios pertenecían a México antes de formar parte de los Estados Unidos. Toda la región suroeste era territorio mexicano.

¿Puede usted nombrar otras palabras de origen extranjero que se usan en el inglés? Pista: En el vocabulario de la comida, ¡va a encontrar varias!

Las habilidades

Lea Gramática 5.2.

—Señora Ramírez, ¿sabe usted montar a caballo?
—Sí, y también sé jugar al polo.

—Y sus hijos, ¿saben ellos montar a caballo también?
—No, pero saben patinar.

Ahora mi hijo Guillermo no puede patinar; tiene una pierna fracturada. Sólo puede leer y ver la televisión.

Actividad 5. Descripción de dibujos: ¿Qué saben hacer estas personas?

Escuche a su profesor(a) mientras él/ella describe los talentos de las siguientes personas. Diga quién es cada persona que describe.

Me gusta mucho mi país, Perú.

はじめまして。

A lot of North American tourists come to Cuzco.

Susana

Estela

Doña María Eulalia

Pilar

Raúl

Nacho

Ricardo

Adriana

Actividad 6. Orden lógico: Ernestito quiere bañar al perro

Busque el orden correcto de estas oraciones.

_____ ERNESTITO: Mamá, tengo ocho años. ¡Sé bañar a un perro!

_____ ESTELA: Perfecto, pero también vas a...

_____ ESTELA: Bueno, hijo, después de bañarlo, vas a secarlo muy bien.

_____ ERNESTITO: Ya sé, mamá.

_____ ESTELA: Sí, hijo, pero antes de traer al perro, prepara el agua y el jabón.

_____ ERNESTITO: Mamá, mamá, ¿puedo bañar a Lobo?

_____ ERNESTITO: Ya está todo listo, mamá.

Actividad 7. Entrevistas: ¿Qué sabes hacer? ¿Qué puedes hacer?

LAS HABILIDADES

MODELO: E1: ¿Sabes *esquiar*?
E2: Sí, sé *esquiar*. (No, no sé *esquiar*. / Sí, sé *esquiar un poco*.)

1. patinar en el hielo
2. jugar al basquetbol
3. nadar
4. preparar comida mexicana
5. reparar carros
6. montar en motocicleta
7. bucear
8. hablar otro idioma (¿cuál?)
9. tocar algún instrumento musical (¿cuál?)
10. pintar

EN TU CASA O EN LA RESIDENCIA ESTUDIANTIL

MODELO: E1: ¿Puedes *hacer la tarea en casa* (en la residencia estudiantil)?
E2: No, no puedo *hacer la tarea en casa porque hay muchas distracciones*.

1. cenar a la hora que quieras
2. tener animales domésticos donde vives
3. ver la televisión a cualquier hora
4. dormir hasta las 10:00 de la mañana
5. escuchar música y hacer la tarea a la vez

NOTA CULTURAL

Los gestos

Aunque comunicamos las ideas con palabras, también usamos el cuerpo para la comunicación. Por ejemplo, cuando conocemos a una persona por primera vez, le damos la mano. Y para despedirnos o saludar a alguien también usamos las manos a veces.

(Continúa)

Hay gestos que son universales; hay otros que varían de cultura a cultura. ¡Tenga cuidado! En algunos casos, un gesto que se usa en un país puede crear grandes problemas en otro, porque significa algo diferente.

Aquí tiene usted algunos de los gestos que caracterizan a los hispanos. Éstos son los más usados en España y en América Latina.

1. No.   **2.** Quiero comer.   **3.** ¡Excelente!   **4.** furioso/a (enojado/a)   **5.** tacaño/a

6. muy amigos   **7.** Un momentito...   **8.** dinero (cuesta mucho)   **9.** ¡Ojo! ¡Tenga cuidado!

Comprensión

Mire los dibujos y después indique qué gesto se puede usar en las siguientes situaciones.

1. Un chico tiene mucha hambre.
2. El profesor está muy contento con la clase.
3. La recepcionista de una oficina le dice que usted tiene que esperar.
4. Una muchacha ve a su novio con otra chica.
5. Un hombre no quiere llevar a su esposa a un restaurante caro.

Ahora... ¡usted!

1. Haga algunos gestos que caracterizan a los norteamericanos (o a las personas de su país de origen). ¿Qué significan?
2. ¿Conoce algunos gestos similares a los de los hispanos, pero que signifiquen otra cosa? ¿Cómo son y qué significan?

Un paso más... ¡a escribir!

Escoja una de las situaciones de la actividad de Comprensión y escriba un diálogo corto entre las personas, haciendo referencia a los gestos que hacen cuando hablan. Aquí tiene un ejemplo para la primera situación.

MODELO: HIJO: Papá, tengo mucha hambre.
                       (*Hace un gesto; pone la mano cerca de la boca y mueve la mano.*)
              PAPÁ: Bueno, estoy preparando los sándwiches. Un momentito.
                       (*Hace un gesto con los dedos.*)
              HIJO: ¿Sándwiches? ¡Súper! ¡Excelente!
                       (*Hace un gesto; se besa los dedos y luego los extiende.*)

EL MUNDO HISPANO... en los Estados Unidos

Heidi Mercado-Littles tiene 45 años y es chilena. Heidi lleva 20 años en los Estados Unidos y ahora vive en Filadelfia.

¿Qué cosas sabe usted hacer muy bien? ¿Qué le gustaría poder hacer que no puede hacer ahora? ¿Piensa aprender a hacer eso?

Muchas de las cosas que hago bien son cosas artísticas. Toco el piano, la guitarra y canto bien. También dibujo y pinto bastante bien. Me gusta trabajar con las manos. Siempre les hago los regalos[1] de cumpleaños a mis niños. Me gustaría aprender a usar una computadora. Espero hacerlo en un futuro cercano.[2]

[1]*presents*   [2]*near*

SUDAMÉRICA

EL OCÉANO PACÍFICO

Chile
Santiago●

EL OCÉANO ATLÁNTICO

Las carreras y las actividades del trabajo

Lea Gramática 5.3.

El cocinero prepara la comida y el mesero les sirve a los clientes.

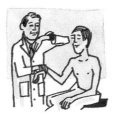

El médico examina a los enfermos.

Los bomberos apagan los incendios.

La cajera recibe el dinero en un banco o en una tienda.

El plomero repara la tubería.

La abogada defiende a los acusados y la jueza decide casos criminales.

El peluquero corta el pelo.

La enfermera cuida a los enfermos.

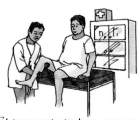

El terapeuta trabaja con un paciente.

Los obreros trabajan en una fábrica.

Esta dependienta habla con una clienta.

Aquella dependienta habla con la supervisora.

Ese dependiente arregla la ropa.

La mecánico repara el automóvil.

Actividad 8. Asociaciones: ¿Dónde trabaja?

MODELO: Un mecánico trabaja en un taller de reparaciones.

1. _____ un(a) electricista
2. _____ un mesero / una mesera
3. _____ un peluquero / una peluquera
4. _____ un médico / una doctora
5. _____ un(a) piloto
6. _____ un cajero / una cajera
7. _____ un secretario ejecutivo / una secretaria ejecutiva
8. _____ un dependiente / una dependienta
9. _____ un(a) cantante
10. _____ un profesor / una profesora
11. _____ un obrero / una obrera industrial
12. _____ un(a) mecánico
13. _____ un cocinero / una cocinera
14. _____ un(a) chofer
15. _____ un programador / una programadora

a. en un cuarto con muchas computadoras
b. en su consultorio y en un hospital
c. en un autobús
d. en un restaurante
e. en la cocina de un restaurante
f. en la calle o en una casa, con cables eléctricos
g. en una fábrica
h. en un banco
i. en una tienda
j. en una peluquería
k. en un avión
l. en una universidad
m. en un taller de reparaciones
n. en una oficina
o. en un club nocturno

Actividad 9. Encuesta: Su opinión, por favor

Lea esta lista de profesiones y oficios y marque el más interesante (= 1), el más aburrido (= 2), el más peligroso (= 3), el más necesario (= 4) y el más prestigioso (= 5).

_____ agente de seguros
_____ ama de casa
_____ asistente de médico
_____ (mujer) policía
_____ contador(a)
_____ (mujer) bombero
_____ electricista
_____ gerente

_____ hombre/mujer de negocios
_____ plomero/a
_____ programador(a)
_____ secretario ejecutivo / secretaria ejecutiva
_____ abogado/a
_____ trabajador(a) social

Ahora, compare su opinión con las de sus compañeros y diga por qué usted piensa así.

Actividad 10. Identificaciones: Un juego

Trate de adivinar la profesión de estas seis personas: los Hurtado (Jaime y Ana), los Pérez (Hugo y Cecilia) y los Salinas (Alejandro y Olivia). Las posibilidades son **doctor(a), dentista, ingeniero/a, maestro/a, secretario/a** y **abogado/a.** Use la siguiente información para encontrar la solución.

1. Ana trabaja en un hospital, pero no es doctora.
2. El esposo de la abogada es ingeniero.
3. La secretaria está casada con un doctor.
4. El esposo de la dentista trabaja en una escuela.
5. Jaime trabaja con enfermeras.
6. Alejandro enseña matemáticas.

Actividad 11. Entrevistas: Las carreras y el trabajo

LAS CARRERAS

1. ¿Cuál es tu clase favorita en la universidad?
2. ¿Es requisito esa clase para tu especialidad?
3. ¿Qué carrera quieres seguir? ¿Cuántos años tienes que estudiar?
4. ¿Son buenos los sueldos en esa carrera?
5. Después de la graduación, ¿dónde quieres trabajar?

EL TRABAJO

6. ¿Tienes trabajo de jornada completa o de media jornada ahora?
7. ¿Dónde trabajas? ¿Cuánto tiempo tardas en ir de tu casa al trabajo?
8. ¿A qué hora entras al trabajo? ¿A qué hora sales? ¿Te gustan tus horas de trabajo? ¿Por qué? Explica.
9. ¿Qué haces en tu trabajo? ¿Haces actividades diferentes o siempre la misma? De todas las actividades de tu trabajo, ¿cuál te gusta más? ¿Por qué?
10. ¿Cuáles son los aspectos desagradables de tu trabajo? ¿Por qué?

Actividad 12. Del mundo hispano: ¿Busca empleo?

Conteste las preguntas según la información en estos avisos clasificados.

SE NECESITA cocinero/a con experiencia en comida mexicana. Venga personalmente a la Calle Obregón 838.

BAR «Noche de Ronda» necesita meseras/os para atender mesas. Sueldo y comisión. Si le interesa, favor de llamar al 45-67-94.

SECRETARIA/O con tres años de experiencia. Algo de inglés y que escriba a máquina mínimo 50 ppm, para trabajo estable de oficina cerca del centro. Llame sólo de 5 a 7 P.M. 58-03-49.

GUARDIA h/m. Para trabajo de noche, 4 días a la semana. Llame al 49-05-34.

CHOFER h/m. Con experiencia. Debe hablar inglés. Compañía «Transportes El Blanco» en Coyoacán. 67-45-93.

CARPINTERO h/m. Con experiencia en todo tipo de muebles. Llame de 9–11 A.M. al Sr. Varniz. 80-34-76.

ATENCIÓN: Compañía Hnos. Menéndez necesita varias personas bilingües para sus oficinas en Laredo y Ciudad Juárez. Llame al 56-94-93 o al 93-57-00 desde las 10 hasta las 2.

TALLER DE REPARACIONES busca mecánico con experiencia. Cinco días por semana. Buen sueldo. 56-94-83.

1. ¿Qué tienen que hacer las personas que trabajan en el bar Noche de Ronda?
2. ¿Qué aptitudes necesita tener el/la chofer?
3. Si usted quiere el trabajo de secretario/a, ¿qué experiencia necesita tener?
4. Si usted sabe hacer muebles, ¿a quién tiene que llamar?
5. ¿Qué tiene que saber hacer el cocinero / la cocinera?
6. ¿Es necesario ser hombre para obtener el trabajo de guardia?
7. ¿Qué compañía necesita personas que hablen inglés y español?
8. Si usted sabe reparar coches, ¿a qué número tiene que llamar?

NUESTRO TRABAJO ES IMPORTANTE.

ESPAÑA 7

Mañana, en Correos y Telégrafos, más de 60.000 personas se pondrán en marcha. Con eficacia y con los medios más modernos para que sus envíos y comunicaciones lleguen donde tienen que llegar y con el menor costo.

Con toda seguridad.

EL MUNDO HISPANO... imágenes

El sistema escolar en el mundo hispano se divide, por lo general, en cuatro partes: la educación primaria, la secundaria, la preparatoria y la universitaria. La primaria dura seis años. Después, los estudiantes reciben enseñanza preparatoria si quieren seguir estudios universitarios. En la universidad escogen[1] una carrera —Medicina, Filosofía y Letras, Derecho, Ingeniería— y estudian de cuatro a cinco años en la facultad[2] de su elección.

[1]*they choose*   [2]*department*

San José, Costa Rica: Estos estudiantes de secundaria participan en un experimento en su clase de química.

Lima, Perú

EL MUNDO HISPANO... su gente

Su nombre es Erick Mario Braun Santizo y tiene 21 años. Erick es costarricense.

Háblenos de las profesiones de sus padres.

Mi padre es técnico en telecomunicaciones y trabaja para el Instituto Costarricense de Electricidad, empresa[1] que también está encargada[2] del servicio telefónico del país. Mi madre es empresaria[3] y tiene su propio negocio;[4] tiene una fábrica procesadora de productos de maíz.

[1]*company*   [2]*está... is in charge*   [3]*businesswoman*   [4]*su... her own business*

EL MAR CARIBE

EL OCÉANO PACÍFICO

Costa Rica

Las actividades futuras

Lea Gramática 5.4–5.6.

Éstos son los planes y los deseos de Pilar Álvarez, José Estrada y Clara Martin.

Estudio informática, porque quisiera ganar mucho dinero.

Después de graduarse, José va a ir de vacaciones a México.

Nos gustaría ir a bailar este viernes por la noche.

Clara piensa quedarse en casa el viernes por la noche. Tiene ganas de descansar.

Actividad 13. Intercambios: Los planes y los deseos

Escuche a su profesor(a) mientras él/ella describe estos dibujos. Diga quién es la persona en ellos. Ahora, pregúntele a su compañero/a cuáles son los planes y deseos de las siguientes personas. Use **le gustaría, quisiera, piensa** y **antes de** o **después de**.

> MODELO: E1:   ¿Qué le gustaría hacer a Amanda *después de jugar al tenis?*
> E2:   Le gustaría *tomar un refresco.*

1. Paula

2. Guillermo

3. Pedro

4. Raúl

5. doña Lola

6. don Eduardo

7. doña Rosita

8. Ernesto

Actividad 14. Preferencias: Los planes

Diga sí o no.

1. El sábado por la noche pienso...
   a. salir con los amigos.
   b. ir al cine.
   c. quedarme en casa.
   d. ¿ ?
2. Este fin de semana voy a...
   a. levantarme temprano.
   b. dormir todo el día.
   c. limpiar la casa.
   d. ¿ ?
3. Este fin de semana mi padre tiene ganas de...
   a. acostarse tarde.
   b. trabajar en el jardín.
   c. merendar con la familia.
   d. ¿ ?

4. Durante las vacaciones mis hermanos quisieran...
   a. estudiar.
   b. divertirse mucho.
   c. leer varias novelas policíacas.
   d. ¿ ?
5. El próximo verano a mi amigo/a le gustaría...
   a. trabajar de mesero/a en un restaurante.
   b. viajar a España.
   c. tomar una clase de fotografía.
   d. ¿ ?

Y TÚ, ¿QUÉ DICES?

¿Dónde?	¡Qué divertido!	¿Por qué?
¿Con quién(es)?	Yo también.	¿Otra vez?

MODELO: E1: Este fin de semana mi padre tiene ganas de merendar con la familia.
          E2: ¿Dónde? ¿En qué parque?

Actividad 15. Encuesta: ¿Cuáles son sus planes?

1. Mañana, antes de ir a clases,...
2. Hoy, después de clases,...
3. Esta noche, antes de acostarme,...
4. Hoy, después de hacer la tarea,...
5. Antes de salir para el trabajo,...
6. Este fin de semana,...
7. Durante las vacaciones de invierno (verano, primavera),...

a. voy a _____.
b. pienso _____.
c. quisiera _____.
d. me gustaría _____.
e. tengo ganas de _____.

Estudiantes de Derecho en la Universidad de La Habana, Cuba.

Actividad 16. Intercambios: ¿Qué quieres hacer?

Miren los dibujos a continuación. ¿Qué sugerencias hacen las personas? Inventen su diálogo.

MODELO: E1: ¿Qué quieres hacer?

E2: Vamos a *jugar al voleibol.*

1.

2.

3.

4.

5.

6.

7.

8.

VOCABULARIO ÚTIL	
la informática	*data processing*
entrena	*she trains*
los empleados	*employees*
los negocios	*business*

Los amigos hispanos: Adriana Bolini

En esta lectura se describe a una mujer argentina que sabe mucho de computadoras.[1] Ella vive en Buenos Aires.

Adriana Bolini tiene treinta y cinco años y trabaja en el Centro Argentino de Informática. Parte de su trabajo es estudiar los últimos modelos de computadoras y programas de informática que llegan al país. Adriana también entrena a los nuevos empleados del Centro en el uso de algunos programas.

[1]En español se usan las siguientes palabras para *computer*: **computadora** y **computador** (que son traducciones del inglés) en Hispanoamérica; **ordenador,** del francés *ordinateur,* en España.

Para Adriana, su profesión está llena de estímulos. Varias veces al año hace viajes de negocios a Brasil, Venezuela, México y los Estados Unidos. Asiste con frecuencia a exposiciones donde se presentan los últimos avances tecnológicos en el campo de las computadoras. Además del español, Adriana habla italiano —el idioma de sus padres[2]— y también inglés y francés. Le gustaría aprender japonés.

Adriana se divierte cuando puede; sale con sus amigos y va a fiestas, al teatro y al cine. Piensa casarse algún día porque le gustaría tener su propia familia, un esposo e hijos. Pero por el momento, prefiere disfrutar de su independencia y de su trabajo. Por ahora su profesión tiene prioridad en su vida.

---

[2]Muchos argentinos son de ascendencia italiana.

Comprensión

Indique si estas actividades de Adriana son negocios (**N**), diversión (**D**) o los dos (**LD**).

1. _____ Adriana va diariamente al Centro Argentino de Informática.
2. _____ Sale con sus amigos.
3. _____ Entrena a otros empleados.
4. _____ Viaja a Brasil, Venezuela, México y los Estados Unidos.
5. _____ Asiste a exposiciones internacionales.
6. _____ Usa su computadora personal.
7. _____ Va al teatro y al cine.
8. _____ Habla español, italiano, inglés y francés.

Ahora... ¡usted!

1. ¿Cree usted que hay más trabajo que diversión en su propia vida? ¿Qué aspectos de su rutina o de sus actividades quisiera cambiar?
2. ¿Usa usted una computadora? ¿Para qué la usa? ¿Cree que es importante hoy día saber usar la computadora? ¿Por qué sí o por qué no?

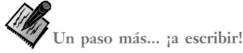 **Un paso más... ¡a escribir!**

Imagínese que su amigo/a es un personaje (*character*) de un libro de texto como *Dos mundos*. ¡Escriba una descripción de ese personaje! Puede usar la lectura como modelo.

(*Nombre*) tiene (*edad*) y trabaja en (*lugar*). Parte de su trabajo es...

En resumen

De todo un poco

¿Qué oficio o carrera deben escoger?

Trabajen en grupos de tres para adivinar qué carreras son más apropiadas para las siguientes personas.

1. **Juan Limón:** Es una persona activa; nunca descansa. Nunca tiene miedo, y le gustaría ser héroe. Sabe manejar muy bien y maneja muy rápido.
2. **Guadalupe Morales:** Siempre contesta todas las preguntas que le hace la profesora de biología. Sabe mucho del cuerpo humano. No necesita dormir muchas horas. Le gusta ayudar a la gente enferma.
3. **Ángela López:** Les hace muchas preguntas a los profesores. No es tímida. Siempre quiere hacer presentaciones en clase. Nunca está nerviosa cuando habla en público. Cree que la justicia es muy importante y le gustaría defender a las personas inocentes. Quisiera ser famosa y millonaria.
4. **Lilián Torreón:** Piensa trabajar en un hospital o en una clínica. Es muy simpática, y sabe bastante sobre el cuerpo humano. También sabe usar las manos para tratar a los deportistas que tienen accidentes.

¡Dígalo por escrito!

Descripciones de los compañeros de clase

Trabajando en el mismo grupo, escriban descripciones de dos o tres compañeros para la clase. Hablen de los planes y deseos de la persona, de sus habilidades y de su personalidad. Usen las descripciones de la actividad anterior como modelos. ¡No se olviden de ponerle nombre y apellido(s) a cada persona que describan! Después de escribir las descripciones, escojan a un miembro del grupo para leerlas en voz alta. ¡A ver qué tal adivinan los otros compañeros de clase!

VIDEOTECA

En este episodio, usted regresa a la Ciudad de México. Lupe Carrasco, la amiga de Diego, busca trabajo. Diego le lee a Lupe los anuncios clasificados. ¿Qué quisiera hacer Lupe? ¿Qué le sugiere Diego? ¿Dónde tiene Lupe la entrevista? ¿Qué le pregunta a Lupe la señora Ibáñez? ¿Por qué son importantes las horas de trabajo? En el Capítulo 5 del *Cuaderno de trabajo* hay más actividades para hacer después de ver este segmento de video.

Vocabulario

Las actividades en la clase de español
Activities in Spanish Class

comprender	to understand
enseñar	to teach
explicar	to explain
hacer preguntas	to ask questions
llegar (tarde / a tiempo)	to arrive (late / on time)
pensar (ie)	to think
pensar en	to think about

PALABRA SEMEJANTE: asignar

REPASO: aprender

Las habilidades
Abilities

poder (ue)	to be able to
saber (+ *infin.*)	to know how to (*do something*)

Las profesiones y las carreras
Professions and Careers

el abogado / la abogada	lawyer
el/la agente de seguros	insurance agent
el bombero / la mujer bombera	firefighter
el cajero / la cajera	cashier
el/la cantante	singer
el/la chofer	driver
el cocinero / la cocinera	cook
el contador / la contadora	accountant
el dependiente / la dependienta	clerk, salesperson
el/la electricista	electrician
el enfermero / la enfermera	nurse
el/la gerente	manager
el ingeniero / la ingeniera	engineer
el juez / la jueza	judge
el maestro / la maestra	teacher
el médico	doctor
el mesero / la mesera	waiter / waitress
el obrero / la obrera (industrial)	(industrial) worker
el peluquero / la peluquera	hairdresser
el plomero / la plomera	plumber
el policía / la mujer policía	policeman / policewoman
el/la terapeuta	therapist
el trabajador / la trabajadora social	social worker

PALABRAS SEMEJANTES: el/la asistente, el/la carpintero, el/la dentista, el/la guardia, el/la mecánico, el/la piloto, el programador / la programadora, el secretario (ejecutivo) / la secretaria (ejecutiva), el supervisor / la supervisora

REPASO: el doctor / la doctora

Los lugares del trabajo
Workplaces

el avión	(air)plane
el club nocturno	nightclub
el consultorio	doctor's office
el empleo	job
la fábrica	factory
la peluquería	beauty parlor
el taller de reparación	garage

PALABRAS SEMEJANTES: el banco, la clínica, la compañía

Las actividades del trabajo
Work Activities

apagar (incendios)	to put out (fires)
arreglar	to fix
atender (ie) mesas	to wait on tables
cortar (el pelo)	to cut (hair)
cuidar (de)	to take care of
entrar al trabajo	to start work
escribir a máquina	to type
ganar dinero	to earn money
pintar	to paint
seguir (i) una carrera	to have a career
servir (i)	to serve
sirvo/sirve	

PALABRAS SEMEJANTES: defender, examinar

Los verbos

ayudar	to help
buscar	to look for
cantar	to sing
creer	to believe
dibujar	to draw
divertirse (ie)	to have fun
escalar montañas	to go mountain climbing

hornear	to bake
necesitar	to need
obtener	to obtain
olvidar	to forget
poner en orden	to put in order
preguntar	to ask
sacar buenas/malas notas	to get good/bad grades
tener que (+ *infin.*)	to have to (*do something*)
tratar de (+ *infin.*)	to try to (*do something*)

PALABRAS SEMEJANTES: graduarse, marcar, participar

Los sustantivos

el acusado / la acusada	accused (person)
el aviso (comercial)	commercial
el aviso clasificado	classified ad
el/la cliente	customer
la cocina	kitchen
el dinero	money
la fotografía	photography
el incendio	fire
los juegos de video	video games
los muebles	furniture
el oficio	job, position
el requisito	requirement
la residencia estudiantil	(college) dormitory
el sueldo	salary
la sugerencia	suggestion

PALABRAS SEMEJANTES: el accidente, el animal doméstico, la aptitud, el caso criminal, la comprensión, la distracción, el examen, la experiencia, la graduación, el héroe, el instrumento, la justicia, la novela policíaca, el/la paciente, el plan, la posibilidad, la presentación, el talento, el violín

Los adjetivos

desagradable	unpleasant
(estar) listo/a	(to be) ready
el mismo / la misma	the same
peligroso/a	dangerous

PALABRAS SEMEJANTES: activo/a, apropiado/a, bilingüe, correcto/a, diferente, fracturado/a, inocente, millonario/a, musical, necesario/a, prestigioso/a

¿Con qué frecuencia?   How Often?

a cualquier hora	at any time
a la vez	at the same time
muchas veces	many times
nunca	never
otra vez	again
rara vez	rarely

REPASO: a veces, nunca, ... veces a la / por semana

Mi futuro   My Future

me (te, le, nos, os, les)	I (you [*inf. sing.*], you [*pol. sing.*] /he/she, we, you [*inf. pl., Spain*], you [*pl.*]/they)
gustaría (+ *infin.*)	would like to (*do something*)
pensar (ie) (+ *infin.*)	to plan to (*do something*)
quisiera (+ *infin.*)	I (you [*pol. sing.*], he/she) would like to (*do something*)
tener ganas de (+ *infin.*)	to feel like (*doing something*)

REPASO: ir a (+ *infin.*), querer (ie) (+ *infin.*)

Palabras y frases del texto
Words and Phrases from the Text

la cinta	(audio)tape
corresponder	to correspond
fuera	outside
el laboratorio de lenguas	language lab
en voz alta/baja	in a loud/low voice

Palabras y frases útiles

aquel/aquella	that
así	this way
este/esta	this
esto	this (*in general*)
favor de...	please . . .
jornada completa	full time (*work*)
media jornada	part time (*work*)
porque	because
vamos a (+ *infin.*)	let's (*do something*)
ya	already

Gramática y ejercicios

¿RECUERDA?

In **Gramática 1.4** you learned to use indirect object pronouns with the verb **gustar** to say to whom something is pleasing. Review that construction now, if necessary.

5.1 Telling to Whom Something Is Said: Indirect Object Pronouns with Verbs of Informing

Gramática ilustrada

Indirect object pronouns: **me, te, le, nos, os, les**

A. Indirect object pronouns (**los pronombres de complemento indirecto**) are used with verbs of informing, which tell to whom something is said, told, explained, reported, asked, answered, and so on.*

It takes a good deal of time to acquire these forms. Begin by understanding them and using them to describe pictures.

me	*to me*	nos	*to us*
te	*to you (inf. sing.)*	os	*to you (inf. pl., Spain)*
le	*to you (pol. sing.); to him/her*	les	*to you (pl.); to them*

*Recognition: The indirect object pronoun for **vos** is **te**.

—¿Qué **les explica** la profesora
Martínez?

—*What does Professor Martínez
explain to you?*

—**Nos explica** el significado de las
palabras nuevas.

—*She explains the meaning of new
words to us.*

Amanda ya no **me habla**.

*Amanda doesn't speak to me
anymore.*

¡Pobre Ernestito! Su mamá siempre
le dice que no.

*Poor Ernestito! His mother always
says no to him.*

Indirect object pronouns are
placed before the verb or attached to the infinitive.
Mi novia ya no me habla.
(*My girlfriend doesn't talk to
me anymore.*)
**Mi novia ya no quiere
hablarme.** (*My girlfriend
doesn't want to talk to me
anymore.*)

It takes time to acquire these
forms. As you read and listen
to more Spanish, you will get
a feel for these pronouns and
how to use them.

B. Just like reflexive pronouns, indirect object pronouns are placed before the
main verb or attached to infinitives (the **-ar, -er,** or **-ir** form of the verb) and present participles (the **-ndo** form of the verb).

—¿Qué **te va** a decir tu papá?

—*What is your father going to say
to you?*

—No sé qué va a **decirme**.

—*I don't know what he is going to
say to me.*

Esteban **nos está** leyendo la
respuesta.
Esteban está **leyéndonos** la
respuesta.

Steve is reading the answer to us.

C. When using **le** or **les,** it is very common to use a phrase with **a** to specify the
person (or thing) involved. Spanish requires the pronoun even when the phrase
with **a** is used.

—¿**A quién le** escribe Clara la carta?

—*To whom is Clara writing the letter?*

—**Le** escribe la carta **a
su amiga Norma**.

—*She's writing the letter to
her friend Norma.*

Yo siempre **le** aviso **a mi jefe**
con tiempo si no voy a ir al trabajo.

*I always tell my boss ahead of time
if I'm not going to go to work.*

Ejercicio 1

Complete las siguientes oraciones basándose en los dibujos. Use **me, te, le, nos** o **les**.

MODELO: Carmen *les* dice «Buenos días» a sus amigas.

1. Esteban dice:
—_____ contesto a
mis compañeros.

2. La profesora Martínez
_____ explica la
lección a los
estudiantes.

3. Nosotros _____
hacemos muchas
preguntas a la
profesora.

4. Nora _____ lee la
Nota cultural a
nosotros.

5. —Lan, ¿ _____ dices qué tenemos de tarea?
—Sí, Luis, ahora _____ digo cuál es la tarea para mañana.

6. Carmen _____ escribe una carta a sus padres.

7. _____ decimos «Adiós» a la profesora, y ella _____ dice «Hasta luego».

8. —Nora, ¿ _____ dices la respuesta número 5, por favor?
—Sí, Lan, en un momento _____ digo todas las respuestas.

Ejercicio 2

Complete estos diálogos con **me, te, le, nos** o **les**.

In **Gramática 3.3** you learned that a verb that uses more than one stem in its conjugation is considered irregular. Some verbs, like **hacer** (*to do; to make*), use a different stem only in the **yo** form; other verbs, like **jugar** (*to play*), use the different stem in all but the infinitive and the **nosotros/as** and **vosotros/as** forms. Review those conjugations now, if necessary.

saber = *to know facts, information*
saber + inf. = *to know how to do something*
¿Sabes bucear? (*Do you know how to scuba dive?*)
No, no sé bucear, pero sé nadar. (*No, I don't know how to scuba dive, but I know how to swim.*)

poder = *can, to be able to*
¿Puedes salir esta noche? (*Can you go out tonight?*)
No, no puedo; mañana tengo un examen de biología. (*No, I can't; I have a biology test tomorrow.*)

5.2 Expressing Abilities: *saber* and *poder* + Infinitive

A. In the present tense, the verb **saber** (*to know facts, information*)* is irregular only in the **yo** form: **sé, sabes, sabe, sabemos, sabéis, saben.**

—¿**Sabes** cuándo va a llegar Alberto?	—*Do you know when Al is going to arrive?*
—No, no **sé.**	—*No, I don't know.*

Saber followed by an infinitive means *to know how to do something*. Note that there is no need to include a separate word to convey the English *how to*.

—¿**Sabes hablar** francés?	—*Do you know how to speak French?*
—No, pero **sé hablar** un poco de árabe.	—*No, but I know how to speak a little Arabic.*
—¿Quién **sabe jugar** al ajedrez?	—*Who knows how to play chess?*
—Yo **sé jugar** al dominó, pero no al ajedrez.	—*I know how to play dominoes, but not chess.*

B. The verb **poder**[†] followed by an infinitive usually indicates potential (*can, to be able to do something*) or permission (*may*). **Poder** is a stem-changing verb and so uses two stems: **pod-** for the infinitive and the **nosotros/as** and **vosotros/as** forms and **pued-** for all other present-tense forms: **puedo, puedes, puede, podemos, podéis, pueden.**

—¿Van a correr una vuelta más Carmen y Nora?	—*Are Carmen and Nora going to run another lap?*
—No **pueden.** Ya están cansadas.	—*They can't. They're already tired.*
—Guillermo, ¿vas a jugar al fútbol el domingo?	—*Guillermo, are you going to play soccer on Sunday?*
—No **puedo.** Tengo un examen el lunes.	—*I can't. I have an exam on Monday.*

Ejercicio 3

¿Qué (no) saben hacer estos vecinos hispanos? Complete las oraciones con la forma apropiada de **saber.**

MODELO♦ Ernestito dice: «Yo no *sé* mucho de matemáticas.»

1. Doña Lola dice: «Yo _____ montar a caballo.»
2. Don Eduardo, ¿_____ usted hablar italiano?
3. Clarisa y Marisa no _____ montar en bicicleta todavía, porque son muy pequeñas.
4. Ernestito le pregunta a Guillermo: «¿_____ esquiar?»
5. Amanda le dice a Ramón: «Graciela y yo todavía no _____ manejar.»

---

*Recognition: **vos sabés**
†Recognition: **vos podés**

Ejercicio 4

¿Qué (no) pueden hacer estos vecinos hispanos? Complete las oraciones con la forma apropiada de **poder**.

MODELO: Nosotros no *podemos* esperarte hoy después de clase, porque tenemos mucha prisa.

1. Ernestito le pregunta a Guillermo: «¿_____ salir a jugar conmigo?»
2. Andrea les pregunta a Estela y a Ernesto: «¿_____ venir a cenar con nosotros mañana?»
3. Silvia no _____ salir con Nacho mañana porque va a trabajar.
4. Doña Lola y doña Rosita no _____ ver su programa favorito de televisión mañana porque van a ir de compras.
5. Amanda le pregunta a su mamá: «¿_____ Graciela y yo ir a la plaza a pasear después de comer?»

5.3 Pointing out People and Objects: Demonstrative Adjectives

Demonstrative adjectives are normally used to point out nouns.

Quiero terminar **esta lección** primero.	*I want to finish this lesson first.*
Esos tres **muchachos** quieren ser médicos.	*Those three boys want to be doctors.*

A demonstrative adjective must agree in gender and number with the noun it modifies.

este/esta = *this*
este libro = *this book*
esta fotografía = *this photo*

estos/estas = *these*
estos cuadernos = *these notebooks*
estas tareas = *these homework assignments*

ese/esa = *that*
ese cartel = *that poster*
esa silla = *that chair*

esos/esas = *those*
esos papeles = *those papers*
esas chicas = *those girls*

aquí/acá (*here*) (*close to the person speaking*)

Singular		*Plural*	
este libro	*this book*	estos pantalones	*these pants*
esta señora	*this lady*	estas casas	*these houses*

allí/allá (*there*) (*at some distance from the person speaking*)

ese libro	*that book*	esos pantalones	*those pants*
esa señora	*that lady*	esas casas	*those houses*

—Amanda, ¿no te gusta **esta blusa**?	*—Amanda, don't you like this blouse?*
—No, prefiero **esa blusa** roja.	*—No, I prefer that red blouse.*
—**Estos pantalones** son nuevos. ¿Te gustan?	*—These pants are new. Do you like them?*

esto/eso = *this/that* (*unidentified object*)

Use the demonstrative pronouns **esto** or **eso** when the object has not been identified.

—Estela, ¿sabes qué es **esto**?   —*Estela, do you know what this is?*
—No, no sé.   —*No, I don't know.*

aquel/aquella = *that*
aquel edificio = *that building*
aquella plaza = *that plaza*

The demonstratives **aquel, aquellos, aquella,** and **aquellas** indicate that the person or thing pointed out is more distant (generally far away in space or in time from both speakers).

aquellos/aquellas = *those*
aquellos árboles = *those trees*
aquellas puertas = *those doors*

—¿Ves **aquella casa**?   —*Do you see that house (over there)?*

—¿**Aquella casa** de los árboles grandes?   —*That house with the big trees?*

Estudio biología en **este edificio**, y estudio química en **aquel edificio**.   *I study biology in this building, and I study chemistry in that building (over there).*

Ejercicio 5

Amanda está hablando con Graciela de su ropa. Complete las oraciones con **este, esta, estos** o **estas.**

MODELO: Me gusta *esta* blusa azul.

1. _____ blusa es mi favorita.
2. _____ zapatos son muy viejos.
3. _____ pantalones son nuevos.
4. _____ faldas son bonitas pero un poco viejas.
5. _____ suéter es de mi mamá.

Ejercicio 6

Doña Lola y doña Rosita están en la plaza hablando de sus vecinos. Complete las oraciones con **ese, esa, esos** o **esas.**

MODELO: *Esa* señora es una cocinera magnífica.

1. _____ señoritas trabajan en la oficina con Paula Saucedo.
2. _____ chico es Guillermo, el hijo de Ernesto y Estela Ramírez.
3. _____ muchacha se llama Amanda. Tiene 14 años.
4. _____ señores juegan al ajedrez con don Anselmo.
5. _____ muchachos son compañeros de escuela de Ernestito.

Ejercicio 7

Imagínese que usted está en una fiesta con Esteban. Él no conoce a muchas personas y por eso le hace a usted las siguientes preguntas. Complete las preguntas de Esteban con formas de **este** o **ese.**

1. ¿Cómo se llama _____ señora que está hablando con Nora allí en el rincón?
2. Creo que _____ señor que está aquí a la derecha es amigo de tu padre, ¿verdad?
3. ¿Son arquitectos _____ dos jóvenes que están allí en la cocina?
4. ¿Se llama Jesús _____ muchacho que está aquí detrás de nosotros?
5. ¿Cómo se llaman _____ muchachas que están sentadas aquí justamente enfrente de nosotros?

Ejercicio 8

Usted sale a comprar zapatos. ¿Cuáles recomienda? Use formas de **este, ese** y **aquel,** según la distancia entre usted y los dibujos.

✗

Usted está aquí.

1. _____ zapatos son mejores para jugar al tenis.
2. _____ zapatos son para un señor que trabaja en una oficina.
3. _____ zapatos me parecen muy incómodos.
4. _____ zapatos son para una mujer que trabaja en una oficina.
5. _____ botas son para un obrero.
6. _____ sandalias me gustan mucho.

5.4 Expressing Plans and Desires: *pensar, quisiera, me gustaría, tener ganas de*

A. The verb **pensar***† (*to think*) followed by an infinitive expresses the idea of *to think about* or *to plan on doing* something. Here are the forms of **pensar (ie):** **pienso, piensas, piensa, pensamos, pensáis, piensan.**

—¿Qué **piensan hacer** ustedes durante las vacaciones?
—**Pensamos viajar** a Europa.

—*What are you thinking about doing for vacation?*
—*We're planning on traveling to Europe.*

B. Quisiera and **me (le) gustaría**‡ are also frequently used to indicate future desires, especially those that are speculative. Both forms are equivalent to English *would like.* Neither has a **yo** form ending in **-o.**

pensar = *to think*
pensar + inf. = *to think about, plan on doing* (something)
¿Qué piensas hacer después de clases? (*What are you planning to do after school?*)
Pienso ir a la biblioteca y luego voy a trabajar. (*I'm planning to go to the library and then I'm going to work.*)

---

*Recognition: **vos pensás**
†When not followed by an infinitive, **pensar (ie)** usually expresses *to think:* **pensar que** (*to think that*), **pensar de** (*to think about, have an opinion of*), **pensar en** (*to think about someone or something, have one's thoughts on*).

—¿Qué **piensas del** nuevo plan?
—**Pienso que** es muy bueno.

—*What do you think about the new plan?*
—*I think that it's very good.*

—Ramón, ¿**piensas** mucho **en** Amanda?
—No, **pienso en** ella solamente de vez en cuando.

—*Ramón, do you often think about Amanda?*
—*No, I think about her only from time to time.*

‡Recognition: **vos quisieras, a vos te gustaría**

(yo)	quisiera	me gustaría	*I would like*
(tú)	quisieras	te gustaría	*you (inf. sing.) would like*
(usted, él/ella)	quisiera	le gustaría	*you (pol. sing.) would like; he/she would like*
(nosotros/as)	quisiéramos	nos gustaría	*we would like*
(vosotros/as)	quisierais	os gustaría	*you (inf. pl., Spain) would like*
(ustedes, ellos/as)	quisieran	les gustaría	*you (pl.) would like; they would like*

quisiera = *I would like*
me gustaría = *I would like*
Quisiera salir a cenar esta noche. (*I'd like to eat out tonight.*)
Me gustaría ver una película. (*I'd like to see a movie.*)

tener ganas de + infinitive = *to feel like* (*doing something*)

Quisiéramos viajar este verano si tenemos tiempo.

A mi esposa **le gustaría viajar** a España.

Estoy cansado; **quisiera descansar** un poco.

We would like to travel this summer if we have time.

My wife would like to travel to Spain.

I'm tired; I would like to rest a while.

C. Tener ganas de (*to feel like* [*doing something*]) is also followed by an infinitive.

Tenemos ganas de quedarnos en casa esta noche.

Tengo ganas de salir a bailar.

We feel like staying home tonight.

I feel like going out dancing.

Ejercicio 9

¿Qué quisieran hacer estos estudiantes el próximo sábado? Escoja la forma correcta: **quisiera, quisieras, quisiéramos** o **quisieran**.

1. Luis _____ ir al campo a montar a caballo.
2. Carmen y yo _____ ir de compras.
3. Alberto y Pablo _____ merendar con unas amigas.
4. Mónica, ¿_____ quedarte en casa a descansar?
5. Esteban dice: «Yo _____ jugar al tenis.»

Ejercicio 10

¿Qué les gustaría hacer a Estela Ramírez y a su familia? Escoja la forma correcta del pronombre: **me, te, nos, le** o **les**.

1. A Guillermo _____ gustaría no tener un examen de matemáticas el viernes.
2. A mis hijos Amanda y Guillermo _____ gustaría ir al campo a merendar.
3. A mi esposo Ernesto _____ gustaría ir al cine.
4. A mí _____ gustaría salir a comer a un buen restaurante.
5. A Andrea y a mí _____ gustaría jugar a las cartas el sábado en la noche.

Ejercicio 11

¿Qué piensan hacer Pilar y sus amigos?

1. El hermano de Pilar _____ quedarse en casa esta noche para estudiar.
2. Clara, ¿_____ tú ir de compras mañana?
3. José y yo _____ visitar a mis abuelos el sábado.
4. José y Clara _____ ir al Museo del Prado por la tarde.
5. Pilar dice: «Yo _____ hacer mi tarea el domingo por la noche.»

5.5 Ordering Events: Infinitives after Prepositions

A. When telling a story or relating a sequence of events, speakers use "sequencing" words to let listeners know the order in which the events occur. You have already used many of these sequencing words in the **Narración** activities, for example:

primero	*first*	antes	*before*
luego	*then*	finalmente	*finally*
después	*afterward*	por último	*at last*
más tarde	*later (on)*		

Primero me baño y **luego** me cepillo los dientes. **Después,** preparo el desayuno. **Luego** voy al trabajo y trabajo hasta las 6:00 de la tarde. **Finalmente** vuelvo a casa a eso de las 8:00.

First I take a bath and then I brush my teeth. Afterward, I fix breakfast. Then I go to work and work until 6:00 p.m. Finally I return home about 8:00.

B. The words **después** and **antes** by themselves express the meanings *after(ward)* and *before*.

Después, vamos a cenar con Pedro y Andrea Ruiz.

Afterward, we're going to have dinner with Pedro and Andrea Ruiz.

C. The preposition **de** follows **antes** and **después** before a noun or an infinitive. (English uses the *-ing* form instead of the infinitive.) Don't forget to attach any object pronouns to the end of the infinitive.

antes de + infinitive
Antes de ducharse, Ramón se afeita. (*Before showering, Ramón shaves.*)
después de + infinitive
Después de estudiar, vamos a salir a bailar. (*After studying, we are going out dancing.*)

Antes de acostarme, quiero terminar la tarea.
Vamos a terminar la tarea **antes de (después de) la comida.**
Después de jugar al béisbol, voy a ir a la playa.

Before going to bed, I want to finish my homework.
We are going to finish our homework before (after) the meal.
After playing baseball, I'm going to go to the beach.

Ejercicio 12

¿Qué oración describe mejor cada dibujo?

1. _____

2. _____

3. _____

4. _____

5. _____

- **a.** Prepara la cena después de trabajar.
- **b.** Limpian la casa antes de salir a jugar.
- **c.** Siempre se lava los dientes después de comer.
- **d.** Después de hacer ejercicio se ducha.
- **e.** Antes de acostarse, apaga la luz.

Ejercicio 13

Complete las oraciones lógicamente.

1. Nos gusta lavar el coche después de...
2. El señor Ramírez acostumbra leer el periódico antes de...
3. Pedro Ruiz dice: «Después de levantarme por la mañana, me gusta... »
4. Antes de acostarse, es necesario...
5. Guillermo siempre ayuda a su papá antes de...

a. desayunar.
b. apagar las luces.
c. almorzar.
d. salir a jugar con sus amigos.
e. salir a pasear.

Ejercicio 14

Haga una oración lógica con **antes de** o **después de**.

MODELO: terminar la tarea / ver la televisión (nosotros) →
Después de terminar la tarea, vamos a ver la televisión.
(Antes de ver la televisión, vamos a terminar la tarea.)

1. preparar la comida / hacer la compra (Estela)
2. limpiar la casa / invitar a unos amigos (Pedro y Andrea Ruiz)
3. dormir una siesta / ayudar a su papá (Guillermo)
4. correr / bañarse (tú)
5. salir a bailar / ponerse la ropa (nosotros)

5.6 Making Suggestions: *Let's*

¡Vamos a + infinitive! =
Let's _____ !
¡Vamos a escuchar música!
(*Let's listen to music!*)
¡Vámonos! (*Let's go!*)

To make a suggestion in Spanish, most speakers use the expression **vamos a** + infinitive.

No tengo ganas de estudiar esta noche. **¡Vamos a dar** una fiesta!

I don't feel like studying tonight. Let's give a party!

No quiero quedarme en casa este fin de semana. **¡Vamos a salir** a bailar!

I don't want to stay home this weekend. Let's go out dancing!

The use of **nos** makes the **¡vamos!** command more emphatic. When **nos** is added, the **-s** of **vamos** is dropped.

¡Vámonos!   *Let's go! (Let's get going!)*

Ejercicio 15

Usted está hablando con unos amigos después de clase. Haga sugerencias usando **vamos a** + infinitivo.

MODELO: Tengo mucha sed. (tomar un refresco) →
¡Vamos a tomar un refresco!

1. Tengo frío.
2. Necesito hacer ejercicio.
3. No tengo comida en casa.
4. Estoy cansado/a.
5. No estoy listo/a para el examen mañana.

a. hacer la compra
b. estudiar esta noche
c. preparar chocolate caliente
d. nadar en la piscina
e. sentarnos debajo de ese árbol

Appendix 1

VERBS

A. Regular Verbs: Simple Tenses

INFINITIVE / PRESENT PARTICIPLE / PAST PARTICIPLE	INDICATIVE					SUBJUNCTIVE		IMPERATIVE
	PRESENT	IMPERFECT	PRETERITE	FUTURE	CONDITIONAL	PRESENT	IMPERFECT	
hablar hablando hablado	hablo hablas habla hablamos habláis hablan	hablaba hablabas hablaba hablábamos hablabais hablaban	hablé hablaste habló hablamos hablasteis hablaron	hablaré hablarás hablará hablaremos hablaréis hablarán	hablaría hablarías hablaría hablaríamos hablaríais hablarían	hable hables hable hablemos habléis hablen	hablara hablaras hablara habláramos hablarais hablaran	habla tú, no hables hable Ud. hablemos hablad hablen
comer comiendo comido	como comes come comemos coméis comen	comía comías comía comíamos comíais comían	comí comiste comió comimos comisteis comieron	comeré comerás comerá comeremos comeréis comerán	comería comerías comería comeríamos comeríais comerían	coma comas coma comamos comáis coman	comiera comieras comiera comiéramos comierais comieran	come tú, no comas coma Ud. comamos comed coman
vivir viviendo vivido	vivo vives vive vivimos vivís viven	vivía vivías vivía vivíamos vivíais vivían	viví viviste vivió vivimos vivisteis vivieron	viviré vivirás vivirá viviremos viviréis vivirán	viviría vivirías viviría viviríamos viviríais vivirían	viva vivas viva vivamos viváis vivan	viviera vivieras viviera viviéramos vivierais vivieran	vive tú, no vivas viva Ud. vivamos vivid vivan

B. Regular Verbs: Perfect Tenses

INDICATIVE										SUBJUNCTIVE			
PRESENT PERFECT		PAST PERFECT		PRETERITE PERFECT		FUTURE PERFECT		CONDITIONAL PERFECT		PRESENT PERFECT		PAST PERFECT	
he has ha hemos habéis han	hablado comido vivido	había habías había habíamos habíais habían	hablado comido vivido	hube hubiste hubo hubimos hubisteis hubieron	hablado comido vivido	habré habrás habrá habremos habréis habrán	hablado comido vivido	habría habrías habría habríamos habríais habrían	hablado comido vivido	haya hayas haya hayamos hayáis hayan	hablado comido vivido	hubiera hubieras hubiera hubiéramos hubierais hubieran	hablado comido vivido

C. Irregular Verbs

INFINITIVE PRESENT PARTICIPLE PAST PARTICIPLE	INDICATIVE						SUBJUNCTIVE		IMPERATIVE
	PRESENT	IMPERFECT	PRETERITE	FUTURE	CONDITIONAL		PRESENT	IMPERFECT	
andar andando andado	ando andas anda andamos andáis andan	andaba andabas andaba andábamos andabais andaban	anduve anduviste anduvo anduvimos anduvisteis anduvieron	andaré andarás andará andaremos andaréis andarán	andaría andarías andaría andaríamos andaríais andarían		ande andes ande andemos andéis anden	anduviera anduvieras anduviera anduviéramos anduvierais anduvieran	anda tú, no andes ande Ud. andemos andad anden
caer cayendo caído	caigo caes cae caemos caéis caen	caía caías caía caíamos caíais caían	caí caíste cayó caímos caísteis cayeron	caeré caerás caerá caeremos caeréis caerán	caería caerías caería caeríamos caeríais caerían		caiga caigas caiga caigamos caigáis caigan	cayera cayeras cayera cayéramos cayerais cayeran	cae tú, no caigas caiga Ud. caigamos caed caigan
dar dando dado	doy das da damos dais dan	daba dabas daba dábamos dabais daban	di diste dio dimos disteis dieron	daré darás dará daremos daréis darán	daría darías daría daríamos daríais darían		dé des dé demos deis den	diera dieras diera diéramos dierais dieran	da tú, no des dé Ud. demos dad den
decir diciendo dicho	digo dices dice decimos decís dicen	decía decías decía decíamos decíais decían	dije dijiste dijo dijimos dijisteis dijeron	diré dirás dirá diremos diréis dirán	diría dirías diría diríamos diríais dirían		diga digas diga digamos digáis digan	dijera dijeras dijera dijéramos dijerais dijeran	di tú, no digas diga Ud. digamos decid digan
estar estando estado	estoy estás está estamos estáis están	estaba estabas estaba estábamos estabais estaban	estuve estuviste estuvo estuvimos estuvisteis estuvieron	estaré estarás estará estaremos estaréis estarán	estaría estarías estaría estaríamos estaríais estarían		esté estés esté estemos estéis estén	estuviera estuvieras estuviera estuviéramos estuvierais estuvieran	está tú, no estés esté Ud. estemos estad estén
haber habiendo habido	he has ha hemos habéis han	había habías había habíamos habíais habían	hube hubiste hubo hubimos hubisteis hubieron	habré habrás habrá habremos habréis habrán	habría habrías habría habríamos habríais habrían		haya hayas haya hayamos hayáis hayan	hubiera hubieras hubiera hubiéramos hubierais hubieran	
hacer haciendo hecho	hago haces hace hacemos hacéis hacen	hacía hacías hacía hacíamos hacíais hacían	hice hiciste hizo hicimos hicisteis hicieron	haré harás hará haremos haréis harán	haría harías haría haríamos haríais harían		haga hagas haga hagamos hagáis hagan	hiciera hicieras hiciera hiciéramos hicierais hicieran	haz tú, no hagas haga Ud. hagamos haced hagan

C. Irregular Verbs (continued)

INFINITIVE / PRESENT PARTICIPLE / PAST PARTICIPLE	INDICATIVE					SUBJUNCTIVE		IMPERATIVE
	PRESENT	IMPERFECT	PRETERITE	FUTURE	CONDITIONAL	PRESENT	IMPERFECT	
ir / yendo / ido	voy / vas / va / vamos / vais / van	iba / ibas / iba / íbamos / ibais / iban	fui / fuiste / fue / fuimos / fuisteis / fueron	iré / irás / irá / iremos / iréis / irán	iría / irías / iría / iríamos / iríais / irían	vaya / vayas / vaya / vayamos / vayáis / vayan	fuera / fueras / fuera / fuéramos / fuerais / fueran	ve tú, no vayas / vaya Ud. / vayamos / id / vayan
oír / oyendo / oído	oigo / oyes / oye / oímos / oís / oyen	oía / oías / oía / oíamos / oíais / oían	oí / oíste / oyó / oímos / oísteis / oyeron	oiré / oirás / oirá / oiremos / oiréis / oirán	oiría / oirías / oiría / oiríamos / oiríais / oirían	oiga / oigas / oiga / oigamos / oigáis / oigan	oyera / oyeras / oyera / oyéramos / oyerais / oyeran	oye tú, no oigas / oiga Ud. / oigamos / oíd / oigan
poder / pudiendo / podido	puedo / puedes / puede / podemos / podéis / pueden	podía / podías / podía / podíamos / podíais / podían	pude / pudiste / pudo / pudimos / pudisteis / pudieron	podré / podrás / podrá / podremos / podréis / podrán	podría / podrías / podría / podríamos / podríais / podrían	pueda / puedas / pueda / podamos / podáis / puedan	pudiera / pudieras / pudiera / pudiéramos / pudierais / pudieran	
poner / poniendo / puesto	pongo / pones / pone / ponemos / ponéis / ponen	ponía / ponías / ponía / poníamos / poníais / ponían	puse / pusiste / puso / pusimos / pusisteis / pusieron	pondré / pondrás / pondrá / pondremos / pondréis / pondrán	pondría / pondrías / pondría / pondríamos / pondríais / pondrían	ponga / pongas / ponga / pongamos / pongáis / pongan	pusiera / pusieras / pusiera / pusiéramos / pusierais / pusieran	pon tú, no pongas / ponga Ud. / pongamos / poned / pongan
querer / queriendo / querido	quiero / quieres / quiere / queremos / queréis / quieren	quería / querías / quería / queríamos / queríais / querían	quise / quisiste / quiso / quisimos / quisisteis / quisieron	querré / querrás / querrá / querremos / querréis / querrán	querría / querrías / querría / querríamos / querríais / querrían	quiera / quieras / quiera / queramos / queráis / quieran	quisiera / quisieras / quisiera / quisiéramos / quisierais / quisieran	quiere tú, no quieras / quiera Ud. / queramos / quered / quieran
saber / sabiendo / sabido	sé / sabes / sabe / sabemos / sabéis / saben	sabía / sabías / sabía / sabíamos / sabíais / sabían	supe / supiste / supo / supimos / supisteis / supieron	sabré / sabrás / sabrá / sabremos / sabréis / sabrán	sabría / sabrías / sabría / sabríamos / sabríais / sabrían	sepa / sepas / sepa / sepamos / sepáis / sepan	supiera / supieras / supiera / supiéramos / supierais / supieran	sabe tú, no sepas / sepa Ud. / sepamos / sabed / sepan
salir / saliendo / salido	salgo / sales / sale / salimos / salís / salen	salía / salías / salía / salíamos / salíais / salían	salí / saliste / salió / salimos / salisteis / salieron	saldré / saldrás / saldrá / saldremos / saldréis / saldrán	saldría / saldrías / saldría / saldríamos / saldríais / saldrían	salga / salgas / salga / salgamos / salgáis / salgan	saliera / salieras / saliera / saliéramos / salierais / salieran	sal tú, no salgas / salga Ud. / salgamos / salid / salgan

C. Irregular Verbs (continued)

INFINITIVE PRESENT PARTICIPLE PAST PARTICIPLE	INDICATIVE						SUBJUNCTIVE		IMPERATIVE
	PRESENT	IMPERFECT	PRETERITE	FUTURE	CONDITIONAL		PRESENT	IMPERFECT	
ser	soy	era	fui	seré	sería		sea	fuera	sé tú,
siendo	eres	eras	fuiste	serás	serías		seas	fueras	no seas
sido	es	era	fue	será	sería		sea	fuera	sea Ud.
	somos	éramos	fuimos	seremos	seríamos		seamos	fuéramos	seamos
	sois	erais	fuisteis	seréis	seríais		seáis	fuerais	sed
	son	eran	fueron	serán	serían		sean	fueran	sean
tener	tengo	tenía	tuve	tendré	tendría		tenga	tuviera	ten tú,
teniendo	tienes	tenías	tuviste	tendrás	tendrías		tengas	tuvieras	no tengas
tenido	tiene	tenía	tuvo	tendrá	tendría		tenga	tuviera	tenga Ud.
	tenemos	teníamos	tuvimos	tendremos	tendríamos		tengamos	tuviéramos	tengamos
	tenéis	teníais	tuvisteis	tendréis	tendríais		tengáis	tuvierais	tened
	tienen	tenían	tuvieron	tendrán	tendrían		tengan	tuvieran	tengan
traer	traigo	traía	traje	traeré	traería		traiga	trajera	trae tú,
trayendo	traes	traías	trajiste	traerás	traerías		traigas	trajeras	no traigas
traído	trae	traía	trajo	traerá	traería		traiga	trajera	traiga Ud.
	traemos	traíamos	trajimos	traeremos	traeríamos		traigamos	trajéramos	traigamos
	traéis	traíais	trajisteis	traeréis	traeríais		traigáis	trajerais	traed
	traen	traían	trajeron	traerán	traerían		traigan	trajeran	traigan
venir	vengo	venía	vine	vendré	vendría		venga	viniera	ven tú,
viniendo	vienes	venías	viniste	vendrás	vendrías		vengas	vinieras	no vengas
venido	viene	venía	vino	vendrá	vendría		venga	viniera	venga Ud.
	venimos	veníamos	vinimos	vendremos	vendríamos		vengamos	viniéramos	vengamos
	venís	veníais	vinisteis	vendréis	vendríais		vengáis	vinierais	venid
	vienen	venían	vinieron	vendrán	vendrían		vengan	vinieran	vengan
ver	veo	veía	vi	veré	vería		vea	viera	ve tú,
viendo	ves	veías	viste	verás	verías		veas	vieras	no veas
visto	ve	veía	vio	verá	vería		vea	viera	vea Ud.
	vemos	veíamos	vimos	veremos	veríamos		veamos	viéramos	veamos
	veis	veíais	visteis	veréis	veríais		veáis	vierais	ved
	ven	veían	vieron	verán	verían		vean	vieran	vean

D. Stem-Changing and Spelling Change Verbs

INFINITIVE PRESENT PARTICIPLE PAST PARTICIPLE	INDICATIVE						SUBJUNCTIVE		IMPERATIVE
	PRESENT	IMPERFECT	PRETERITE	FUTURE	CONDITIONAL		PRESENT	IMPERFECT	
pensar (ie)	pienso	pensaba	pensé	pensaré	pensaría		piense	pensara	piensa tú,
pensando	piensas	pensabas	pensaste	pensarás	pensarías		pienses	pensaras	no pienses
pensado	piensa	pensaba	pensó	pensará	pensaría		piense	pensara	piense Ud.
	pensamos	pensábamos	pensamos	pensaremos	pensaríamos		pensemos	pensáramos	pensemos
	pensáis	pensabais	pensasteis	pensaréis	pensaríais		penséis	pensarais	pensad
	piensan	pensaban	pensaron	pensarán	pensarían		piensen	pensaran	piensen
volver (ue)	vuelvo	volvía	volví	volveré	volvería		vuelva	volviera	vuelve tú,
volviendo	vuelves	volvías	volviste	volverás	volverías		vuelvas	volvieras	no vuelvas
vuelto	vuelve	volvía	volvió	volverá	volvería		vuelva	volviera	vuelva Ud.
	volvemos	volvíamos	volvimos	volveremos	volveríamos		volvamos	volviéramos	volvamos
	volvéis	volvíais	volvisteis	volveréis	volveríais		volváis	volvierais	volved
	vuelven	volvían	volvieron	volverán	volverían		vuelvan	volvieran	vuelvan

D. Stem-Changing and Spelling Change Verbs (continued)

INFINITIVE PRESENT PARTICIPLE PAST PARTICIPLE	INDICATIVE					SUBJUNCTIVE		IMPERATIVE
	PRESENT	IMPERFECT	PRETERITE	FUTURE	CONDITIONAL	PRESENT	IMPERFECT	
dormir (ue, u) durmiendo dormido	duermo duermes duerme dormimos dormís duermen	dormía dormías dormía dormíamos dormíais dormían	dormí dormiste durmió dormimos dormisteis durmieron	dormiré dormirás dormirá dormiremos dormiréis dormirán	dormiría dormirías dormiría dormiríamos dormiríais dormirían	duerma duermas duerma durmamos durmáis duerman	durmiera durmieras durmiera durmiéramos durmierais durmieran	duerme tú, no duermas duerma Ud. durmamos dormid duerman
sentir (ie, i) sintiendo sentido	siento sientes siente sentimos sentís sienten	sentía sentías sentía sentíamos sentíais sentían	sentí sentiste sintió sentimos sentisteis sintieron	sentiré sentirás sentirá sentiremos sentiréis sentirán	sentiría sentirías sentiría sentiríamos sentiríais sentirían	sienta sientas sienta sintamos sintáis sientan	sintiera sintieras sintiera sintiéramos sintierais sintieran	siente tú, no sientas sienta Ud. sintamos sentid sientan
pedir (i, i) pidiendo pedido	pido pides pide pedimos pedís piden	pedía pedías pedía pedíamos pedíais pedían	pedí pediste pidió pedimos pedisteis pidieron	pediré pedirás pedirá pediremos pediréis pedirán	pediría pedirías pediría pediríamos pediríais pedirían	pida pidas pida pidamos pidáis pidan	pidiera pidieras pidiera pidiéramos pidierais pidieran	pide tú, no pidas pida Ud. pidamos pedid pidan
reír (i, i) riendo reído	río ríes ríe reímos reís ríen	reía reías reía reíamos reíais reían	reí reíste rio reímos reísteis rieron	reiré reirás reirá reiremos reiréis reirán	reiría reirías reiría reiríamos reiríais reirían	ría rías ría riamos riáis rían	riera rieras riera riéramos rierais rieran	ríe tú, no rías ría Ud. riamos reíd rían
seguir (i, i) (ga) siguiendo seguido	sigo sigues sigue seguimos seguís siguen	seguía seguías seguía seguíamos seguíais seguían	seguí seguiste siguió seguimos seguisteis siguieron	seguiré seguirás seguirá seguiremos seguiréis seguirán	seguiría seguirías seguiría seguiríamos seguiríais seguirían	siga sigas siga sigamos sigáis sigan	siguiera siguieras siguiera siguiéramos siguierais siguieran	sigue tú, no sigas siga Ud. sigamos seguid sigan
construir (y) construyendo construido	construyo construyes construye construimos construís construyen	construía construías construía construíamos construíais construían	construí construiste construyó construimos construisteis construyeron	construiré construirás construirá construiremos construiréis construirán	construiría construirías construiría construiríamos construiríais construirían	construya construyas construya construyamos construyáis construyan	construyera construyeras construyera construyéramos construyerais construyeran	construye tú, no construyas construya Ud. construyamos construid construyan
producir (zc) produciendo producido	produzco produces produce producimos producís producen	producía producías producía producíamos producíais producían	produje produjiste produjo produjimos produjisteis produjeron	produciré producirás producirá produciremos produciréis producirán	produciría producirías produciría produciríamos produciríais producirían	produzca produzcas produzca produzcamos produzcáis produzcan	produjera produjeras produjera produjéramos produjerais produjeran	produce tú, no produzcas produzca Ud. produzcamos producid produzcan

Appendix 2

GRAMMAR SUMMARY TABLES

I. Personal Pronouns

SUBJECT	OBJECT OF PREPOSITION	REFLEXIVE	INDIRECT OBJECT	DIRECT OBJECT
yo	mí	me	me	me
tú	ti	te	te	te
usted	usted	se	le	lo/la
él	él	se	le	lo
ella	ella	se	le	la
nosotros/as	nosotros/as	nos	nos	nos
vosotros/as	vosotros/as	os	os	os
ustedes	ustedes	se	les	los/las
ellos	ellos	se	les	los
ellas	ellas	se	les	las

II. Possessive Adjectives and Pronouns

ADJECTIVES		PRONOUNS	
my	mi, mis	*mine*	mío/a, míos/as
your (inf. sing.)	tu, tus	*yours*	tuyo/a, tuyos/as
your (pol. sing.)	su, sus	*yours*	suyo/a, suyos/as
his	su, sus	*his*	suyo/a, suyos/as
her	su, sus	*hers*	suyo/a, suyos/as
our	nuestro/a, nuestros/as	*ours*	nuestro/a, nuestros/as
your (inf. pl.)	vuestro/a, vuestros/as	*yours*	vuestro/a, vuestros/as
your (pol. pl.)	su, sus	*yours*	suyo/a, suyos/as
their	su, sus	*theirs*	suyo/a, suyos/as

III. Demonstrative Adjectives and Pronouns

MASCULINE AND FEMININE	ADJECTIVES AND PRONOUNS	NEUTER PRONOUNS
this, these	este/esta, estos/estas	esto
that, those (*not close to speaker*)	ese/esa, esos/esas	eso
that, those (*farther from speaker*)	aquel/aquella, aquellos/aquellas	aquello

IV. *Por / para*

POR		PARA	
through, by	por aquí	*destination*	para Madrid
length of time	por tres minutos	*time*	tres minutos para las tres
during	por la noche	*deadline*	para el viernes
in place of	Trabajo por Juan.	*recipient*	Trabajo para mi familia. un regalo para ella
quantity	por dos pesos		
means	por tren		

V. Past (Preterite) and Imperfect

PAST		IMPERFECT	
completed event	comí	*event in progress*	comía
completed state	estuve	*ongoing state*	estaba
completed series	bailé, canté	*"used to"*	bailaba, cantaba

VI. Indicative and Subjunctive

NOUN CLAUSES			
Indicative		*Subjunctive*	
assertion	es verdad que	*possibility*	es posible que
belief	creer que	*doubt*	dudar que
knowledge	saber que	*subjective reaction*	estar contento/a de que
		volition	querer que

ADJECTIVE CLAUSES	
Indicative	*Subjunctive*
known antecedent	*unknown antecedent*
Tengo un amigo que sabe…	Busco un amigo que sepa…
existent antecedent	*nonexistent antecedent*
Hay una persona que sabe…	No hay nadie que sepa…

ADVERBIAL CLAUSES: TIME	
Indicative	*Subjunctive*
cuando hasta que tan pronto como } + *habitual action* en cuanto después de que	cuando hasta que tan pronto como } + *future action* en cuanto después de que
Siempre cuando trabaja…	Mañana cuando trabaje…

Appendix 3

Syllabication

1. The basic rule of Spanish syllabication is to make each syllable end in a vowel whenever possible.
2. When attempting to divide a word into syllables, it is easier to look for the consonants and do the following:
   a. If the word has just one consonant, it should go with the following vowel: ca-**s**a, di-**g**a, **c**a-**m**i-**n**a
   b. If there are two consonants, one will go with the first vowel and one with the second: al-**c**o-hol, can-tan-**t**e, es-**c**ue-**l**a, ac-**c**ión, in-**n**o-va-ción
   c. If there are three consonants or more, the first two will remain with the first vowel and the third (etc.) will go with the following vowel: o**bs**-t**r**uc-ción, co**ns**-**c**ien-te
   d. The letter **h** always goes with the following vowel: al-co-**h**ol, pro-**h**i-bi-do
   e. The following consonant combinations are never divided: **br-**, **dr-**, **rr-**, **tr-**, **bl-**, **ll-**: a-**br**an, la-**dr**ón, bo-**rr**a-dor, con-**tr**a, ha-**bl**ar, man-te-qui-**ll**a

3. Diphthongs (vowel combinations: two weak ones or a weak one and a strong one) are not divided, unless the weak vowel has an orthographic accent. Weak vowels: **i, u**; strong vowels: **a, e, o**: **ci**u-dad, **si**e-te, **s**e**i**s, cin-**cue**n-ta. But: re-**ú**no, d**í**-a

Stress

How you pronounce a specific Spanish word is determined by two basic rules of stress. Written accents to indicate stress are needed only when those rules are violated. Here are the two rules of stress.

1. For words ending in a vowel, **n**, or **s**, the natural stress falls on the next-to-last syllable. The letter **y** is not considered a vowel for stress purposes.

   Es-**te**-ban   **blan**-co   es-**cu**-chen   **ro**-ja   es-**tu**-die

2. For words ending in *any other letter*, the natural stress falls on the last syllable.

   pa-**pel**   ciu-**dad**   es-cri-**bir**   re-**loj**   es-**toy**

When these stress rules are violated by the word's accepted pronunciation, stress must be indicated with a written accent.

in-**glés**   e-**léc**-tri-co   es-tu-**dié**   lla-ma-**rán**   sim-**pá**-ti-co
ár-bol   **Ló**-pez   a-**zú**-car   **hués**-ped

Note that words that are stressed on any syllable other than the last or next-to-last will always show a written accent. Particularly frequent words in this category include adjectives and adverbs ending in **-ísimo** and verb forms with pronouns attached.

gua-**pí**-si-mo   es-pe-**rán**-do-te   **pí**-de-se-las   de-**vuél**-van-se-la

Written accents to show violations of stress rules are particularly important when diphthongs are involved. A diphthong is a combination of a weak (**i, u**) vowel and a strong (**a, e, o**) vowel (in either order), or of two weak vowels together. The two vowels are pronounced as a single sound, with one of the vowels being given slightly more emphasis than the other. In all diphthongs the strong vowel or the second of the two weak vowels receives this slightly greater stress.

*a*i: b*a*ilar   i*a*: arteri*a*   ue: vu*e*lve   io: vi*o*lento   u*i*: cu*i*dado

When the stress in a vowel combination does not follow this rule, no diphthong exists. Instead, two separate sounds are heard, and a written accent appears over the weak vowel or the first of two weak vowels.

a-í: país   ú-e: continúe   í-o: frío   ú-i: flúido

Use of written accent as a diacritic

The written accent is also used to distinguish two words with similar spelling and pronunciation but different meaning.

Nine common word pairs are identical in spelling and pronunciation; the accent mark is the only distinction between them.

dé	*give*	**de**	*of*	**sí**	*yes*	**si**	*if*
él	*he*	**el**	*the*	**sólo**	*only*	**solo**	*alone*
más	*more*	**mas**	*but*	**té**	*tea*	**te**	*you*
mí	*me*	**mi**	*my*	**tú**	*you*	**tu**	*your*
sé	*I know*	**se**	*(reflexive pronoun)*				

Diacritic accents are used to distinguish demonstrative adjectives from demonstrative pronouns. Although this distinction is disappearing in many parts of the Spanish-speaking world, you will find it in *Dos mundos* and in many other books.

aquellos países	*those countries*	**aquéllos**	*those ones*
esa persona	*that person*	**ésa**	*that one*
este libro	*this book*	**éste**	*this one*

Diacritic accents are placed over relative pronouns or adverbs that are used interrogatively or in exclamations.

cómo	*how*	**como**	*as, since*
dónde	*where*	**donde**	*where*
por qué	*why*	**porque**	*because*
qué	*what*	**que**	*that*
quién	*who (interrogative pronoun)*	**quien**	*who (relative pronoun)*
cuándo	*when (interrogative pronoun)*	**cuando**	*when (relative pronoun)*

—¿**Cómo** se llama?　　　　　　　　　*What's his name?*
—No sé **cómo** se llama.　　　　　　*I don't know what his name is.*

Como es niño, tiene que acostarse temprano.
Since he's a child, he must go to bed early.

Spelling changes

In general, Spanish has a far more phonetic system than many other modern languages. Most Spanish sounds correspond to just one written symbol. Those that can be written in more than one way are of two main types: those for which the sound/letter correspondence is largely arbitrary and those for which the sound/letter correspondence is determined by spelling rules.

A. In the case of arbitrary sound/letter correspondences, writing the sound correctly is mainly a matter of memorization. The following are some of the more common arbitrary, or *nonpatterned*, sound/letter correspondences in Spanish.

SOUND	SPELLING	EXAMPLES
/b/ + *vowel*	b, v	barco, ventana
/y/	y, ll, i + *vowel*	haya, amarillo, hielo
/s/	s, z, c	salario, zapato, cielo, hace
/x/ + e, i	g, j	general, jefe
		gitano, jinete

Note that, although spelling of the sounds /y/ and /s/ is largely arbitrary, two patterns occur with great frequency.

1. /y/ Whenever an unstressed **i** occurs between vowels, the **i** changes to **y**.
   leió → leyó　creiendo → creyendo　caieron → cayeron

2. /s/ The sequence **ze** is rare in Spanish. Whenever a **ze** combination would occur in the plural of a noun ending in **z** or in a conjugated verb (for example, an **-e** ending on a verb stem that ends in **z**), the **z** changes to **c**.

   luz → luces　voz → voces　empez + é → empecé　taza → tacita

B. There are three major sets of patterned sound/letters sequences.

SOUND	SPELLING	EXAMPLES
/g/	g, gu	**g**ato, pa**gu**e
/k/	c, qu	to**c**a, to**qu**e
/gʷ/	gu, gü	a**gu**a, pin**gü**ino

1. /g/ Before the vowel sounds /a/, /o/, and /u/, and before all consonant sounds, the sound /g/ is spelled with the letter **g**.

   gato   **g**ordo   **g**usto   **g**ratis   **G**loria   lle**g**o

   Before the sounds /e/ and /i/, the sound /g/ is spelled with the letters **gu**.

   guerra   **gu**itarra   lle**gu**é

2. /k/ Before the vowel sounds /a/, /o/, and /u/, and before all consonant sounds, the sound /k/ is spelled with the letter **c**.

   casa   **c**osa   **c**urioso   **c**reer   **c**lub   le**cc**ión   to**c**o

   Before the sounds /e/ and /i/, the sound /k/ is spelled with the letters **qu**.

   queso   **qu**ímica   to**qu**é

3. /gʷ/ Before the vowel sounds /a/ and /o/, the sound /gʷ/ is spelled with the letters **gu**.

   guante   anti**gu**o

   Before the vowel sounds /e/ and /i/, the sound /gʷ/ is spelled with the letters **gü**.

   bilin**gü**e   pin**gü**ino

These spelling rules are particularly important in conjugating, because a specific consonant sound in the infinitive must be maintained throughout the conjugation, despite changes in the stem vowels. It will help if you keep in mind the patterns of sound/letter correspondence, rather than attempt to conserve the spelling of the infinitive.

/ga/	= **ga**	lle**g**ar	/ge/	= **gue**	lle**gue** (*present subjunctive*)
/ga/	= **ga**	lle**g**ar	/ge/	= **gué**	lle**gué** (*preterite*)
/gi/	= **gui**	se**gu**ir	/go/	= **go**	si**g**o (*present indicative*)
/gi/	= **gui**	se**gu**ir	/ga/	= **ga**	si**g**a (*present subjunctive*)
/xe/	= **ge**	reco**g**er	/xo/	= **jo**	reco**j**o (*present indicative*)
/xe/	= **ge**	reco**g**er	/xa/	= **ja**	reco**j**a (*present subjunctive*)
/gʷa/	= **gua**	averi**gu**ar	/gʷe/	= **güe**	averi**gü**e (*present subjunctive*)
/ka/	= **ka**	sa**c**ar	/ke/	= **qué**	sa**qu**é (*preterite*)

Appendix 4

ANSWER KEY

PASO B

Ej. 1: 1. b 2. b 3. a 4. a 5. b **Ej. 2:** 1. d 2. a 3. e 4. b 5. c **Ej. 3:** 1. No, no es una pizarra. Es una pared. 2. No, no es una oficina. Es un salón de clase. 3. No, no es una silla. Es un escritorio. 4. No, no es un borrador. Es un cuaderno. 5. No, no es una ventana. Es una silla. **Ej. 4:** 1. La 2. El 3. La 4. El 5. El 6. La 7. La 8. El 9. La 10. El **Ej. 5:** 1. Sí, hay libros en la mesa. 2. Sí, hay un reloj en la pared. 3. Sí, hay una profesora. 4. No, no hay un automóvil. 5. No, no hay un profesor. 6. Sí, hay papeles en los pupitres. 7. Sí, hay un bolígrafo en el pupitre de Alberto. 8. Sí, hay muchos cuadernos. 9. No, no hay una bicicleta. 10. Sí, hay una ventana. **Ej. 6:** 1. pares de zapatos. 2. perros nuevos. 3. chaquetas rojas. 4. lápices amarillos. 5. amigas norteamericanas. **Ej. 7:** 1. cuadernos pequeños. 2. gatos negros. 3. fotografías bonitas. 4. relojes bonitos. 5. libros difíciles. 6. amigos divertidos. **Ej. 8:** 1. d, i, k, n 2. b, e, i 3. g, h 4. a, k, n 5. b, e, i, m 6. h, l 7. b, e, i, o

PASO C

Ej. 1: 1. tiene 2. tenemos 3. tienes 4. Tengo 5. tienen **Ej. 2:** 1. El carro es de la profesora Martínez. 2. La camisa es de Luis. 3. El perro es de Nora. 4. Los lentes son de Esteban. 5. El saco es de Alberto. 6. La bicicleta es de Carmen. **Ej. 3:** 1. su 2. sus 3. tu 4. mis 5. nuestros 6. sus; Nuestras 7. su 8. su 9. tus 10. mi **Ej. 4:** 1. tu; mi 2. tus; mis 3. Su 4. sus; nuestros **Ej. 5:** 1. Adriana Bolini tiene 35 años. 2. Carla Espinosa tiene 22 años. 3. Rubén Hernández Arenas tiene 38 años. 4. Susana Yamasaki González tiene 33 años. 5. Doña María Eulalia González de Saucedo tiene 79 años. 6. Yo tengo (¿ ?) años. **Ej. 6:** 1. Don Eduardo tiene 79 años. 2. Estela tiene 34 años. 3. Ernestito tiene 7 años. 4. Amanda tiene 13 años. 5. Doña Lola tiene 41 años. **Ej. 7:** 1. Es española. 2. Son japoneses. 3. Es alemán. 4. Son francesas. 5. Son italianas. 6. Es china. 7. Es inglés. **Ej. 8:** 1. hablan 2. habla 3. hablan 4. hablas 5. hablo; hablo **Ej. 9:** 1. habla; japonés 2. hablan español 3. hablan chino 4. Hablan inglés 5. Hablan hebreo 6. hablas ruso

CAPÍTULO 1

Ej. 1: 1. mil ochocientos setenta y seis 2. mil quinientos ochenta y ocho 3. mil setecientos setenta y cinco 4. mil novecientos noventa y uno 5. dos mil 6. mil novecientos cuarenta y cinco 7. mil once 8. mil novecientos veinte y nueve (veintinueve) 9. mil seiscientos quince 10. dos mil veinte y cinco (veinticinco) **Ej. 2:** 1. a 2. b 3. a 4. a 5. a 6. a 7. a 8. a 9. b 10. b **Ej. 3:** 1. leen 2. Lees 3. lee 4. Leo 5. lee **Ej. 4:** 1. vive 2. vivimos 3. viven 4. Vivís 5. Vivo 6. Viven **Ej. 5:** 1. ¿Dónde vive Rubén Hernández? 2. ¿Qué idioma habla Susana? 3. ¿Cómo se llama Usted? 4. ¿Cuántos hijos tienen Ernesto y Estela? 5. ¿Qué eres tú? **Ej. 6:** 1. ¿Cuál es tu número de teléfono? 2. ¿Habla italiano? 3. ¿Cuándo es tu cumpleaños? 4. ¿Son sus hijas? 5. ¿Dónde viven ustedes? **Ej. 7:** 1. Son las cuatro y veinte. 2. Son las seis y cuarto. 3. Son las ocho y trece. 4. Es la una y diez. 5. Son las siete y siete. 6. Son las cinco y media. 7. Son las tres. 8. Son las dos menos once. 9. Son las doce y media. 10. Son las cinco y cuarto. **Ej. 8:** 1. te; me 2. te; me 3. les; nos **Ej. 9:** 1. le; comer 2. le; cocinar 3. les; hablar por teléfono 4. le; leer 5. le; correr 6. me; ¿ ?

CAPÍTULO 2

Ej. 1: 1. vas; Voy 2. van; va 3. va; va; vamos 4. vas; Voy 5. vas; Voy **Ej. 2:** 1. Ernesto 2. Estela 3. No, Guillermo es el cuarto. 4. No, Amanda es la quinta. 5. Sí. 6. Ramón 7. No, es la séptima. 8. Ernesto 9. doña Lola 10. No, don Anselmo es el cuarto hombre. **Ej. 3:** 1. quiero; prefiere 2. quiere; prefiere 3. quiere; prefiero 4. quiere; prefieren 5. quiere; prefiere 6. quiere; prefiero 7. quiere; prefiere 8. quiere; prefiero 9. quieren; prefiero 10. quieren; prefiere **Ej. 4:** 1. Quiere jugar al béisbol. 2. Prefiere ver un partido de fútbol en la televisión. 3. Quieren ir de compras. 4. Preferimos leer. 5. Prefieren levantar pesas. 6. Quiere viajar. **Ej. 5:** 1. Lan va a estudiar pero prefiere charlar con amigos. 2. Carmen va a levantar pesas pero prefiere hablar por teléfono. 3. Esteban va a escribir una composición pero quiere tomar el sol en la playa. 4. Alberto va a montar a caballo pero prefiere andar en motocicleta. 5. Pablo va a hablar con la profesora pero prefiere hablar con su amiga. 6. Mi compañera va a hacer la tarea pero quiere ¿ ? 7. Yo voy a escuchar las «Actividades de comprensión» pero prefiero ¿ ? **Ej. 6:** 1. Hace sol. 2. Llueve. 3. Hace frío. 4. Hace mal tiempo. 5. Hace calor. 6. Nieva. **Ej. 7:** 1. posible 2. posible 3. imposible 4. imposible 5. imposible

CAPÍTULO 3

Ej. 1: 1. estoy 2. están 3. estás 4. estamos 5. está 6. estamos 7. estás 8. está 9. están 10. estamos **Ej. 2:** 1. b 2. d 3. f 4. c 5. a 6. e **Ej. 3:** 1. escribimos 2. lleva 3. limpiamos 4. desayunan 5. lee 6. comen 7. monta 8. Hablo 9. asisten 10. escuchamos **Ej. 4:** 1. Papá, ¿tomas mucho café en el trabajo? 2. Diego, ¿juegan tus amigos y tú al béisbol? 3. Graciela y Diego, ¿tienen ustedes una computadora? 4. Raúl, ¿haces ejercicio en un gimnasio? 5. Pedro Ruiz, ¿trabajas por la noche? 6. Don Eduardo, ¿prepara usted café por la mañana? 7. Mamá, ¿cocinas por la mañana o por la tarde? 8. Clarisa, ¿ves la televisión por la noche? 9. Doña Rosita, ¿asiste usted a misa los domingos? 10. Doña Lola, ¿lava usted su ropa en casa o en una lavandería? **Ej. 5:** 1. sale; Salgo 2. juegas; juego 3. hace; hago 4. juegan; jugamos **Ej. 6:** 1. Los Ramírez son de México pero ahora están en Italia. 2. Marta es de Panamá pero ahora está en Los Ángeles. 3. Rogelio y Carla son de Puerto Rico pero ahora están en Nueva York. 4. Pilar es de España pero ahora está en Guatemala. 5. Ricardo es de Venezuela pero ahora está en España. **Ej. 7:** 1. Está leyendo. 2. Están pescando. 3. Está corriendo. 4. Está cocinando (preparando) la cena. 5. Están viendo (mirando) la televisión. 6. Está fumando. **Ej. 8:** 1. durmiendo 2. jugando 3. leyendo 4. lavando 5. tocando

CAPÍTULO 4

Ej. 1: 1. vamos a la 2. van al 3. Vamos al 4. va a la 5. Voy a la 6. voy a la 7. van al 8. va a la 9. Vamos a la 10. Vas al **Ej. 2:** 1. Duermen; dormimos 2. Almuerzan; almorzamos 3. Vuelven; volvemos 4. Juegan; jugamos 5. Juegan; jugamos 6. Pierden; juegan; perdemos; jugamos 7. Prefieren; preferimos 8. Empiezan; empezamos **Ej. 3:** 1. Traigo 2. pongo 3. digo 4. oigo 5. salgo 6. vengo 7. tengo 8. Hago **Ej. 4:** 1. d 2. b 3. f 4. e 5. c 6. g 7. a **Ej. 5:** 1. No, me baño a las 6:30. 2. No, me lavo el pelo con champú. 3. No, me afeito en el baño. 8. No, me levanto tarde los domingos. 5. No, me quito la ropa en mi recámara (dormitorio). 6. No, me peino en el baño. 7. No, me maquillo en casa. 4. No, me ducho por la mañana. **Ej. 6:** 1. c 2. a 3. d 4. f 5. e 6. b **Ej. 7:** 1. ¿Están tristes Clarisa y Marisa? 2. ¿Está enojado (irritado) Ernesto? 3. ¿Están enamorados (contentos) Amanda y Ramón? 4. ¿Está ocupado Guillermo? 5. ¿Están interesados en viajar Nacho y Silvia? **Ej. 8:** 1. tiene hambre 2. tienes frío 3. Tenemos calor 4. Tengo sueño 5. tengo prisa 6. tienen sed 7. tengo miedo 8. Tengo sed **Ej. 9:** 1. f 2. e 3. g 4. a 5. b

CAPÍTULO 5

Ej. 1: 1. Les 2. les 3. le 4. nos 5. me; te 6. les 7. Le; nos 8. me;te **Ej. 2:** Frame 1: me Frame 2: le Frame 3: le; me Frame 4: te Frame 5: le; nos Frame 6: nos; les **Ej. 3:** 1. sé 2. sabe 3. saben 4. Sabes 5. sabemos **Ej. 4:** 1. Puedes 2. Pueden 3. puede 4. pueden 5. Podemos **Ej. 5:** 1. Esta 2. Estos 3. Estos 4. Estas 5. Este **Ej. 6:** 1. Esas 2. Ese 3. Esa 4. Esos 5. Esos **Ej. 7:** 1. esa 2. este 3. esos 4. este 5. estas **Ej. 8:** 1. Estos 2. Aquellos 3. Esos 4. Esos 5. Aquellas 6. Estas **Ej. 9:** 1. quisiera 2. quisiéramos 3. quisieran 4. quisieras 5. quisiera **Ej. 10:** 1. le 2. les 3. le 4. me 5. nos **Ej. 11:** 1. piensa 2. pien-

sas 3. pensamos 4. piensan 5. pienso **Ej. 12:** 1. c 2. e 3. d 4. a 5. b **Ej. 13:** 1. e 2. c 3. a 4. b 5. d **Ej. 14:** 1. Antes de preparar la comida, Estela hace la compra. (Después de hacer la compra, Estela prepara la comida.) 2. Después de limpiar la casa, Pedro y Andrea invitan a unos amigos. (Antes de invitar a unos amigos, Pedro y Andrea limpian la casa.) 3. Antes/Después de dormir una siesta, Guillermo ayuda a su papá. (Antes/Después de ayudar a su papá, Guillermo duerme una siesta.) 4. Después de correr, te bañas. (Antes de bañarte, corres.) 5. Antes de salir a bailar, nos ponemos la ropa. (Después de ponernos la ropa, salimos a bailar.) **Ej. 15:** 1. (c) ¡Vamos a preparar chocolate caliente! 2. (d) ¡Vamos a nadar en la piscina! 3. (a) ¡Vamos a hacer la compra! 4. (e) ¡Vamos a sentarnos debajo de ese árbol! 5. (b) ¡Vamos a estudiar esta noche!

CAPÍTULO 6

Ej. 1: 1. El sillón pesa más que la mesa. (La mesa pesa menos que el sillón.) 2. En mi casa viven más personas que en la casa de los vecinos. (En la casa de los vecinos viven menos personas que en mi casa.) 3. La casa de los López tiene más dormitorios que la casa de los vecinos. (La casa de los vecinos tiene menos dormitorios que la casa de los López.) 4. En el patio de mis abuelos hay menos árboles que en nuestro patio. (En nuestro patio hay más árboles que en el patio de mis abuelos.) 5. En la casa de los Ruiz hay menos dormitorios que en la casa de los Ramírez. (En la casa de los Ramírez hay más dormitorios que en la casa de los Ruiz.) **Ej. 2:** (Answers may vary.) 1. Vivir en el desierto es peor que vivir en el centro de la ciudad. 2. Vivir en una casa es mejor que vivir en un apartamento. 3. Un refrigerador es el más útil de todos. 4. Armando es mayor que Irma. 5. Mi sobrino es menor que tu sobrino. 6. El Rolls Royce es el más caro de todos. **Ej. 3:** (Answers may vary.) 1. La piscina de los Lugo es tan bonita como la piscina de los Montes. 2. El edificio de la avenida Oriente no es tan alto como el edificio nuevo de la avenida del Libertador. 3. La lavandería vieja de la avenida Almendros no es tan limpia como la lavandería nueva de la calle Ebro. 4. Los condominios «San Juan» no son tan modernos como los condominios «Princesa». **Ej. 4:** 1. La sala de su casa no tiene tantas lámparas

como la sala de nuestra casa. 2. La casa de los Ruiz no tiene tantos cuartos como la casa de los Ramírez. 3. La casa de al lado tiene tantos baños como la casa de mis padres. 4. El patio de don Anselmo no tiene tantas flores y plantas como el patio de doña Lola. **Ej. 5:** 1. tiene que 2. tienen que 3. tengo que 4. tenemos que 5. tienes que **Ej. 6:** 1. debe 2. debo 3. debes 4. deben 5. debemos **Ej. 7:** 1. Sí, (No, no) compré un disco compacto. 2. Sí, (No, no) comí en un restaurante. 3. Sí, (No, no) hablé por teléfono. 4. Sí, (No, no) escribí una carta. 5. Sí, (No, no) estudié por cuatro horas. 6. Sí, (No, no) abrí la ventana. 7. Sí, (No, no) visité a un amigo / una amiga. 8. Sí, (No, no) corrí por la mañana. 9. Sí, (No, no) tomé un refresco. 10. Sí, (No, no) lavé los platos. **Ej. 8:** 1. Mi madre no charló con el presidente la semana pasada. 2. El presidente de México no comió tacos en la calle ayer. 3. La profesora de español no salió con Antonio Banderas anoche. 4. No jugué al tenis con Arantxa Sánchez Vicario ayer a medianoche. 5. Fidel Castro no visitó los Estados Unidos el mes pasado. **Ej. 9:** 1. ¿Conoce usted 2. ¿Conoce usted 3. ¿Sabe usted 4. ¿Sabe usted 5. ¿Conoce usted 6. ¿Conoce usted 7. ¿Sabe usted 8. ¿Sabe usted 9. ¿Sabe usted 10. ¿Conoce usted **Ej. 10:** 1. los 2. la 3. lo 4. los 5. lo 6. lo 7. la 8. los 9. lo 10. la

CAPÍTULO 7

Ej. 1: (1) Se levantó a las 7:00. (2) Se bañó. (3) Se preparó un desayuno pequeño. (4) Comió cereal con leche y fruta. (5) Leyó el periódico. (6) Manejó el coche al trabajo. (7) Llegó al trabajo a las 8:30. (8) Almorzó con una colega de su trabajo. (9) Comió una hamburguesa. **Ej. 2:** 1. llegaste 2. Llegué 3. llegamos 4. llegó 5. Leíste 6. leí 7. leyeron 8. leyó 9. leímos **Ej. 3:** a. 7 b. 5 c. 2 d. 1 e. 3 f. 6 g. 4 **Ej. 4:** 1. dio 2. Vinieron 3. traje 4. dijeron 5. vio 6. puso 7. hizo 8. fueron **Ej. 5:** 1. fue; Llegaron; descansó; meterse; Bucearon; vieron; hicieron; cocinaron; tocó; cantaron; bailaron 2. fue; Llegaron; entró; vio; estudió; saludó; salieron, Bailó; tomó; Regresó **Ej. 6:** (1) Generalmente Pilar asiste a clase, pero ayer durmió toda la tarde y mañana va a visitar a una amiga. (2) Generalmente Andrea y Pedro almuerzan con sus hijas, pero ayer estuvieron en el D.F. todo el día y mañana van a ir de compras. (3) Generalmente Adriana juega al tenis por la tarde, después de salir del trabajo, pero ayer tradujo un documento del italiano al español y mañana va a aprender un nuevo programa de informática. (4) Generalmente doña Lola se queda en casa, pero ayer tomó café con sus amigas y mañana va a cocinar toda la tarde. (5) Generalmente Carla y Rogelio estudian en la biblioteca, pero ayer fueron a la playa y mañana van a lavar el carro. **Ej. 7:** 1. dormiste 2. Dormí 3. duermes 4. duermo 5. sientes 6. siento 7. sentiste 8. sentí 9. divertiste 10. divertí 11. divirtió 12. divirtió 13. mentiste 14. mentí 15. mintió **Ej. 8:** 1. me 2. dijiste 3. Te 4. dije 5. me 6. dijo 7. me 8. dijo 9. le 10. dijiste 11. le 12. dijiste 13. le 14. dije 15. me 16. dije **Ej. 9:** (Answers may vary.) 1. Pero, Estela, limpié el baño hace dos días. (Pero, Estela, lo limpié hace dos días.) 2. Pero, Estela, barrí el patio hace tres horas. (Pero, Estela, lo barrí hace tres horas.) 3. Pero, Estela, pasé la aspiradora hace una hora. (Pero, Estela, la pasé hace una hora.) 4. Pero, Estela, bañé al perro hace tres días. (Pero, Estela, lo bañé hace tres días.) 5. Pero, Estela, te llevé a un restaurante elegante hace una semana. **Ej. 10:** (Answers are for 1997; they will vary depending on the year the book is used.) 1. Alejandro G. Bell inventó el teléfono hace ciento veintiún años. 2. Gustave Eiffel construyó la Torre Eiffel hace ciento ocho años. 3. Pancho Villa murió hace setenta y cuatro años. 4. Colón llegó a América hace quinientos cinco años. 5. Francisco Franco murió hace veintidós años. 6. Alemania se unificó hace siete años. 7. Los países de la antigua Unión Soviética se independizaron hace seis años.

CAPÍTULO 8

Ej. 1: 1. Lo preparé ayer. 2. La puse en el congelador. 3. Las compré en el supermercado. 4. Lo traje hace diez minutos. 5. La puse en la mesa. 6. Las preparé hace dos minutos. 7. Los puse en el gabinete. 8. Lo compré en la panadería. 9. Las hice cuando me levanté. 10. Los traje esta mañana. **Ej. 2:** 1. las 2. la 3. los 4. lo 5. la **Ej. 3:** 1. Te 2. me 3. ti 4. mí 5. le 6. él 7. mí 8. ti 9. te 10. mí 11. me **Ej. 4:** (Answers will vary.) 1. A mi mejor amigo/a le encantan las fresas. 2. A mis padres les encanta el guacamole. 3. A mi profesor(a) de español le encanta el chocolate. 4. A mi novio/a (esposo/a) le encantan los frijoles. 5. A mí me encanta el pan. 6. A mi mejor amigo/a y a

mí nos encantan los dulces. **Ej. 5:** (Answers may vary.) 1. ¿Para ella? ¡No lo creo! ¡No le gusta la comida fría! 2. ¿Para mí? ¡No lo creo! ¡No me gusta nada el hígado! 3. ¿Para ellas? ¡No lo creo! ¡Son muy pequeñas! 4. ¿Para nosotros? ¡Imposible! ¡No nos gustan! 5. ¿Para él? ¡No lo creo! ¡Tu papá es muy delgado! 6. ¿Para ti? ¡No lo creo! ¡No te gusta! 7. ¿Para ella? ¡Imposible! ¡No le gustan las cebollas! 8. ¿Para él? ¡No lo creo! ¡A él no le gusta! **Ej. 6:** 1. a. conmigo b. contigo 2. a. ti b. mí 3. a. él b. él c. él d. mí e. ti f. mí **Ej. 7:** 1. nadie 2. nada 3. nunca 4. nadie 5. ninguna 6. nada 7. Nunca 8. ninguno **Ej. 8:** (Answers will vary.) **Ej. 9:** 1. se cortan 2. se necesita 3. se lava; se pone 4. se preparan 5. se agregan 6. se necesitan 7. Se habla 8. Se baten **Ej. 10:** 1. pedir 2. pedir 3. sirven 4. pedir 5. pides 6. sirven 7. pido 8. pedir 9. pidieron 10. Pedimos 11. sirvió 12. pedí 13. pidió 14. pediste 15. pedí 16. pidió 17. pidieron 18. pedimos 19. sirvió 20. sirvió

CAPÍTULO 9

Ej. 1: 1. se parece 2. se parecen; me parezco; te pareces 3. me parezco; me parezco 4. nos parecemos; se parece 5. nos parecemos 6. se parece(n) **Ej. 2:** 1. se llevan 2. te llevas; nos llevamos 3. nos llevamos; me llevo 4. se llevan 5. te llevas; nos llevamos **Ej. 3:** 1. Guillermo montaba en bicicleta. 2. Amanda y yo jugábamos con muñecas. 3. Andrea leía las tiras cómicas del periódico los domingos. 4. Doña Lola y doña Rosita se bañaban en el mar en Acapulco. 5. Don Eduardo comía muchos dulces. 6. Estela limpiaba su recámara. 7. La familia Ramírez pasaba las vacaciones en Acapulco. 8. Pedro Ruiz escuchaba música rock. 9. Ernesto veía dibujos animados en la televisión. 10. El abuelo de Ernestito cuidaba el jardín. **Ej. 4:** 3; jugaban b. 6; iban c. 7; saltaba d. 4; se peleaba e. 2; lloraba f. 1; se llevaba g. 5; se parecían **Ej. 5:** 1. tenía 2. sabía 3. conocíamos 4. era 5. estaba **Ej. 6:** 1. tenía 2. era 3. conocía 4. Queríamos; teníamos 5. estabas 6. tenía 7. supe 8. tuve 9. conocí 10. quise 11. pude **Ej. 7:** 1. Iba a venir, pero mi carro no arrancó. 2. Iba a traerlas, pero la tienda se cerró a las 8:00. 3. Iba a comprarte un regalo, pero no recibí mi cheque a tiempo. 4. Iba a cenar con ustedes, pero tuve que trabajar tarde. 5. Iba a ir, pero mi novio tuvo que trabajar esa noche. 6. Iba a decirte, pero no pude llamarte. 7. Iba a

llegar a tiempo, pero perdí mi cartera. 8. Iba a asistir, pero no hice la tarea.

CAPÍTULO 10

Ej. 1: 1. hemos visto 2. ha escrito 3. he viajado 4. ha comprado 5. has comido 6. ha hablado 7. has ido 8. han limpiado 9. has oído 10. han pasado **Ej. 2:** (Answers will vary.) 1. ¿Cuántas veces has viajado a México? He viajado a México muchas veces. 2. ¿Cuántas veces has esquiado en un lago? Nunca he esquiado en un lago. 3. ¿Cuántas veces has subido a una pirámide? He subido a una pirámide una vez en México. 4. ¿Cuántas veces has acampado en las montañas? He acampado en las montañas muchas veces. 5. ¿Cuántas veces has alquilado un coche? He alquilado un coche tres o cuatro veces. 6. ¿Cuántas veces has cocinado para diez personas? He cocinado para diez personas muchas veces. 7. ¿Cuántas veces has leído tres novelas en un día? Nunca he leído tres novelas en un día. 8. ¿Cuántas veces has corrido 5 kilómetros sin parar? He corrido 5 kilómetros sin parar una o dos veces. 9. ¿Cuántas veces les has dicho una mentira a tus padres? ¡Nunca les he dicho una mentira! 10. ¿Cuántas veces has roto un vaso en un restaurante? He roto un vaso en un restaurante dos veces. **Ej. 3:** 1. ¡Qué país tan (más) interesante! 2. ¡Qué vuelo tan (más) largo! 3. ¡Qué montañas tan (más) altas! 4. ¡Qué selva tan (más) verde! 5. ¡Qué arena tan (más) blanca! **Ej. 4:** 1. ¡Qué impresionantes son las ruinas de Machu Picchu! 2. ¡Qué grande es el lago Titicaca! 3. ¡Qué cosmopolita es la ciudad de Buenos Aires! 4. ¡Qué húmeda es la selva de Ecuador! 5. ¡Qué seco es el desierto de Atacama en Chile! 6. ¡Qué alta es la torre de la Giralda en Sevilla! 7. ¡Qué hermoso es el edificio del Alcázar de Segovia! 8. ¡Qué inmenso es el Parque del Retiro en Madrid! 9. ¡Qué interesante es el Museo del Prado! 10. ¡Qué antiguo es el acueducto de Segovia! **Ej. 5:** 1. por 2. por 3. para 4. por 5. por 6. por 7. por 8. para **Ej. 6:** 1. rápidamente 2. cómodamente 3. puntualmente 4. constantemente 5. inmediatamente **Ej. 7:** 1. a. parece b. importa 2. a. fascinan b. interesan 3. a. encanta b. gusta 4. a. molesta b. gusta 5. a. importan b. interesan

CAPÍTULO 11

Ej. 1: (Answers may vary.) 1. Sí, hágalas lo más pronto posible. 2. Sí, cómprelos inmediatamente. 3. Sí, tráigalo mañana. 4. Sí, recójalos el jueves, por favor. 5. Sí, llegue dos horas antes. 6. Sí, consígalo lo más pronto posible. **Ej. 2:** 1. Sí, prepárenlo. 2. Sí, consíganlos. 3. Sí, límpienlas. 4. Sí, háganlas. 5. Sí, duerman. 6. Sí, salgan. **Ej. 3:** 1. Quiere que recojamos nuestros boletos pronto. 2. Quiere que escribamos una lista de lo que vamos a necesitar. 3. No quiere que llevemos demasiadas cosas en las maletas. 4. Quiere que compremos cheques de viajero. 5. Quiere que comamos en restaurantes buenos y que no comamos en la calle. 6. Quiere que lleguemos al aeropuerto temprano. 7. Quiere que bebamos refrescos o agua mineral y que no bebamos el agua. **Ej. 4:** 1. llegue 2. viajamos 3. suben 4. lea 5. terminen **Ej. 5:** 1. Quiere que hagamos las maletas... 2. Quiere que durmamos ocho horas... 3. Quiere que traigamos ropa... 4. Quiere que vayamos... 5. Quiere que pongamos el dinero... 6. Quiere que le demos el pasaporte. 7. Quiere que volvamos con... 8. No quiere que pidamos comida... 9. Quiere que nos divertamos mucho. 10. Quiere que le digamos «Adiós» a nuestra familia. **Ej. 6:** 1. llame; c. llegue 2. sirva; d. vayamos 3. oigas; b. vengas 4. traigamos; e. volvamos 5. saques; a. estés **Ej. 7:** 1. durmiendo 2. asistiendo 3. viendo 4. estudiando 5. leyendo (Answers will vary.) 6. estaba dando una clase. 7. estaba tomando un examen. 8. estaban comiendo. 9. estaban trabajando. 10. estaba corriendo. **Ej. 8:** 1. Manejaba 2. Veía 3. Caminaba 4. hablaba 5. Hacía 6. Me bañaba **Ej. 9:** 1. era 2. íbamos 3. alquilábamos 4. buceábamos 5. bañábamos 6. salíamos 7. caminábamos 8. tenía 9. fuimos 10. estaban durmiendo 11. jugaba 12. hablaba 13. conocía 14. miré 15. jugaba 16. vi 17. levantamos 18. corrimos 19. encontramos 20. buscamos 21. pudimos 22. Estaba 23. regresamos 24. teníamos 25. estaba 26. fuiste 27. grité 28. contestó 29. estaba 30. enojé

CAPÍTULO 12

Ej. 1: 1. Tiene que haber 2. Va a haber / Hay 3. había 4. hay; va a haber; Hay 5. haya **Ej. 2:** 1. b 2. a 3. b 4. a 5. a **Ej. 3:** 1. No le muestre su pierna. 2. No le diga que le duele mucho. 3. No le lleve estos papeles a la recepcionista. 4. No le traiga la comida al paciente. 5. No le dé la receta al farmacéutico. **Ej. 4:** 1. Llámeme el miércoles. 2. Tráiganos la medicina. 3. Dígale su

nombre al médico. 4. Lléveles la receta a los pacientes. 5. Déme la información. **Ej. 5:** 1. Le recomienda a la enfermera que le ponga la inyección a la paciente. 2. Le recomienda al paciente que le llame mañana. 3. Le recomienda a la enfermera que le explique los síntomas a la señora López. 4. Le recomienda a la recepcionista que les lleve estos papeles a los señores Gómez. 5. Le recomienda al paciente que le cuente a la enfermera cómo ocurrió el accidente. **Ej. 6:** 1. Se perdió. 2. Se rompieron. 3. Se cayó. 4. Se descompuso. **Ej. 7:** 1. A Lan se le descompuso el carro. 2. A Carmen se le cayó el espejo. 3. A la profesora Martínez se le olvidó el libro de español en el salón de clase. 4. A Ernesto y Estela se les quedó la llave dentro de la casa. 5. A Luis y Alberto se les perdió el libro de matemáticas. **Ej. 8:** (Answers may vary.) 1. Estela barría cuando Ernesto se cayó de la escalera. 2. Ramón y Amanda patinaban cuando Amanda se cayó sobre el hielo. 3. Andrea se maquillaba cuando Pedro se cayó en la bañera. 4. Ernesto manejaba cuando atropelló un perro. 5. Ernestito y sus amigos jugaban al béisbol cuando Ernestito rompió la ventana. 6. Ernesto y Estela veían la televisión cuando ocurrió un terremoto. **Ej. 9:** 1. trabajé 2. Salí 3. caminé 4. Había 5. esperaba 6. era 7. Pensaba 8. vi 9. caminaba 10. estaba 11. llegó 12. robó 13. empezó 14. desapareció 15. llegó 16. di 17. llegó 18. llegué **Ej. 10:** 1. b, c, d 2. b, c 3. a, b, c 4. a, d 5. a, c, d

CAPÍTULO 13

Ej. 1: Nora, yo prefiero el largo (corto). 2. Alberto, yo prefiero el de cuero (lana). 3. Pablo, yo prefiero el ligero (grueso). 4. Carmen, yo prefiero la azul (blanca). 5. Esteban, yo prefiero la de seda (algodón). **Ej. 2:** 1. Señora Ruiz, ¿va a comprar una verde o una amarilla? 2. Doña Lola, ¿va a comprar uno eléctrico o uno manual? 3. Paula, ¿vas a comprar uno pequeño o uno grande? 4. Ramón, ¿vas a comprar una grande o una mediana? 5. Amanda, ¿vas a comprar una grande o una portátil? **Ej. 3:** 1. esta; ésa 2. estos; ésos 3. estas; ésas 4. ese; éste 5. Ese; éste **Ej. 4:** 1. c: Para buscar un libro que necesito para una clase. 2. e: Para no tener que limpiarlo después. 3. a: Para limpiar la alfombra de la sala. 4. b: Para reparar el coche. 5. d: Para usarlo en la fiesta esta noche. **Ej. 5:** 1. por 2. Para 3. para 4. para 5. por 6. por 7. por

8. Para 9. para 10. por 11. para **Ej. 6:** 1. nos; a, b, c 2. le; a, b 3. les; a, c 4. me; a, c, d 5. te; a, c **Ej. 7:** 1. Sí, se la entregué ayer. 2. Sí, se lo vendí la semana pasada. 3. Sí, se la di anoche. 4. Sí, se la presté el lunes pasado. 5. Sí, se la llevé el fin de semana pasado. 6. Voy a prestártelas esta tarde. 7. Voy a devolvértelo mañana. 8. Voy a traértelo el sábado que viene. 9. Voy a dártela cuando salga de la escuela. 10. Voy a mostrártelos este fin de semana. **Ej. 8:** 1. Sí, voy a pedírselo esta noche. 2. Sí, voy a prestárselos mañana. 3. Sí, voy a llevárselas el domingo que viene. 4. Sí, voy a devolvérselas esta tarde. 5. Sí, voy a regalárselo el viernes en la fiesta. **Ej. 9:** 1. Te la estoy dando ahora mismo. 2. Te la estoy preparando ahora mismo. 3. Te la estoy planchando ahora mismo. 4. Te lo estoy buscando ahora mismo. 5. Te las estoy buscando ahora mismo. **Ej. 10:** 1. Ya me la regaló ayer. 2. Ya me lo compró la semana pasada. 3. Ya me la prestó anoche. 4. Ya me los trajo el viernes pasado. 5. Ya me lo dio esta tarde.

CAPÍTULO 14

Ej. 1: 1. Levántate (Acuéstate) 2. Ven 3. Ten 4. Sal 5. Bájate 6. Habla 7. Acuéstate; apaga 8. Dile 9. Ve; lee 10. Haz **Ej. 2:** 1. Traiga; dé 2. Muestre; diga 3. espera; te vayas 4. Rebaje; suba 5. Mira; digas **Ej. 3:** 1. Mamá, hazme un sándwich, por favor. 2. Lávame el traje de baño. 3. Ponme música. 4. Cómprame una playera. 5. Dame la loción. **Ej. 4:** 1. No, no me lo arregles. 2. No, no me la abras. 3. No, no me lo prestes. 4. No, no me lo prepares. 5. No, no me lo enciendas. 6. No, no me la digas. **Ej. 5:** 1. Sí, pídaselos. 2. Sí, léamelo. 3. Sí, préstaselo. 4. Sí, escríbamelas a máquina. 5. Sí, cuénteselas. **Ej. 6:** 1. Te la dimos nosotros. 2. Se las dio Raúl. 3. Te lo regalaron papá y mamá. 4. Te las ha comprado la abuela. 5. Te la regaló Estela. 6. Nos las trajo Raúl. **Ej. 7:** 1. ruega; llegue 2. Espera; saquen 3. Desea; contesten 4. Prefiere; lea 5. Quiere; entreguemos **Ej. 8:** 1. Guillermo, es mejor que hagas la tarea. 2. Graciela, quiero que hables con Amanda. 3. Amanda, es necesario que llames a Graciela. 4. Clarisa, es muy importante que te quedes en el patio. 5. Clarisa, sugiero que juegues con tu hermanita. **Ej. 9:** 1. a. vayan b. falten c. hablen d. den; a, c 2. a. fumemos b. durmamos c. consultemos d. comamos; b, d 3. a. jueguen b. limpien c. coman

d. vean; b, c, d 4. a. haga b. llame c. ayuden d. saque; a, b, c, d 5. a. almuerces b. vengas c. sacudas d. regales; a, b **Ej. 10:** 1. ¡Que lo bañe Ernestito! 2. ¡Que lo barra Guillermo! 3. ¡Que las pague Ernesto! 4. ¡Que los cuide Ernesto! 5. ¡Que los sacuda Berta! 6. ¡Que lo arregle Ernesto! 7. ¡Que lo envíe Amanda! 8. ¡Que jueguen con la gata los niños! 9. ¡Que la recoja Ernestito! 10. ¡Que las ponga allí Berta! **Ej. 11:** 1. ¡Que duermas bien! 2. ¡Que lo pases bien! 3. ¡Que tengas buena suerte! 4. ¡Que se mejore! 5. ¡Que tengan buen viaje! **Ej. 12:** 1. Ojalá (que) reciba muchos regalos. 2. Ojalá (que) haga buen tiempo. 3. Ojalá (que) no tenga que trabajar. 4. Ojalá (que) no esté enfermo/a. 5. Ojalá (que) vengan a visitarme mis amigos. **Ej. 13:** 1. Salgamos 2. Descansemos 3. Comprémosle 4. Asistamos 5. Veamos **Ej. 14:** 1. No, no descansemos primero. Vamos a descansar después. 2. No, no caminemos por el parque a la 1:00. Vamos a caminar a las 4:00. 3. No, no busquemos otro ahora. Vamos a buscar uno más tarde. 4. No, no nos duchemos antes de salir. Vamos a ducharnos después. 5. No, no lo llamemos ahora. Vamos a llamarlo más tarde.

CAPÍTULO 15

Ej. 1: 1. El señor Ruiz y su suegra se llamaron. 2. Mi ahijada y yo nos escribimos a menudo. 3. Amanda y su novio se hablan todos los días. 4. Mi madre y mi padre se respetan mucho. 5. El abuelo de Guillermo y yo nos conocemos muy bien. **Ej. 2:** 1. Pues, no está muy amable hoy. 2. Pues, no está muy frío hoy. 3. Pues, no está muy cómico hoy. 4. Pues, no está muy cara hoy. 5. Pues, no está muy eficiente hoy. **Ej. 3:** 1. es 2. está 3. estoy 4. está; es 5. Son; están 6. son; están **Ej. 4:** 1. Me casaré; tendré 2. nos graduaremos; iremos 3. se mudarán; vivirán 4. lograremos; nos reuniremos 5. vendrá; dirá **Ej. 5:** 1. gradúe 2. haya 3. tienes 4. ven 5. llegues 6. vengan 7. alcancen 8. vuelven 9. salgamos 10. saludan **Ej. 6:** 1. visitarían 2. trataría 3. compraría 4. comerían; tomarían 5. practicarían 6. caminaría 7. pasaría 8. usarían 9. se acostarían 10. correría

CAPÍTULO 16

Ej. 1: 1. hay 2. vengan 3. lleguen 4. permita 5. encuentren 6. son 7. digas 8. sepa 9. podamos 10. vamos **Ej. 2:** 1. tenga 2. haya 3. seamos 4. Representan 5. vive 6. estén 7. conozco **Ej. 3:** 1. sea 2. esté 3. ofrezca 4. tienen 5. venda 6. fabrica 7. hay **Ej. 4:** 1. haya 2. contraigan 3. aumenta 4. estemos 5. prohíbe 6. ayude 7. adopte 8. influye 9. surjan 10. crezca **Ej. 5:** 1. ponga 2. puedan 3. tenga 4. haya **Ej. 6:** 1. me graduara 2. se jubilara 3. nos mudáramos 4. tuviera 5. se divorciaran 6. fueran 7. fuera 8. abriera **Ej. 7:** 1. dedicaran; habría 2. vieran; leerían 3. permitiera; habría 4. legalizara; bajaría 5. conocieran; sería 6. recibiera; estaría 7. prohibiera; sufrirían **Ej. 8:** 1. hubiera; habríamos 2. hubiera; habría 3. hubiera; habrían 4. hubiera; habrían 5. hubieran; habría 6. hubieran; habríamos 7. hubiera; habríamos 8. hubieran; habría

Vocabulary

This Spanish-English vocabulary contains all of the words that appear in the text, with the following exceptions: (1) most identical cognates that do not appear in the chapter vocabulary lists; (2) conjugated verb forms, with the exception of certain forms of **haber** and expressions found in the chapter vocabulary lists; (3) diminutives in **-ito/a**; (4) absolute superlatives in **-ísimo/a**; and (5) some adverbs in **-mente**. Active vocabulary is indicated by the number of the chapter in which a word or given meaning is first listed (A = **Paso A**); vocabulary that is glossed in the text is not considered to be active vocabulary and is not numbered. Only meanings that are used in this text are given.

The gender of nouns is indicated, except for masculine nouns ending in **-o** and feminine nouns ending in **-a**. Stem changes and spelling changes are indicated for verbs: **dormir (ue, u); llegar (gu)**.

The following abbreviations are used:

abbrev.	abbreviation	*m.*	masculine
adj.	adjective	*Mex.*	Mexico
adv.	adverb	*n.*	noun
Arg.	Argentina	*obj. of prep.*	object of preposition
coll.	colloquial	*pl.*	plural
conj.	conjunction	*pol.*	polite
d.o.	direct object	*poss.*	possessive
f.	feminine	*p.p.*	past participle
fig.	figurative	*prep.*	preposition
Guat.	Guatemala	*pron.*	pronoun
inf.	informal	*refl. pron.*	reflexive pronoun
infin.	infinitive	*sing.*	singular
inv.	invariable	*Sp.*	Spain
i.o.	indirect object	*sub. pron.*	subject pronoun
irreg.	irregular		

A

a to; at; **a la(s)** at (*time*); **al** *contraction of* **a + el** to the

abadejo cod(fish)

abajo below, underneath (4)

abandonar to abandon

abarrote *m.*: **tienda de abarrotes** grocery store

abecedario alphabet

abierto/a (*p.p. of* **abrir**) open (B); opened

abogado/a lawyer (5)

abolladura dent

abollar to dent

abordar to board, get on (11)

aborto abortion (16)

abrazar (**c**) to embrace (12); **abrazarse** to hug each other (15)

abrazo hug

abrelatas *m. sing., pl.* can opener (13)

abrigo coat (A)

abril *m.* April (1)

abrir (*p.p.* **abierto**) to open (A)

abrocharse (**el cinturón de seguridad**) to fasten (the seatbelt) (10)

abrumado/a overwhelmed, oppressed

abuelo/a grandfather/grandmother (C); **abuelos** *pl.* grandparents

abundancia abundance (10)

abundante abundant

aburrido/a boring; bored (B); **¡qué aburrido!** how boring! (1)

aburrirse to be bored

abusar de to abuse (12)

abuso abuse (16)

acá here; **para acá** over here

acabar to finish; **acabar de** (+ *infin.*) to have just (*done something*) (13)

acalorado/a heated (15)

acampar to go camping (1)

acariciar to caress

acarrear to transport; to haul

acceso access

accidente *m.* accident (5)

acción *f.* action (3); **Día** (*m.*) **de Acción de Gracias** Thanksgiving Day (4)

aceite *m.* oil (8)

aceituna olive (8)

acelerar to accelerate

aceptable acceptable (16)

aceptar to accept (7)

acerca de about

acercarse (**qu**) (**a**) to approach, come near

acero steel (13)

ácido acid

aclarar to cast light on; to explain; to resolve

acogedor(a) cozy

acompañar to accompany

acondicionado/a: aire (*m.*) **acondicionado** air conditioning (10)

acondicionador *m.* conditioner (4)

aconsejar to give advice, advise (12)

acorazado de combate battleship

acordarse (**ue**) to remember

acostado/a lying down

acostarse (**ue**) to go to bed (4)

acostumbrar to be in the habit of; **acostumbrarse a** to get used to, accustomed to

acrilán *m.* acrylic (13)

actitud *f.* attitude

activar to activate, turn on

actividad *f.* activity (A)

activista *n. m., f.* activist (16)

actriz *f.* (*pl.* **actrices**) actress

actuación *f.* acting, performance

actual present-day, current (2)

actualidad *f.*: **en la actualidad** currently, nowadays

actualmente at present, nowadays

actuar (**actúo**) to act

Acuario Aquarius

acuático/a: polo acuático water polo; **deportes** (*m. pl.*) **acuáticos** water sports; **parques** (*m. pl.*) **acuáticos** water parks

acudir to go; to come (12)

acueducto aqueduct (11)

acuerdo agreement; **de acuerdo** I agree; OK; **estar de acuerdo** to agree (B); **quedar de acuerdo** to agree

acumulado/a accumulated

acumulador *m.* battery (10)

acusado/a *n.* accused (*person*) (5)

acusar to accuse

adaptar to adapt

adecuado/a adequate (12)

adelante: de ahora en adelante from now on; **hacia adelante** forward; **sacar adelante** to carry forward; to rear, nurture

adelanto advance, progress

adelgazar (**c**) to lose weight

además moreover; **además de** besides; in addition to (11)

adentro inside, within

aderezo (salad) dressing (8)

adeudarse to incur debt

adictivo/a addicting

adiós goodbye

adivinar to guess

adivino/a fortune-teller (15)

adjetivo adjective

adjunto/a enclosed (*in a letter*)

administrar to administrate

admirador(a) admirer

admirar (**a**) to admire (11)

admitir to admit (14)

¿adónde? where?

adopción *f.* adoption

adoptar to adopt

adquirido/a acquired

adquirir (**ie**) to acquire, obtain

aduana *sing.* customs (11); **derecho** (*sing.*) **de aduana** customs duties, taxes (11)

aduanero/a *m.* customs agent

advertir (**ie, i**) to warn, advise

aéreo/a pertaining to air (travel) (10)

aerolínea airline (11)

aeropuerto airport (11)

afectar to affect

afeitarse to shave (4)

afirmación *f.* statement

afirmar to affirm

afortunadamente fortunately

africano/a: lenguas (*pl.*) **africanas** African languages (C)

afrikaans *m. sing. a language of South Africa* (C)

afuera *adv.* outside; **afueras** *n. pl.* outskirts, suburb(s)

agarrado/a a hanging on to

agarrador (*m.*) **de olla** potholder

agencia agency; **agencia de viajes** travel agency (C)

agente *m., f.* agent; **agente de viajes** travel agent

agigantado/a gigantic, huge

ágil agile

aglomeración *f.* crowd

agosto August (1)

agotado/a exhausted; sold out

agradable pleasant, nice (6)

agradecer (**zc**) to thank

agrario/a *adj.* land; **reforma agraria** land reform (16)

agregar (**gu**) to add (8)

agrícola *adj. m., f.* agricultural (16)

agua *f.* (*but* **el agua**) water (4); **agua con sal** salt water (12); **agua corriente** running water (8); **agua mineral** mineral water

aguacate *m.* avocado (8)

aguantar to put up with, endure

aguar to water

águila *f.* (*but* **el águila**) eagle

aguja needle

agujereado/a full of holes

agujero hole; **agujero en la capa de ozono** hole in the ozone layer (10)

ahí there (4)

ahijado/a godson/goddaughter (15); **ahijados** *pl.* godchildren

ahora now (2); **ahora mismo** right now (4)

ahorrar to save (9)

aire *m.* air; **aire acondicionado** air conditioning (10); **al aire libre** outdoors (7)

aislado/a isolated

ajá aha

ajedrez *m.* chess

ají (*m.*) **de gallina** *chicken in chili sauce*

ajiaco *potato and chili stew*

ajillo: al ajillo in garlic sauce

ajo garlic (8)

ajustarse to adjust

al *contraction of* **a + el** to the; **al** (+ *infin.*) upon (*doing something*)

ala *f.* (*but* **el ala**) wing

alacena cupboard (6)

alai: jai alai *m.* Basque ball game

alameda *public walk lined with trees*

alarmado/a alarmed (13)

alarmarse to become alarmed (13)

albahaca basil
albaricoque *m.* apricot (8)
alberca *Mex.* swimming pool (7)
albondigón *m.* hamburger
alboroto disturbance; brawl; riot
alcalde, alcaldesa mayor
alcance *m.* scope; significance; **a su alcance** within reach
alcancía coin/piggy bank
alcanfor *m.* camphor
alcanzar (c) to reach (15); **no le alcanzaba** it wasn't enough (15)
alcanzó attained, reached
alcaparra caper
alcázar *m.* castle, fortress
alcoba bedroom
aldea global global village
alegrarse to be glad; **alegrarse de que** to be happy that (16)
alegre happy (4)
alegría happiness
alejarse to move away, leave
alemán *n. m.* German (language) (C)
alemán, alemana *n., adj.* German (C)
Alemania Germany (C)
alentado/a encouraged
alentador(a) encouraging
alergia allergy (12)
alergista *m., f.:* **médico/doctora alergista** allergist (12)
alfabetización *f.:* **campaña de alfabetización** literacy campaign (16)
alfombra rug; carpet (6)
algo something (4); **algo de comer** something to eat; **algo que hacer** something to do
algodón *m.* cotton (13)
alguien someone (6)
algún, alguno/a some (2); any; **algún día** someday; **alguna vez** once; ever; **algunas veces** sometimes (14); **algunos/as** some (2)
aliado/a *n.* ally
alimentar to feed; to nourish
alimento nourishment, food (8)
aliviar to alleviate
alivio relief
allá (over) there; **más allá de** beyond
allí there (4); **por allí** over there, around there
alma *f.* (*but* **el alma**) soul
almacén *m.* department store (4)
almacenar to store
almeja clam (8)
almendra almond (8)
almíbar *m.* syrup (8)
almirante *m.* admiral
almohada pillow (6)
almorzar (ue) (c) to have lunch (7)
almuerzo lunch (2)
alocado/a crazy
alojamiento lodging (11)
alpaca alpaca wool

alquilar to rent (6)
alquiler *m.* rent (6)
alrededor de *prep.* around (3); **alrededores** *n. m. pl.* outskirts
altitud *f.* altitude; height
alto/a tall (A); high; **alta costura** haute couture; **en voz** (*f.*) **alta** in a loud voice (15); out loud
altura height
aludir a to allude to
aluminio aluminum
alumno/a student
alzar (c) to raise
ama *f.* (*but* **el ama**) mistress (*of the house*) (14); **ama de casa** housewife (3)
amable kind; friendly
amado/a *n., adj.* beloved
amanecer *m.* dawn
amante *m., f.* lover
amar to love
amarillo/a yellow (A)
amarrar to fasten
Amazonia Amazon basin
amazónico/a *adj.* Amazon
ambición *f.* ambition
ambiental environmental (15); **contaminación** (*f.*) **ambiental** environmental pollution
ambiente *m.* environment; atmosphere (8); **medio ambiente** environment
ambos/as *pl.* both (10)
amenazar (c) to threaten
americano/a *adj.* American
amigo/a friend (A); **amigo/a íntimo/a** close friend (15); **mejor amigo/a** best friend
amistad *f.* friendship (15)
amistoso/a friendly
amo master (14); boss
amor *m.* love
amparo shelter
amplio/a ample; roomy (6)
amueblado/a furnished (6)
analfabetismo illiteracy (16)
análisis *m. sing., pl.* analysis; **análisis de sangre** blood test (12); **hacer análisis** to do (medical) tests
analizar (c) to analyze
ananá *m.* pineapple (8)
anaranjado/a orange (*color*) (A)
ancho/a wide
anciano/a elderly person
andaluz(a) (*m. pl.* **andaluces**) Andalusian (*from southern Spain*)
andar *irreg.* to walk; **¡anda!** come on!; **andar en bicicleta/motocicleta** to go for a bicycle/motorcycle ride (2); **andar en monopatín/patineta** to skateboard; **andar en velero** to go sailing (4)
andén *m.* train station platform
andino/a Andean (16)
anécdota anecdote, story
anémona sea anemone
ángel *m.* angel (14)

anglicismo Anglicism
anglohablante *m., f.* English-speaking person
angosto/a narrow
angula eel
ángulo angle
anillo ring (12)
animado/a: dibujos animados cartoons
animal *m.* animal; **animal doméstico** pet (5)
anímico/a: estado anímico mental state
ánimo spirit, energy; **estado de ánimo** state of mind (12)
anoche last night (6)
anónimo/a anonymous
anotar to write down (16)
ansiedad *f.* anxiety
ansioso/a anxious
ante before; faced with, in the presence of
anteayer day before yesterday (1)
antepasado/a *n.* ancestor (16)
anterior previous
antes *adv.* before; **antes (de)** *prep.* before (4); **antes de que** *conj.* before (16); **cuanto antes** as soon as possible
anticipación *f.:* **de anticipación** in advance
anticiparse to anticipate
anticonceptivo contraceptive (16)
antigüedad *f.* antiquity
antiguo/a old; antique (B)
Antioquía Antioch
antipático/a disagreeable (B)
antojito *Mex.* snack (8)
anunciante *m., f.* advertiser
anunciar to announce (11)
anuncio advertisement (6); **anuncio comercial** TV or radio commercial
añadir to add
añejado aged (*wine, liquor*)
añejamiento *n.* aging (*wine, liquor*)
añejo mellow, aged (*wine, liquor*)
año year; **Año Nuevo** New Year's Day (4); **¿cuántos años tiene(s)?** how old are you? (C); **cumplir años** to have a birthday (7); **de... años** . . . years old (B); **tener... años** to be . . . years old; **tengo... años** I'm . . . years old (C); **todo el año** all year long; **todos los años** every year
apadrinar to act as a godfather
apagar (gu) to turn off (*light*) (6)
aparador *m.* sideboard, buffet
aparato appliance (6); **aparato doméstico** appliance (13); **aparato electrodoméstico** household appliance
aparcamiento parking lot
aparcar (qu) to park
aparearse to mate
aparecer (zc) to appear
apariencia (outward) appearance; **en apariencia** apparently
apartado postal post office box
apartamento apartment (6); **edificio de apartamentos** apartment building

aparte *m.:* **punto y aparte** (write a) period and (begin a) new paragraph (*dictation*)
apasionado/a passionate
apasionar to fill with enthusiasm
apearse to get off, dismount
apellido last name (C)
apenas barely
apetito appetite
apio celery (8)
aplaudir *fig.* to commend, praise
aplicarse (**qu**) to be used
aportar to contribute (15)
apoyado supported (16)
apoyar to support
apoyo support
apreciar to appreciate
aprender to learn (4)
aprendizaje *n. m.* learning
apresurarse to hurry
apretado/a tight (13)
apretar (**ie**) to press; to squeeze
aprobar (**ue**) to approve (14)
apropiado/a appropriate (5)
aprovecharse de to take advantage of (16)
aproximado/a approximate
aptitud *f.* aptitude, ability (5)
apto. (*abbrev. for* **apartamento**) apartment
apuntar to point at
apunte *m.* note
aquel, aquella *adj.* that (over there) (5); *pron.* that one (over there); **en aquel entonces** at that time
aquello that; that thing; that fact
aquí here (3); **aquí mismo** right here; **por aquí** around here
árabe *n. m.* Arabic (language)
árabe *n. m., f.* Arab; *adj.* Arabic
arándano cranberry
arar to plow
árbol *m.* tree (2); **árbol de Navidad** Christmas tree (4); **subirse a los árboles** to climb trees (9)
arbusto bush (6)
archipiélago archipelago
arco arch; **arco iris** rainbow (A)
ardilla squirrel
arena sand (7); **arena movediza** quicksand
arete *m.* earring (A)
argentino/a *n., adj.* Argentinian (C)
árido/a arid (10)
aritmética arithmetic
arma *f.* (*but* **el arma**) arm, weapon; **arma de fuego** firearm (16); **portar armas** to bear arms (16)
armadura armor
armar to arm
armario closet (6)
arqueólogo/a archeologist
arquitecto/a architect
arquitectura architecture
arrancar (**qu**) to pull up; to snatch away; to start
arranque *m.* ignition (10)

arras *pl. coins given by a bridegroom to a bride as a symbol of his role as provider* (15)
arrecife *m.* reef (10)
arreglar to arrange; to straighten up, clean; to fix (5)
arrestar to place under arrest (7)
arriba: allá arriba up there; **arriba de** on top of (3); above; **hacia arriba** up(ward)
arriesgar (**gu**) to risk
arrojar to throw
arroyo stream, brook
arroz *m.* rice (8); **arroz con leche** rice pudding (8)
arruinar to ruin (15)
arrullar to lull to sleep
arte *m.* (*but* **las artes**) art; **artes gráficas** graphic arts; **bellas artes** fine arts; **Facultad** (*f.*) **de Bellas Artes** School of Fine Arts (3)
arteria artery (12)
artesanal: feria artesanal crafts fair
artesanía *sing.* crafts; craftsmanship
artesano craftsman
artículo article
artificial: fuegos artificiales fireworks (4)
artista *m., f.* artist (3)
arveja green pea (8)
asado/a roasted; **bien asado** well-done (*meat*) (8); **poco asado** rare (*meat*) (8)
asador *m.* barbecue (grill) (13)
asar to roast (8)
ascendencia ancestry
ascender to rise (*to power*)
ascensor *m.* elevator (6)
asco disgust
asegurar to assure; to guarantee
asentamiento settlement
asesinar to assassinate
asesinato murder; assassination
asesino/a murderer
así thus, so, that way, this way (5); **así es la vida** that's life (16); **así que** so (that), with the result that
asiático/a *n., adj.* Asian (16)
asiento seat
asignar to assign (5)
asignatura (school) subject
asimismo likewise
asistencia aid, assistance; attendance
asistente (*m., f.*) **de vuelo** flight attendant (11)
asistir (**a**) to attend (3)
asociación *f.* association
asociarse to join in partnership; to associate (16)
asomarse to show up, appear
asombro amazement; fear
asombroso/a astonishing
aspecto aspect; appearance
aspiraciones *f. pl.* aspiration
aspiradora vacuum cleaner (6); **pasar la aspiradora** to vacuum (6)
aspirina aspirin (12)
astuto/a astute, shrewd

asumir to assume, take on (16)
asunto subject, topic; matter, affair (16)
asustado/a scared (7)
asustar to scare
atacar (**qu**) to attack
ataque *m.* attack; **ataque del corazón** heart attack (12)
atar to tie (7)
atardecer *m.* late afternoon
Atenas *f.* Athens
atención *f.* attention; **llamar la atención a** to call attention to
atender (**ie**) to assist, take care of (12); **atender mesas** to wait on tables (5)
aterrizar (**c**) to land (*airplane*)
atleta *m., f.* athlete (15)
atormentar to torment, torture
atraer (*like* **traer**) to attract (16)
atrapar to trap (7)
atrás *adv.* behind
atravesar (**ie**) to cross, go across
atreverse a (+ *infin.*) to dare to (*do something*)
atribuir (**y**) to attribute (12)
atropellar to run over (*with a vehicle*) (12)
atuendo suit (*of clothes*), outfit
atún *m.* tuna (8)
audífonos *pl.* headphones
aumentar to increase (14)
aumento raise, increase; **aumento de sueldo/salario** raise (in pay)
aun even
aún still, yet
aunque although (14)
ausencia absence
ausente absent
auto car
autobús *m.* bus (3); **estación** (*f.*) **de autobuses** bus depot; **parada del autobús** bus stop (3)
automático/a: cajero automático automatic teller machine (ATM)
automóvil *m.* automobile, car (A); **seguro de automóvil** car insurance
automovilista *m., f.* driver
automovilístico/a of or related to an automobile (12)
autónomo/a autonomous
autopista freeway (10)
autor(a) author (16)
autorización *f.* authorization (16)
autovía highway
¡auxilio! help! (7)
avance *m.* advance
avanzar (**c**) to advance
avda. (*abbrev. for* **avenida**) avenue
ave *f.* (*but* **el ave**) bird; fowl (8)
avena oatmeal (8)
avenida avenue (3)
aventón *m.* ride; **dar un aventón** *Mex.* to give (*someone*) a ride (9)
aventura adventure (7)
aventurero/a adventurous (11)

avergonzarse (güe) (c) (por) to be ashamed (of) (16)

avería breakdown (*mechanical*)

avión *m.* (air)plane (5)

avisar to inform

aviso (comercial) notice; ad (5); **aviso clasificado** classified ad (5)

ayer yesterday (1)

ayuda help (15)

ayudar to help (5); **ayudarse** to help each other (14)

azotea flat-roofed adobe house; terraced roof

azteca *n. m., f.; adj.* Aztec (7)

azúcar *m.* sugar (8); **caña de azúcar** sugar cane

azucarera sugar bowl (8)

azul *n. m.; adj.* blue (A); **azul marino** navy blue (13)

azulejo glazed tile

B

bachillerato bachelor's degree

bacteriano/a bacterial

bahía bay (10)

bailador(a) dancer

bailar to dance (1); **salir a bailar** to go out dancing (1)

baile *m.* dance (3); **salón (*m.*) de baile** dance hall

bajar to lower; to go down (2); **bajarse** to get off (11)

bajo *prep.* under

bajo/a short (*height*) (A); low; **en voz baja** in a low voice (5)

balada ballad

balance *m.* balance

Baleares *pl.:* **Islas Baleares** Balearic Islands

ballena whale (10)

baloncesto basketball (1)

balonmano handball

banco bank (5); bench

banquete *m.* feast

bañar to bathe (4); **bañarse** to bathe (4)

bañera bathtub (6)

baño bathroom (6); **sala de baño** bathroom (6); **traje (*m.*) de baño** bathing suit (7)

bar *m.* bar (4)

barato/a inexpensive, cheap (8)

baratura cheapness; inexpensiveness

barba beard (A)

barbacoa barbecue (*food*)

barbitúrico barbiturate

barca small boat; **pasear en barca** to take a boat ride (2)

barco ship (7)

barra de pan loaf of bread

barranca gully, ravine

barrer to sweep (6)

barrica large barrel; cask

barril *m.* barrel

barrio neighborhood (9); **Barrio Sésamo** Sesame Street

basarse (en) to be based (on) (16)

básquetbol *m.* basketball (1)

basta it's enough, sufficient; **¡basta!** enough!; **basta de** enough

bastante *adj.* enough, sufficient; *adv.* rather, quite

bastón *m.* cane

basura trash; **bote (*m.*) de la basura** trash can (6); **sacar la basura** to take out the trash (6)

bata robe (13)

batalla battle (7)

batata sweet potato, yam

batería battery

batido de frutas fruit shake (8); **batido de leche** milkshake (8)

batir to beat (8)

bautizar (c) to baptize (15)

bautizo christening ceremony, baptism (15)

bazar *m.* bazaar; market place

bebé *m., f.* baby (3)

bebeleche *m.:* **jugar al bebeleche** *Mex.* to play hopscotch (9)

beber to drink (4)

bebida drink

beca scholarship

béisbol *m.* baseball

Belén Bethlehem

belleza beauty; **salón (*m.*) de belleza** beauty parlor

bello/a beautiful (10); **bellas artes** fine arts; **Facultad (*f.*) de Bellas Artes** School of Fine Arts (3)

bendición *f.* blessing

beneficio benefit (15)

beneficioso/a beneficial (12)

benigno/a benign, kind

berberecho cockle

berro watercress

besar to kiss (12); **besarse** to kiss each other (15)

beso kiss (4); **dar un beso** to (give a) kiss (7)

biblioteca library (3)

bici *f.* bike

bicicleta bicycle (C); **andar/pasear en bicicleta** to go for a bicycle ride (2)

bien *adv.* well; **bien + *adj.*** very + *adj.*; **bien, gracias** fine, thanks; **estoy bien** I am fine (A)

bienes *n. m. pl.* possessions, goods

bienestar *m.* well-being (15); **bienestar social** social welfare (16)

bienvenida: dar la bienvenida to welcome (4)

bienvenido/a welcome (11)

bígaro sea-snail

bigote *m.* moustache (A)

bigotillo small moustache

bilingüe bilingual (5)

billar *m.* billiards, pool (2)

billete *m.* ticket (11); bill (*paper money*) (11)

billetera wallet (7)

biografía biography

biología biology (1)

bisabuelo/a great-grandfather/great-grandmother (15); **bisabuelos** *pl.* great-grandparents

bistec *m.* steak (8)

bitácora binnacle (*nautical*)

bizcocho sponge cake; type of pastry

blanco/a white (A); **espacio en blanco** blank (space) (3); **vino blanco** white wine (8)

bloque *m.* block (16)

blusa blouse (A)

boca mouth (B)

bocadillo sandwich

boceto sketch

bocina car horn; **tocar la bocina** to honk the horn (10)

boda wedding (4)

bodega grocery store

boleto ticket (11); **boleto de ida y vuelta** round-trip ticket (11)

boliche *m.* bowling (2)

bolígrafo ballpoint pen (A)

bolívar *m.* monetary unit of Venezuela (13)

boliviano/a *adj.* Bolivian (3)

bolos *pl.* bowling

bolsa bag; purse; sack (4); **bolsa de mano** carry-on luggage; handbag

bolsillo pocket (13); **calculadora de bolsillo** pocket calculator

bombero firefighter (5)

boniato sweet potato, yam

bonito/a pretty (A)

boquerón *m.* small sardine

bordado embroidered; *n.* embroidery

borde *m.* edge, border

bordo: a bordo on board

borracho/a drunk

borrador *m.* eraser (B)

borrar to erase (14)

borrego lamb

bosque *m.* forest (10)

botas *pl.* boots (A)

bote (*m.*) de la basura trash can (6)

botella bottle (7)

botica pharmacy, drug store

botiquín *m.* emergency kit

botones *m. sing., pl.* bellhop (11)

boxeo boxing

bozo down (*hair*) on upper lip

bracero farmhand, farm laborer

brasileño/a *adj.* Brazilian (C)

bravo/a angry, irate

brazalete *m.* bracelet

brazo arm (B)

breve *adj.* brief

brillante bright

brincar (qu) to jump up and down

brindar to drink a toast

brindis *m. sing., pl.* toast (*drink or speech*) (15)

brisa breeze

bróculi *m.* broccoli (7)

broma: en broma jokingly

bromo bromine
broncearse to get a tan (11)
bronquitis *f.* bronchitis (12)
bruja: Día (*m.*) **de las Brujas** Halloween (4)
brusco/a brusque, rough
bruto: ingresos (*pl.*) **brutos** gross income
bucear to skin-dive, scuba dive; to snorkel (3)
buceo underwater swimming; diving (10)
buen, bueno/a good (2); **¡buen viaje!** have a nice trip! (10); **buenas tardes/noches** good afternoon/evening (A); **buenos días** good morning (A); **de buenas a primeras** suddenly; **estar de buen humor** to be in a good mood (4); **hace buen tiempo** it's fine weather (1); **qué bueno que** how great that (16)
bueno... well . . . (C); hello (*answering phone, Mex.*)
buey (*m.*) **del mar** sea-cow
bufanda scarf (13)
bulevar *m.* boulevard
bullicio noise, hubbub
buque *m.* ship
burro/a donkey
busca: en busca de in search of
buscar (**qu**) to look for (5)
búsqueda search (16)

C

caballero gentleman (13); horse rider
caballo horse (2); **montar a caballo** to ride a horse (2)
cabaña hut, cabin
cabellera head of hair
caber *irreg.* to fit (13)
cabeza head (B); **dolor** (*m.*) **de cabeza** headache (12)
cabina cabin; **cabina ancha** wide-body aircraft
cabizbajo/a downcast
cabo cape, promontory; **al cabo de** + *time expression* at the end of + *time expression*; **llevar a cabo** to carry out, fulfill
cabrito kid, young goat
cacahuete *m.* peanut (8)
cachorro/a puppy
cacto cactus
cada *inv.* each (A); **a cada rato** every few minutes (14); **cada día** each day; **cada semana** each/every week (6); **cada uno/a** each one; **de cada lado** on each side
cadena chain
cadera hip (12)
caer *irreg.* to fall; **caerle bien/mal a alguien** to make a good/bad impression on someone; **caerse** to fall down (11); **dejar caer** to let fall/drop
café *m.* coffee (2); café; **color café** brown (A); **tomar café** to drink coffee
cafetera coffee pot (6)
cafetería cafeteria (3)
caja box (13); case; cash register

cajero/a cashier (5); teller (*in a bank*); **cajero automático** automatic teller machine (ATM)
cajón *m.* drawer; crate, chest
calabacita squash, zucchini (8)
calamar *m.* squid
calcetín *m.* sock (13)
calcio calcium
calculadora calculator (13); **calculadora de bolsillo** pocket calculator
calcular to add up; to calculate
caldo clear soup (8)
calefacción *f.* heating (system)
calendario calendar
calentador *m.* heater (6)
calentar (**ie**) to warm up (6)
calidad *f.* quality (13)
caliente hot (4); **té** (*m.*) **caliente** hot tea (8)
calificación *f.* grade
callado/a quiet (6)
callarse to be quiet (13)
calle *f.* street (1)
callejero/a: vendedor(a) callejero/a street vendor
calmar to calm, quiet down
calor *m.* heat; **hace calor** it's hot (weather) (1); **tener calor** to be hot (4)
caloría calorie (7)
caluroso/a warm (10)
calvo/a bald (15)
calzada wide road
calzoncillos *pl.* men's underwear (13)
cama bed (3); **cama matrimonial** double bed (7); **tender la cama** to make the bed (7)
cámara camera; chamber
camarera chambermaid (11)
camarones *m. pl.* shrimp (8)
cambiar to change (9); **cambiar un cheque** (**dinero**) to cash a check (money) (11); **¡cómo cambia el mundo!** how the world changes! (C)
cambio change (11); **cambios** *pl.* gears (10); **en cambio** on the other hand
camilla stretcher (12)
caminar to walk (2)
caminata *n.* walk
camino road (10), path; journey, trip; **por el camino** on the way
camión *m.* truck (10)
camioneta van, light truck
camisa shirt (A)
camiseta T-shirt, undershirt (A)
camisón *m.* nightgown (13)
camote *m.* sweet potato
campamento camp
campaña campaign; **campaña de alfabetización** literacy campaign (16); **carpa de campaña** tent; **tienda de campaña** tent (13)
campeón, campeona champion
campesino/a peasant (16)
camping *m.* campground
campo country(side) (7)
Canadá *m.* Canada

canadiense *n., adj.* Canadian
canailla *type of fish*
cáncer *m.* cancer (10)
cancha de tenis tennis court (6)
canción *f.* song (16)
candidato/a candidate (16)
cangrejo crab (8)
canicas *pl.* marbles
cansado/a tired; **estoy un poco cansado/a** I am a bit tired (A)
cansancio fatigue; weariness (12)
cansar to make tired (12); **cansarse** to get tired (12)
cantante *m., f.* singer (5)
cantar to sing (5)
cantarín, cantarina fond of singing
cantidad *f.* quantity (10)
cantina bar
canto song
caña de azúcar sugar cane
cañón *m.* canyon (10)
caos *m.* chaos
capa de ozono ozone layer (10); **agujero en la capa de ozono** hole in the ozone layer (10)
capacidad *f.* capacity
capataz *m.* (*pl.* **capataces**) foreman
capilla chapel
capital *m.* capital (*money*) (16); *f.* capital (*city*)
capítulo chapter
capó hood (*automobile*) (10)
capota hood (*automobile*)
captar to capture
caqui: de color caqui khaki (13)
cara face (B)
caracol *m.* snail
carácter *m.* (*pl.* **caracteres**) personality, character (15)
caracterizar (**c**) to characterize (16)
caramba *exclamation of surprise*
caray *exclamation of surprise*
carbohidrato carbohydrate
carbón *m.* coal
carburos (*pl.*) **fluorados** fluorocarbons (10)
cárcel *f.* jail (16)
carecer (**zc**) to lack
carente *adj.* lacking
cargo office, position; **hacerse cargo** to take charge
Caribe *m.* Caribbean (3)
caricatura cartoon
caridad *f.* charity
cariño affection; endearment
carmín *m.* carmine, crimson
carne *f.* meat; beef; **carne de cerdo/puerco** pork (8); **carne de res** beef (8); **carne molida** ground beef (8)
carnicería meat market (13)
caro/a expensive (6)
carpa de campaña tent
carpintero/a carpenter
carrera career; course of study; race; **seguir una carrera** to have a career (5)

carretera highway (10)

carro car, automobile (C); **dar un paseo en carro** to go for a drive

carta letter; **escribir cartas** to write letters

cartel *m.* poster

cartera wallet (13)

cartón *m.* cardboard (13)

casa house (A); **ama** *f.* (*but* **el ama) de casa** housewife (3); **casa editorial** publishing house; **casa particular** private home (6)

casado/a married (C)

casamiento marriage

casarse (con) to get married (to) (7); **casarse por lo civil** to get married in a civil marriage ceremony (15)

cáscara rind, peel, skin (8); shell

casco helmet (10)

casero/a home-made; household

casete *m.* cassette

casi almost (1); **casi nunca** very rarely

casimir *m.* cashmere

caso case; **en caso de que** in case (15); **hacer caso** to pay attention

castaño/a brown (*hair, eyes*) (A)

castellano Spanish (language)

castigar (gu) to punish (14)

castigo punishment (14)

castillo castle

casualidad *f.* chance; coincidence

catalizador *m.* catalytic converter

catarata waterfall (10)

catarro cold (illness) (12)

catedral *f.* cathedral

catolicismo Catholicism

católico/a Catholic (16)

catorce fourteen (A)

causa: a causa de because of (15)

causar to cause (10)

cavado/a dug

cebiche *m. Peruvian national dish of raw fish marinated in lemon juice*

cebolla onion (8)

ceja eyebrow (12)

celebración *f.* celebration

celebrar to celebrate (4)

celos *pl.* jealousy; **morirse de celos** to die of jealousy

celoso/a jealous

célula cell

cena dinner (3)

cenar to have dinner (1); **cenar fuera** to go out to dinner (1)

cenicero ashtray

censo census

centavo cent (B); **no tener ni un centavo** to be broke (13)

centígrado/a *adj.* centigrade (10)

céntrico/a central

centro center; downtown (2); **centro comercial** shopping center (6)

centroamericano/a Central American

cepillarse los dientes to brush one's teeth

cepillo brush (13); **cepillo de dientes** toothbrush (6)

cerca *n.* fence (6); *adv.* near; **cerca de** *prep.* close to (3)

cercanías *pl.* vicinity, environs

cercano/a near, close by (6)

cerdo pork; **carne** (*f.*) **de cerdo** pork (8); **chuleta de cerdo** pork chop

cerebro brain (12)

ceremonia ceremony

cero zero (A)

cerrado/a closed (13)

cerrar (ie) to close (A); to turn off (*appliance*)

cervantino/a pertaining to Cervantes

cerveza beer (7)

césped *m.* lawn (6)

cesta de la compra shopping basket

ceviche *see* **cebiche**

chamarra *Mex.* jacket (13)

champaña *m.* champagne

champú *m.* shampoo

chaqueta jacket (A)

charlar to chat (2)

chatarra junk

cheque *m.* check; **cambiar un cheque** to cash a check (11); **cheque de viajero** traveler's check (11)

chicano/a Chicano (16)

chícharo *m.* green pea (8)

chicharrón *m.* pork crackling

chicle *m.* chewing gum (3)

chico/a *n. m., f.* young man/young woman (B); *adj.* small

chile *m.* chili pepper; **chile relleno** stuffed chili pepper

Chile *m.* Chile (2)

chileno/a *n., adj.* Chilean (3)

chimenea fireplace (6)

china orange (*fruit*) (7)

chino *n.* Chinese (language) (C)

chino/a *n., adj.* Chinese (C); **cobrarse a lo chino** to take a cut (*money*)

chiquillo/a child; *coll. Sp.* darling, beloved

chismear to gossip (16)

chiste *m.* joke

chistoso/a funny (12)

chivito/a kid, young goat

chocar (qu) to collide, crash; **chocar con** to crash, run into (*something*) (11)

chocolate *m.* chocolate; **chocolate caliente** hot chocolate

chofer *m., f.* driver (5)

choque *m.* collision, crash (12)

chorizo sausage

choza hut, shack

chuleta chop (8); **chuleta de cerdo** pork chop

chuletón *m.* large steak

chultún *m. subterranean chamber carved in rock*

churrasco barbecued meat, steak

churrasquería barbecue stall

ciberespacio cyberspace

cibernético/a: espacio cibernético cyberspace

cicatriz *f.* (*pl.* **cicatrices**) scar (12)

ciclismo cycling

ciclo cycle

ciclón *m.* cyclone (10)

ciego/a *n.* blind person; *adj.* blind

cielo sky (10); heaven

cien, ciento one hundred (C); **por ciento** percent

ciencia science (9); **ciencias sociales** social science (1); **ciencias políticas** political science; **Facultad** (*f.*) **de Ciencias Naturales** School of Natural Sciences (3)

científico/a *n.* scientist; *adj.* scientific

cierto/a certain (16); true

ciervo/a deer

cigala *edible crustacean*

cigarrillo cigarette (12)

cigarro cigar

cilindrada cylinder capacity

cima top, summit

cinco five (A); **a las cinco** at five o'clock

cincuenta fifty (B)

cine *m.* movie theater (1); **estrella de cine** movie star (15)

cinta tape, cassette (5); **cinta de video** video tape

cintura waist (12)

cinturón *m.* belt; **cinturón de seguridad** seat belt (10)

circulación *f.* circulation; traffic (10)

circular to circulate (12)

ciruela plum; **ciruela seca** prune

cirujano/a surgeon (12)

cita appointment; date (12)

ciudad *f.* city

ciudadanía citizenship (1)

ciudadano/a citizen (10)

civil: casarse por lo civil to get married in a civil marriage ceremony (15); **estado civil** marital status (1)

civilización *f.* civilization

claro/a clear; **claro** of course; **claro que no** of course not (B); **claro que sí** of course (B)

clase *f.* class (A); kind, type; **compañero/a de clase** classmate (A); **dar clases** to teach; **después de clases** after school; **primera clase** first class (11); **salón** (*m.*) **de clase** classroom

clásico/a classical

clasificado/a: aviso clasificado classified ad (5)

clasificar (qu) to classify

clausura closing

clavar to fix, fasten, nail down

clave *adj. inv.* key

cliente, clienta customer (5)

clima *m.* climate (2)

climatizado/a: piscina climatizada heated pool

clínica *n.* clinic (5)

clínico/a clinical

clorhidrato hydrochloride
club *m.* club (3); **club nocturno** nightclub (5)
cobalto cobalt
cobarde *n. m., f.* coward; *adj.* cowardly
cobertura coverage
cobrar to charge (*amount one collects*); **cobrarse a lo chino** to take a cut (*money*)
cobre *m.* copper
cobro charge (*money owed*)
cocaína cocaine
coche *m.* car, automobile (C); **coche deportivo** sports car (13)
cochera garage (10)
cocido/a cooked; **huevos cocidos** hard-boiled eggs (8); **poco cocido** rare (*meat*) (8)
cocina kitchen (5); stove
cocinar to cook (1)
cocinero/a cook (5)
coctel *m.* cocktail
cod. (*abbrev. for* **código**) (postal) zip code
codo elbow (12)
coger (**j**) to catch
cognado cognate
coincidencia coincidence; **¡qué coincidencia!** what a coincidence! (11)
coincidir to coincide (4)
cojín *m.* cushion, pillow (15)
col. (*abbrev. for* **colonia**) colony; neighborhood
cola: hacer cola to stand in line (11)
colaborar to collaborate
colada: piña colada *tall mixed drink of rum, cream of coconut, pineapple juice, and ice, usually mixed in a blender*
colador *m.* sieve
colchón *m.* mattress
colección *f.* collection
colectivo/a *adj.* communal; **colectivo** *n.* (*Arg., Peru*) *passenger vehicle smaller than a bus*
colega *m., f.* colleague
colegio high school (4)
colgar (**ue**) (**gu**) to hang (*clothes in a closet*) (6)
coliflor *f.* cauliflower
colina hill (10)
collar *m.* necklace; **collar de perlas** pearl necklace
colocar (**qu**) to place
colombiano/a *adj.* Colombian (3)
colonia colony; neighborhood; cologne (4); **colonia espacial** space colony (15)
colonizado/a colonized
colonizador(a) *n.* colonizer
color *m.* color; **color café** brown (A); **¿de qué color es?** what color is it? (A); **¿de qué color tiene el pelo / los ojos?** what color are your (*pol. sing.*)/his/her hair/eyes? (B); **televisor** (*m.*) **en colores** color TV set
colorante *m.* coloring agent
columna column
comadre *f.* very good friend (*female*); god-

mother; mother of one's godchild (15)
comarca region
combate *m.*: **acorazado de combate** battleship
combinación *f.* combination; slip (13)
combinar to combine
combustible *m.* fuel; **gastar combustible** to use gas (10)
comedia comedy
comedor *m.* dining room (6)
comején *m.* termite
comentar to comment
comentario comment, commentary; **hacer comentarios** to comment
comenzar (**ie**) (**c**) to begin; **comenzar a** (+ *infin.*) to begin to (*do something*)
comer to eat (2); **comerse** to eat up, finish up
comercial *adj.* commercial, business; **anuncio comercial** TV or radio commercial; **aviso comercial** notice; ad (5); **centro comercial** shopping center (6)
comercio commerce, business (16); **libre comercio** free enterprise
comestibles *m. pl.* food; groceries
cometa: volar una cometa to fly a kite (2)
cometer to commit (*error, crime*) (16)
cómico/a comical; **tiras cómicas** comic strips (9)
comida food (4, 8); meal; lunch
comisión *f.* commission
como as; as a; like; since (6); **como si nada** as if nothing were wrong; **tal y como** exactly the same as; **tan... como** as . . . as (6); **tan pronto como** as soon as (15); **tanto(s)/tanta(s)... como** as many . . . as (6)
cómo no *interj.* of course
¿cómo? how?; what?; **¿cómo era... ?** what were you (*pol. sing.*) / was he/she/it like? (8); **¿cómo eres (tú)?** what are you (*inf. sing.*) like? (B); **¿cómo es usted/él/ella?** what are you (*pol. sing.*) / is he/she like? (B); **¿cómo está usted?** how are you (*pol. sing.*)? (A); **¿cómo estás (tú)?** how are you (*inf. sing.*)? (B); **¿cómo se llama?** what is his/her name? (A); **¿cómo se llama usted? / ¿cómo te llamas?** what is your name? (A); **¿cómo son ustedes/ellos/ellas?** what are you (*pol. pl.*) /they like? (B)
cómoda chest of drawers (6)
cómodamente *adv.* comfortably (10)
comodidad *f.* comfort (11)
cómodo/a comfortable (13)
compacto: reproductor (*m.*) **para discos compactos** CD player (1)
compadre *m.* very good friend (*male*); godfather; father of one's godchild (15)
compañero/a companion; **compañero/a de clase** classmate (A)
compañía company (5)
comparación *f.* comparison (6)
comparar to compare (3)

compartir to share (6)
compatriota *m., f.* fellow countryman/countrywoman, fellow citizen
competencia competition
competir to compete
complacer (**zc**) to please
complejo *n.* complex; **complejo turístico** tourist resort
complemento: pronombre (*m.*) **de complemento directo/indirecto** direct/indirect object pronoun
completar to complete (7)
completo/a complete; **jornada completa** full-time (5); **por completo** totally
comportamiento behavior (14)
composición *f.* composition
compra purchase; grocery shopping; **cesta de la compra** shopping basket; **hacer las compras** to go grocery shopping (6); **ir de compras** to go shopping (1)
comprar to buy (4)
comprender to understand (5); **comprenderse** to understand each other (14)
comprensión *f.* comprehension, understanding
comprometerse a (+ *infin.*) to pledge oneself, promise to (*do something*)
comprometido/a: estar comprometido/a to be engaged (15)
compromiso engagement
compuesto compound (*chemical*)
computación *f.* computation; calculation
computación móvil portable computing
computador(a) computer
común common (16); **el común de la gente** the majority of the people
comunicación *f.* communication (A)
comunicar (**qu**) to communicate; **comunicarse** to communicate with each other
comunidad *f.* community (16)
comunista *n. m., f.; adj.* communist (16)
con with (A); **con tal (de) que** provided that; as long as (16)
concebir (**i, i**) to conceive
concentrado/a concentrated
concierto concert; **entradas para un concierto** tickets for a concert
concluir (**y**) to conclude
concurso contest
conde, condesa count/countess
condición *f.* condition (10)
condicional conditional
condimento condiment
condominio condominium
conducir (**zc**) (**j**) to drive
conducta conduct, behavior
conductor(a) driver (16)
conectar to connect (16)
confeccionar to make, prepare
conferencia conference (15); lecture
conferencista *m., f.* conference speaker, lecturer
confesar (**ie**) to confess

confianza confidence; **de confianza** confidential

conformarse to make do

confrontar to confront

confuso/a confused

congelador *m.* freezer (6)

congelar to freeze

congestionado/a congested (12)

congreso congress

conjunto group

conmigo with me (4)

conmovedor(a) *adj.* moving

conocedor(a) *n., adj.* expert

conocer (zc) to meet (6); to know (6); **dar a conocer** to make known

conocimiento knowledge

conquistador(a) conqueror (16)

conquistar to conquer (16)

consciente conscious; aware; **ser consciente de** to be aware of

consecuencia consequence (15)

conseguir (i, i) (g) to obtain, get (15)

consejo advice (11)

consenso consensus

consentimiento consent

conservación *f.* preservation

conservador(a) *n.* preservative (8); *adj.* conservative (B)

conservar to preserve; to maintain (14)

considerar to consider

consistir en to consist of (15)

constitución *f.* constitution (16)

construcción *f.* construction (13)

construir (y) to build (16)

consulado consulate (11)

consulta consultation, office visit

consultar con to consult (12)

consultorio doctor's office (5)

consumidor(a) consumer

consumo consumption (9)

contador(a) accountant (5)

contaduría notary's office

contagiarse de to catch (*a disease*)

contagio spreading (*of disease*)

contaminación *f.* pollution; **contaminación ambiental** environmental pollution

contar (ue) to count; to tell, narrate (7)

contener (*like* tener) to contain (8)

contenido *sing.* contents

contento/a happy (4); **estar contento/a de que** to be happy that

contestación *f.* answer, reply

contestadora telefónica answering machine (11)

contestar to answer (C)

contigo *inf. sing.* with you (14)

continuación: a continuación next, following

continuo/a continual

contra against (12); **estar en contra de** to be against (15)

contracción *f.* contraction (12)

contraer (*like* traer) to contract

contratista *m., f.* contractor

contribuir (y) to contribute (15)

control *m.* control; **control de la natalidad** birth control (16)

controvertible controversial

convencer (z) to convince

convenir (*like* venir) to suit; to be convenient

converger (convergir) (j) to converge

conversación *f.* conversation

conversar to converse, talk, chat (2)

convertir (ie, i) to change; **convertirse en** to become

convivir to live together (harmoniously); to coexist

coordinador(a) coordinator

coordinar to coordinate

copa (wine)glass (8)

corazón *m.* heart (12); **ataque (*m.*) del corazón** heart attack (12)

corbata tie (*clothing*) (A)

cordero lamb

cordillera mountain range (10)

corral *m.* yard; stockyard, pen (13)

corrección *f.* correction

corredor *m.* corridor

corregir (i, i) (j) to correct

correo mail; post office (11); **correo electrónico** e-mail (15); **mandar por correo** to send by mail

correr to run (2); **correr riesgo** to run a risk

correspondencia correspondence

corresponder to correspond (4)

correspondiente corresponding (4)

corrida de toros bullfight

corriente *f.* current (10); **agua corriente** running water (8)

corsé *m.* corset

cortar to cut (5); **cortarse el pelo** to cut one's hair, have one's hair cut

corte *f.* court; *m.* cutting; cut, fit (*of clothing*) (13)

cortésmente courteously

cortina curtain (6)

corto/a short (*in length*) (A)

cosa thing (B)

cosecha crop, harvest

coser to sew (2)

cosmopolita *adj. m., f.* cosmopolitan

cosmos *m. sing., pl.* universe; world

costa coast (10); **a costa de** at the expense of

costado *n.* side (12)

costar (ue) to cost; **¿cuánto cuesta(n)... ?** how much is/are . . . ? (B); **cuesta(n)...** it costs (they cost) . . . (B)

costarricense *n., adj.* Costa Rican (3)

costilla rib (12)

costo cost

costumbre *f.* habit, custom (16)

costura: alta costura haute couture

cotidiano/a *adj.* daily

cotillear *coll.* to gossip (16)

creación *f.* creation

crear to create (10)

crecer (zc) to grow, grow up (8)

crecimiento growth

crédito credit; **tarjeta de crédito** credit card (8)

creencia belief

creer (y) to believe; to think (5); **creo que no** I don't think so (16); **creo que sí** I think so (16); I should think so!; **(no) creer que** to (not) believe that (16); **no lo creo** I don't believe it (1); **no lo puedo creer** I can't believe it (16); **ya lo creo** of course

crema cream (8)

criada (live-in) maid

criado servant

crianza upbringing (14)

criar(se) to bring up (be brought up); to grow up (15); to raise (*cattle*)

crimen *m.* crime

criollo/a Creole; *Born in Latin America of European parents*

crisis *f. sing., pl.* crisis (16)

cristal *m.* pane of glass

cristiano/a Christian

crítica criticism

criticar (qu) to criticize

crítico/a critical

cronológico/a chronological

crucero cruise ship; cruise (10)

cruda hangover

crudo/a *adj.* raw (8); severe, harsh (*weather*)

cruz *f.* (*pl.* **cruces**) cross; **la Cruz Roja** Red Cross (11)

cruzar (c) to cross (7)

cuaderno notebook (B)

cuadra stable; block (*street*) (11)

cuadrado/a squared

cuadro box, square (4); picture (*on the wall*) (6); **de cuadros** checkered, plaid (13)

¿cuál? what?, which? (C); **¿cuál(es)?** which (ones)?; **¿cuál es su nombre?** what is your name? (A)

cualidad *f.* quality (15)

cualquier(a) any (10)

cuando when (4); **de vez en cuando** once in a while (10)

¿cuándo? when?

¿cuánto/a? how much?; how long?; **¿cuánto cuesta(n)... ?** how much is/are . . . ? (B); **cuánto hace que** + *present... ?* how long have/has . . . ? (9); **¿cuánto tiempo hace que... ?** how long has it been since . . . ? (7); **¿cuánto vale?** how much is it? (13)

cuanto: en cuanto as soon as (15); **en cuanto a** as for, as regards; **unos/as cuantos/as** a few

¿cuántos/as? how many?; **¿cuanto/a/s... ?** how many . . . ? (10); **¿cuántos/as (hay)?** how many (are there)? (A); **¿cuántos años tiene(s)?** how old are you? (C)

cuarenta forty (B)

cuarto room; bedroom; **y/menos cuarto** quarter past/to (*time*) (1)

cuarto/a fourth (2)

cuartucho hovel; small room
cuate/a twin; buddy
cuatro four (A)
cuatrocientos/as four hundred
cubano/a *n., adj.* Cuban (3)
cubanoamericano/a *adj.* Cuban American
cubierto/a (*p.p. of* **cubrir**) covered
cubismo cubism
cubrir (*p.p. of* **cubierto**) to cover (8)
cuchara spoon (8)
cucharita teaspoon (8)
cucharón *m.* ladle (8)
cuchillo knife (8)
cuello neck (B); **cuello en V / en pico** V-neck collar (13)
cuenco bowl
cuenta bill, check (8); **darse cuenta (de)** to realize; **tomar en cuenta** to take into account
cuento short story
cuerda: saltar la cuerda to jump rope (9)
cuero leather (1)
cuerpo body (B)
cuestión *f.* question, issue, matter
cuestionar to question
cuidado care; **con cuidado** with care, carefully (7); **¡cuidado!** (be) careful!; **cuidado médico** medical care; **tener cuidado** to be careful
cuidar (de) to take care (of) (5); **cuidarse** to take care of oneself (11)
culata butt (*gun*)
culpa fault, blame; **tener la culpa** to be to blame, be guilty (12)
culpabilidad *f.* guilt
cultivarse to be cultivated
cultivo cultivation
culto educated; cultured (16)
cultura culture (16)
culturismo body-building
cumbre *f.* summit
cumpleaños *m. sing., pl.* birthday (1); **feliz cumpleaños** happy birthday (1)
cumplir (con) to fulfill, carry out (16); **cumplir años** to have a birthday (7)
cuñado/a brother-in-law/sister-in-law (9)
cuota quota
cupón *m.* coupon
cura *f.* cure (10); *m.* priest (*Catholic*) (15)
curar to cure; **curarse de** to cure oneself, be cured of (16)
curiosidad curiosity
curioso/a curious
curita adhesive bandage (12)
curso course (4)
curtido/a tanned (*leather*)
curva curve (10)
cuyo/a whose (16)

D

dálmata *adj. m., f.:* **perro dálmata** dalmatian (dog)
dama lady (13)

damas *pl.* checkers
danza dance (9)
dañar to damage
dañino/a harmful
daño damage; **hacer daño** to harm
dar *irreg.* to give (6); **da lo mismo** it doesn't matter; **dar a conocer** to make known; **dar como resultado** to result in; **dar la bienvenida** to welcome (4); **dar miedo** to frighten; **dar muchas vueltas** to go back and forth (9); **dar permiso** to give permission (9); **dar rabia** to anger, enrage; **dar risa** to make laugh; **dar un aventón** *Mex.* to give (*someone*) a ride; **dar un beso** to (give a) kiss (7); **dar un paseo** to take a walk (4); **dar un paseo en carro** to go for a drive; **dar un paso** to take a step; **dar una fiesta** to give a party (2); **dar vueltas** to go around; **darle la mano a alguien** to shake someone's hand; **darle risa a alguien** to make someone laugh; **darle una vuelta a alguien** to take someone for a walk; **darle vergüenza a uno** to be ashamed; **darse cuenta (de)** to realize; **darse la mano** to shake hands with each other (15); **darse por vencido** to give up
datar de to date from
datos *pl.* data; **datos personales** personal data
de *prep.* of; from (A); by; **del, de la** of the (A)
debajo de under (3)
deber *n. m.* duty
deber *v.* to owe; **deber** (+ *infin.*) should, ought to (*do something*) (3); **debía de ser** it should be
debido a due to (16)
década decade
decidir to decide (12)
décimo/a tenth (2)
decir *irreg.* to say, tell (1); **es decir** that is to say; **¡no me digas!** you don't say!; **querer decir** to mean; **y tú, ¿qué dices?** and you? (what do you say?) (1)
decisión *f.* decision (15); **tomar una decisión** to make a decision
declaración *f.* declaration; statement (7)
declarar to declare (16); **declarar la huelga** to go on strike
decorado *n.* decor
decorado/a *adj.* decorated (6)
decretar to decree
dedicar (qu) to dedicate
dedo finger (12)
deducir (zc) (j) to deduct
defenderse (ie) to defend oneself
defensa defense (16)
definición *f.* definition
definir to define (16)
dejar to leave (7); to abandon; to allow; **déjame en paz** leave me alone; **dejar** (+ *infin.*) to allow (*someone*) to (*do something*) (14); **dejar caer** to let fall/drop; **dejar de**

(+ *infin.*) to stop (*doing something*) (12); **dejar que** (+ *subjunctive*) to allow someone to (*do something*) (14); **se lo(s)/la(s) dejo en...** I'll let you have it (them) for . . .
del (*contraction of* **de** + **el**) of the (1); from the
delante de in front of
delfín *m.* dolphin
delfinario dolphin tank
delgado/a thin (A)
delicioso/a delicious
delincuencia delinquency
delito crime, offense
demanda demand; request
demandar to demand; to ask (for)
demás: lo demás the rest; **los/las demás** the rest, others (7)
demasiado *adv.* too much (8)
demasiado/a *adj.* too much; **demasiados/as** *pl.* too many
democracia democracy
democrático/a democratic (6)
demostrar (ue) to demonstrate (16)
demostrativo: pronombre (*m.*) **demostrativo** demonstrative pronoun
denso/a dense (10)
dental: hilo dental dental floss
dentista *m., f.* dentist
dentro inside; **dentro de** inside; within (15); **por dentro** on the inside (8)
departamento *Mex.* apartment (6); province
dependencia room
depender de to depend on (15)
dependiente, dependienta clerk, salesperson (5)
deporte *m.* sport; **practicar un deporte** to play a sport (2)
deportista *n. m., f.* sportsman/sportswoman; *adj. m., f.* athletic (B)
deportivo/a *adj.* sporting, sport related (2); **coche** (*m.*) **deportivo** sports car; **ropa** (*sing.*) **deportiva** sports clothes (1)
depósito deposit
deprimido/a depressed (4)
derecha right hand, right side; **a/de la derecha** to/from the right (3)
derecho *n.* right (*legal*); law; straight ahead; **de derecho** by right; **derecho** (*sing.*) **de aduana** customs duties, taxes (11); **Facultad** (*f.*) **de Derecho** School of Law (3)
derecho/a *adj.* right; right-hand
derivarse (de) to derive (from)
derramar to spill
derrocar (qu) to overthrow
derrotar to defeat (16)
derrumbe *m.* landslide
desafortunadamente unfortunately
desagradable unpleasant (5)
desagradar to displease; to bother; to upset
desahogadamente comfortably
desamparado/a homeless person (14)
desanimarse to become discouraged
desaparecer (zc) to disappear

desaparición disappearance
desarmarse to fall to pieces
desarrollar to develop (10)
desarrollo development (16); **en vías de desarrollo** *adj.* developing
desastre *m.* disaster (6); **¡qué desastre!** what a mess! (16)
desatarse to be let loose
desayunar to have breakfast (2)
desayuno breakfast (4)
descansar to rest (2)
descanso rest; break (2)
descender (ie) to descend
descendiente *m., f.* descendant
descenso descent
descomponerse (*like* **poner**) to break down (12)
desconectar to disconnect
descongestionante *m.* decongestant (12)
desconocido/a *n.* stranger (14); *adj.* unknown
describir (*p.p.* **descrito**) to describe
descripción *f.* description (A)
descrito/a (*p.p. of* **describir**) described
descubierto/a (*p.p. of* **descubrir**) discovered
descubridor(a) discoverer (16)
descubrimiento discovery
descubrir (*p.p.* **descubierto**) to discover (9)
desde *prep.* from (3); **desde la(s)... hasta la(s)...** from . . . to . . . (*time*) (4); **desde que** *conj.* since
desear to desire, wish (11)
desecho waste
desembocar (qu) en to flow into
desempacar (qu) to unpack
desempleado/a *adj.* unemployed (16)
desempleo unemployment; **tasa del desempleo** unemployment rate (16)
desempolvar to dust (6)
desentenderse (ie) to feign ignorance
deseo desire, wish (2)
deseoso/a desirous
desequilibrio instability
desesperación *f.* desperation
desesperado/a desperate (7)
desgracia misfortune; **por desgracia** unfortunately
desgraciadamente unfortunately
deshacerse (*like* **hacer**) **de** to get rid of
deshidratación *f.* dehydration
desierto desert (10)
desilusión *f.* disillusion
desinflado/a flat, deflated; **llanta desinflada** flat tire (10)
deslizar (c) to slip out
desmayarse to faint (12)
desmentir (ie, i) to deny
desmoronamiento crumbling, decaying
desocupado/a vacant, unoccupied
desordenado/a *n.* disorderly person; *adj.* disorderly, disarranged
despacio *adv.* slowly (10)
despedirse (i, i) to say goodbye

despegar (gu) to take off (*airplane*)
despejar to clear up; to clear (*weather*)
despensas *pl.* provisions
desperdiciar to waste (10)
desperdicios *pl.* waste; **desperdicios** (*pl.*) **nucleares** nuclear waste (10)
despertador *m.* alarm clock
despertar (ie) to wake; **despertarse** to wake up (4)
despierto/a awake; awakened
desplazar (c) to displace; to move; to transport
después *adv.* after (2); **después de** *prep.* after (4); **después de clases** after school; **después de que** *conj.* after (14); **poco después** a bit later (7)
destacarse (qu) to stand out
destapar to decongest; to unplug
destino destination (11); destiny
destrucción *f.* destruction (10)
destruir (y) to destroy (16)
desventaja disadvantage (15)
desviación *f.* detour (10)
detallado/a detailed
detalle *m.* detail (15)
detección *f.* detection (16)
detectar to detect
detector (*m.*) **de metales** metal detector
detener (*like* **tener**) to detain; to stop (16); **detenerse** to stop oneself (12); to linger
determinación *f.* determination
detestar to hate
detrás de behind (3)
deuda debt; **deuda externa** foreign debt (16)
devaluación *f.* devaluation
devastador(a) devastating
devolver (ue) (*p.p.* **devuelto**) to return (*something*) (13)
devuelto/a (*p.p. of* **devolver**) returned (*something*)
día *m.* day; **buenos días** *pl.* good morning (A); **cada día** each day; **de día** by day; **Día de Acción de Gracias** Thanksgiving Day (4); **día de fiesta** holiday; **Día de la Independencia** Independence Day (4); **Día de la Madre** Mother's Day (4); **Día de la Raza/Hispanidad** *a celebration of Hispanic identity held on October 12*; **Día de los Enamorados** Valentine's Day (4); **Día de los Muertos** All Souls' Day (4); **Día de los Reyes Magos** Epiphany, Jan. 6th (*lit.* Day of the Magi) (4); **Día de Todos los Santos** All Saints' Day (4); **Día del Padre** Father's Day (4); **día del santo** saint's day (4); **día feriado** holiday; **día festivo** holiday; **en el día a día** in day-to-day life; **hoy (en) día** nowadays; **todo el día** all day long; **todos los días** every day (4)
diablo devil
diálogo dialogue (A)
diamante *m.* diamond (13)
diariamente daily (10)

diario/a daily (3)
dibujar to draw (5)
dibujo drawing (B)
diccionario dictionary (B)
dicho *n.* saying
dicho/a (*p.p. of* **decir**) said
diciembre *m.* December (1)
dictador(a) dictator (16)
dictadura dictatorship
diecinueve nineteen (A)
dieciocho eighteen (A)
dieciséis sixteen (A)
diecisiete seventeen (A)
diente *m.* tooth (11); **cepillarse los dientes** to brush one's teeth; **cepillo de dientes** toothbrush (6); **lavarse los dientes** to brush one's teeth (4); **pasta de dientes** toothpaste
dieta: estar a dieta to be on a diet (8)
dietético/a *adj.* diet
diez ten (A)
diferencia difference
difícil difficult (B)
dificultad *f.* difficulty (16)
dilema *m.* dilemma
diminutivo diminutive (e.g., **-ito/a**)
dinastía dynasty
dinero money (5); **cambiar dinero** to change/exchange money; **dinero en efectivo** cash (*money*) (11); **ganar dinero** to earn money
dinosaurio dinosaur
dios *m.* god; **Dios** God
diplomático/a diplomat (16)
diputación *f.* delegation; committee
dirección *f.* direction; address (1)
directamente directly
director(a) (school) principal (6)
dirigente *adj.* ruling
dirigir (j) to direct (15)
discernir (ie) to discern
disco record (3); **poner discos** to play records (3); **reproductor** (*m.*) **para discos compactos** CD player (1)
discoteca discotheque (4)
disculpar to excuse, pardon; **disculpe** excuse me (7)
discusión *f.* discussion
discutir to discuss; to argue (9)
diseñar to draw; to design
diseño design
disfrutar to enjoy (11)
disminución *f.* reduction
disminuir (y) to diminish, reduce (10); **disminuir la velocidad** to reduce speed
disolvente *m.* solvent
disperso/a dispersed
disponer (*like* **poner**) **de** to have (*at one's disposal*) (11)
disponible available
dispuesto/a willing; **estar dispuesto/a a** to be willing to (15)
distancia distance

distinto/a different (14)
distracción *f.* distraction
distraerse (*like* **traer**) to distract oneself
distraído/a distracted
distribuir (**y**) to distribute
distrito district
disuelto/a dissolved
diversidad *f.* diversity
diversión *f.* entertainment (6)
diverso diverse
divertido/a fun (B); **¡qué divertido!** how fun! (1)
divertirse (**ie, i**) to have fun (4)
dividir to divide (11)
divisa motto
división *f.* division
divorciado/a divorced (C)
divorciarse to divorce
divorcio divorce (16)
doblar to turn (11); to fold (6)
doble sentido two-way (street) (10)
doce twelve (A)
doctor(a) doctor (B)
dólar *m.* dollar (B)
dolencia ache, pain; ailment (12)
doler (**ue**) to hurt, ache (12)
dolor *m.* pain (12); **dolor de cabeza** headache (12)
doloroso/a painful (12)
doméstico/a domestic; **animal** (*m.*) **doméstico** pet (5); **aparato doméstico** appliance (13); **empleado/a doméstico/a** servant (6)
domicilio address
dominar to dominate
domingo Sunday (1); **Domingo de Pascua** Easter Sunday (4)
dominicano/a of the Dominican Republic (3); **República Dominicana** Dominican Republic (3)
dominio power; authority
dominó *m. sing.* dominoes
don *m. title of respect used with a man's first name* (A)
donde where
¿dónde? where? (3); **¿de dónde es usted / eres tú?** where are you from? (3)
dondequiera: por dondequiera everywhere
doña *title of respect used with a woman's first name* (A)
dorado/a golden brown (8)
dormido/a asleep (9); **quedarse dormido/a** to fall asleep
dormir (**ue, u**) to sleep (1, 4); **dormir todo el día** to sleep all day (1); **dormir una siesta** to take a nap; **dormirse** to fall asleep (4)
dormitorio bedroom (6)
dos two (A); **los/las dos** both
doscientos/as two hundred
drama *m.* drama, play
dramaturgo/a playwright
drástico/a drastic
droga drug (12)

drogadicción *f.* drug addiction (12)
drogadicto/a drug addict (16)
ducha shower (6)
ducharse to shower (3)
duda: sin duda without a doubt
dudar to doubt; (**no**) **dudar que** to (not) doubt that (16)
dudoso/a doubtful; **es dudoso que** it is doubtful that (16)
dueño/a owner
dulce *adj.* sweet (8); *n. m. pl.* candy (14)
dulcería candy store (13)
dulzón, dulzona sickly sweet; *coll.* cloying
dúo duo, duet
duque *m.* duke
durante during (1)
durar to last
durazno peach (8)
durísimo/a very severe

E

e and (*used instead of* **y** *before words beginning with* **i** *or* **hi**)
ebola *f.* ebola (*type of virus*)
echar to throw, cast; **echar a correr** to break into a run; **echarse a** (+ *infin.*) to begin (*doing something*); **echar de menos** to miss someone or something; **echarse de menos** to miss each other
ecogrupo *m.* ecology group, group of ecologists
ecología ecology
ecológico/a ecological (10)
economía economy
económico/a economic
ecosistema *m.* ecosystem
ecoturismo ecotourism
ecuatorial: línea ecuatorial equator
ecuatoriano/a Ecuadoran (3)
ecuestre *m.* horseback riding
edad *f.* age (C); **edad límite** maximum age; **mayor de edad** of age, adult; **menor de edad** minor; (legally) under age (16); **¿qué edad tiene(s)?** how old are you? (3)
edificio building (3); **edificio de apartamentos** apartment building
edo. (*abbrev. for* **estado**) state
educación *f.* education (14); **educación sexual** sex education (16)
educar (**qu**) to educate
educativo/a educational (16)
EE.UU. (*abbrev. for* **Estados Unidos**) United States
efectivo: dinero en efectivo cash (*money*) (11)
efecto effect; **poner en efecto** to carry out; **surtir efecto** to work, have the desired effect
eficacia effectiveness
eficaz (*pl.* **eficaces**) effective (16)
eficiente efficient
egipcio/a Egyptian (C)
Egipto Egypt (C)

egoísta selfish (14)
ejecutivo/a *adj.* executive
ejemplo example; **por ejemplo** for example (9)
ejercer (**z**) to exercise
ejercicio exercise; **hacer ejercicio** to exercise (1)
ejercitarse to exercise
ejército army (16)
ejote *m.* green bean (8)
el *m. definite article* the (A); **el lunes** on Monday
él *sub. pron.* he; *obj. of prep.* him (B)
elaborar to manufacture, produce
elástico elastic (13)
elección *f.* election
electricidad *f.* electricity (15)
eléctrico/a electrical; **rasuradora eléctrica** electric razor (4)
electrodoméstico: aparato electrodoméstico household appliance
electrónico: correo electrónico e-mail (15)
elegir (**i, i**) (**j**) to elect
elevación *f.* elevation (10)
eliminar to eliminate (10)
ella *sub. pron.* she; *obj. of prep.* her (B)
ellos/as *sub. pron.* they; *obj. of prep.* them (B)
elote ear of corn (8)
embajada embassy
embajador(a) ambassador (16)
embarazada pregnant (14); **quedar embarazada** to become pregnant
embarazo pregnancy
embarcarse (**qu**) to embark (*on an enterprise*)
embargo: sin embargo however (7)
embellecimiento embellishment
emblema *m.* emblem
emborracharse to get drunk
embriagante *adj.* intoxicating
emergencia emergency (12); **sala de emergencias** emergency room (12)
emigrante *m., f.* emigrant
emigrar to emigrate (15)
emisión *f.* emission
emisora radio station (3)
emoción *f.* emotion
emocionante *adj.* exciting; moving
empacar (**qu**) to pack (11)
empanada turnover pie or pastry
emparejar to match
empeorar to worsen (15)
emperador emperor (7)
emperatriz empress (7)
empezar (**ie**) (**c**) to begin (2); **empezar a** (+ *infin.*) to begin to (*do something*)
empinado/a steep
empleado/a employee (11); **empleado/a doméstico/a** servant (6)
emplear to use; to employ
empleo job (5)
emplumado/a feathered
empobrecimiento impoverishment
empolvarse to get dusty

emprendedor enterprising
emprender to undertake, take on
empresa company, firm (15)
empresario/a manager
en in; on (A); at
en seguida immediately
enamorado/a (de) in love (with) (4)
enamorados *pl.* sweethearts; **Día** (*m.*) **de los Enamorados** Valentine's Day (4)
encabezar (c) to head, lead
encaje *m.* lacework
encantado/a delighted, pleased (*to meet someone*) (6)
encantador *adj.* delightful
encantar to delight, charm (8); **me encanta que** I love it when
encarcelar to imprison, jail
encargarse (gu) to be in charge
encarnar to represent; to embody
encender (ie) to turn on; to set on fire; **encender la luz** to turn on the light (6)
encerar to wax (10)
encerrar (ie) to shut in; to lock up
enchilada *rolled tortilla filled with meat and topped with cheese and sauce, cooked in an oven*
encías *pl.* gums (*anatomy*) (12)
enciclopedia encyclopedia
encima de on top of (3)
encomienda *Indian village granted to Spanish colonist by royal decree*
encontrar (ue) to find (3); to meet; **encontrarse con** to meet; to run into
encuentro encounter; meeting
encuesta survey (4)
endurecer (zc) to harden
enemigo/a enemy
energía energy (10); **fuente** (*f.*) **de energía** energy source (16)
enérgico/a energetic
enero January (1)
énfasis *m. sing., pl.* emphasis; stress
enfatizar (c) to emphasize
enfermarse to get sick (12)
enfermedad *f.* illness; disease; **enfermedad venérea** sexually transmitted disease
enfermero/a *n.* nurse (5)
enfermo/a *n.* sick person; *adj.* sick (4)
enfrentar to face; to confront; to meet, encounter (16); **enfrentarse con** to face
enfrente *adv.* in front; **de enfrente** in front; **enfrente de** in front of (3)
enfriar (enfrío) to cool off (10)
engañar to deceive
engaño deceit
engordar to get fat
enjuagar (gu) to rinse
enlace *m.* link; bond; union, marriage (15)
enlazar (c) to link, connect
enmendar (ie) to amend; to reform
enojado/a angry (4)
enojar: hacer enojar to make angry, anger; **enojarse** to get angry (12)
enorme enormous (13)

enriquecer (zc) to enrich; **enriquecerse** to get rich
enrollar to roll up
ensabanar to cover
ensalada salad (3)
ensaladilla potato salad
ensayista *m., f.* essayist
ensayo essay
enseñanza teaching (16)
enseñar to teach (5); to show (14)
entablar to strike up (*correspondence*)
entender (ie) to understand; **no entendí bien** I didn't quite understand (1)
enterarse to find out
entero/a whole (7)
enterrado/a buried
entonces then (11); **en aquel entonces** at that time
entorno environment, surroundings
entrada entrance (10); ticket (1); **de entrada** as an entrée (*meal*); **entradas para un concierto** tickets for a concert (1)
entrar (en) to enter; **entrar al trabajo** to start work (5); **entrar en vigor** to go into effect
entre between, among (3); **entre paréntesis** in parentheses; **entre semana** on weekdays, during the week (14)
entregar (gu) to hand in (9); to turn over
entrenamiento training; coaching
entrenar(se) to train
entretener (*like* **tener**) to amuse
entretenimiento entertainment, amusement
entrevista interview (B)
entrevistar to interview
entristecer (zc) to sadden; **entristecerse** to become sad (12)
entusiasmado/a excited
entusiasmo enthusiasm
entusiasta *adj. m., f.* enthusiastic (B)
envase *m.* packing, packaging; bottle (10)
envidia envy; **¡qué envidia!** how I envy you! (7)
envío shipping
envolver (ue) (*p.p.* **envuelto**) to wrap (13)
enyesado/a in a cast (12)
epidemia epidemic
episodio episode (12)
época era, age (16)
equilibrar to balance
equipaje *m.* baggage (11); **exceso de equipaje** excess baggage; **reclamo de equipaje** baggage claim (11)
equipamiento equipment
equipo equipment; gear; (sports) team (1); **equipo de música** stereo (1)
equitativamente equitably
equivaler *irreg.* to be equivalent
equivocarse (qu) to make a mistake
era era, age

escabeche *m. marinade of oil, vinegar, herbs, and spices (to preserve fish)*
escala scale; stopover (11); **sin escala** nonstop (flight)
escalar montañas to go mountain climbing (5)
escalera stairway, stairs (6)
escaparse to escape, run away (12)
escarcha frost (10)
escasez *f.* (*pl.* **escaseces**) scarcity; shortage (14)
escaso/a scarce; scant; limited
escena scene (12)
esclavo/a slave (16)
escoba broom (6)
escobilla brush
escocés, escocesa *adj.* Scotch
escoger (j) to choose (4)
escolar of or pertaining to school
esconder to hide
escondite *m.* hiding place; **jugar al escondite** to play hide-and-seek (9)
escopeta shotgun
Escorpión *m.* Scorpio
escribir (*p.p.* **escrito**) to write; **¿cómo se escribe... ?** how do you spell . . . ? (1); **escribir a máquina** to type (5); **escribir cartas** to write letters (1)
escrito/a (*p.p. of* **escribir**) written
escritor(a) writer (13)
escritorio desk (B)
escritura *n.* writing
escuchar to listen (to) (1)
escuela school (4); **escuela primaria** grade school; **escuela secundaria** high school (7)
escultura sculpture
ese, esa *pron.* that (one); *adj.* that (3)
esencial essential
esfuerzo effort (10)
esgrima fencing
eso that, that thing, that fact; **a eso de** (+ *time*) around (*specific time*); **por eso** for that reason
esos/as *pron.* those (ones); *adj.* those
espacial *adj.* space; **colonia espacial** space colony (15)
espacio space; **espacio en blanco** blank (space) (3)
espada sword; **entre la espada y la pared** between a rock and a hard place
espaguetis *m. pl.* spaghetti
espalda back (B)
España Spain (C)
español *n. m.* Spanish (language) (A); **español** (*m.*) **mocho** broken Spanish
español(a) *n.* Spaniard; *adj.* Spanish (C)
espárragos *pl.* asparagus
especial special
especialidad *f.* specialty; major (*field of study*) (2)
especialista *m., f.* specialist
especializado/a specialized
especialmente especially (4)
especie *f. sing.* species (10)

específico/a specific
espectacular spectacular
espectáculo spectacle; show; performance
especulación *f.* speculation
espejo mirror (6); **espejo retrovisor** rearview mirror (10)
espera: sala de espera waiting room (11)
esperanza hope
esperar to hope; to wait for (3); **esperar... de...** to expect (*something*) from (*somebody*)
espeso/a thick (8)
espinacas *pl.* spinach
espíritu *m.* spirit
espléndido/a splendid
esponja sponge
esponjoso/a spongy
espontáneo/a spontaneous
esposo/a husband/wife (C)
esqueleto skeleton (12)
esquí *m.* skiing (1); ski
esquiar (esquío) to ski (2)
esquina corner
estabilidad *f.* stability
estabilizar (c) to stabilize (16)
estable *adj.* stable
establecer (zc) to establish
establo *n.* stable (13)
estación *f.* station (3); season (*weather*); **estación de autobuses** bus depot
estacionamiento parking lot (3)
estacionar to park (7)
estadio stadium (1)
estado state (3); **estado civil** marital status (1); **estado de ánimo** state of mind (12); **Estados Unidos** United States (C); **golpe** (*m.*) **de estado** coup d'état, overthrow of the government (16)
estadounidense *n. m., f.* United States citizen; *adj.* of, from, or pertaining to the United States
estallar to break out; to flare up
estancia stay
estante *m.* shelf (6)
estar *irreg.* to be (7); **¿cómo está usted?** how are you (*pol. sing.*)? (A); **¿cómo estás (tú)?** how are you (*inf. sing.*)? (B); **estar a dieta** to be on a diet (8); **estar a favor de / en contra de** to be for/against (15); **estar comprometido/a** to be engaged (15); **estar de acuerdo** to agree; **estar de buen/mal humor** to be in a good/bad mood (4); **estar de moda** to be in style; **estar de pie/sentado** to be standing/seated, sitting down; **estar dispuesto/a a** to be willing to (15); **estar listo/a** to be ready (5); **estoy bien/regular** I am fine/OK (A); **estoy un poco cansado/a** I am a bit tired (A)
estatal *adj.* state
estatua statue (6)
estatura height (B); **estatura mediana** medium height (B)

este, esta *pron.* this (one); *adj.* this (5); **esta noche** tonight, this night (1); **este...** um . . . (*pause in speech*)
estereotípico/a stereotypical
estereotipo stereotype (2)
estilo style (13)
estimado/a dear; esteemed (14); **Estimado/a (Profesor/a)** Dear (Professor)
estimarse to be estimated
estimulante stimulating
estimular to stimulate; to encourage
estímulo stimulus
estirar la pata *coll.* to kick the bucket, die
estireno styrene
esto this, this thing, this matter (3)
Estocolmo Stockholm
estómago stomach (B); **dolor de estómago** stomach ache (12)
estornudar to sneeze (12)
estornudo sneeze (12)
estos/as *pron.* these (ones); *adj.* these
estrategia strategy
estrecho/a narrow; tight (13)
estrella star (10); **estrella de cine** movie star (15)
estrellarse to crash
estremecer (zc) to shake, tremble
estreno premiere, first performance
estrés *m.* stress
estudiante *m., f.* student (A)
estudiantil *adj.* student (16); **residencia estudiantil** university dorm (5)
estudiar to study (2)
estudio study; *pl.* studies, schooling (15)
estudioso/a studious
estufa stove (6)
estupendo/a stupendous
eterno/a eternal
etiqueta etiquette; tag, label (8)
étnico/a ethnic (16)
Europa Europe (9)
europeo/a European (2)
eutanasia euthanasia (16)
evaluación *f.* evaluation
evangelizar (c) to evangelize
evitar to avoid (12)
exactamente exactly (15)
examen *m.* (*pl.* **exámenes**) test
examinar to examine (5)
excedente *m.* excess, surplus
exceder to exceed, surpass
excelencia excellency
excepción *f.* exception
exceso excess; **exceso de equipaje** excess baggage; **exceso de velocidad** speeding (7)
excursión *f.* excursion (11); **hacer excursiones** to go on outings
exhibirse to be exhibited
exigir (j) to demand
existente existing
existir to exist
éxito success; **con éxito** successfully; **tener éxito** to be successful

experiencia experience
experimentado/a experienced
experimentar to test, try out
experto/a *n., adj.* expert (15)
explicación *f.* explanation
explicar (qu) to explain (5)
explorar to explore
explosión *f.* explosion
explotador(a) exploiter
explotar to exploit
exponerse (*like* **poner**) to open oneself up; to expose oneself
exportación *f.* export (16)
exportar to export (13)
exposición *f.* exhibition (16)
expresar to express (10)
expresión *f.* expression
expresivo/a expressive
expulsar to expel
exquisito/a exquisite
extender (ie) to extend
extensión *f.* extension (10)
extenso/a extensive
exterior *adj.* foreign; exterior
externo/a: deuda externa foreign debt (16)
extinción *f.* extinction (10)
extinguir (g) to extinguish
extirpar to remove (*surgically*)
extranjero/a *n.* foreigner; *n. m.* abroad; *adj.* foreign (15)
extrañar to miss, long for
extraño/a *adj.* strange (3); *n. m.* stranger
extrovertido/a *n.* extrovert; *adj.* extroverted (B)

F

fábrica factory (5)
fabricación making, manufacture (13)
fabricado/a a mano made by hand
fabricante *m.* manufacturer
fabuloso/a fabulous
fácil easy (B)
facilidad *f.* facility; ease
facilitar to facilitate (16)
fácilmente easily (12)
factura invoice, bill
facturar to check (baggage) (11)
facultad *f.* school (*of a university*); **Facultad de Bellas Artes** School of Fine Arts (3); **Facultad de Ciencias Naturales** School of Natural Sciences (3); **Facultad de Derecho** School of Law (3); **Facultad de Filosofía y Letras** School of Humanities (3); **Facultad de Medicina** School of Medicine (3)
faja waist band
fajita *a dish served in Mexican-style restaurants in the United States made of grilled meat, onions, and green peppers rolled in a tortilla*
falangista *n. m., f.* Falangist, partisan of Spain's dictator Franco
falda skirt (A)
fallecer (zc) to die
fallido/a unsuccessful; failed

falso/a false
falta: hacer falta to be necessary
faltar to be missing, lacking; to be absent
fama fame
familia family
familiar *n. m., f.* member of the family; *adj.* family; **relaciones** (*pl.*) **familiares** family relationships (9)
famoso/a famous (A)
farmacéutico/a pharmacist (12)
farmacia pharmacy (4)
fascinante fascinating
fascinar to fascinate
fase *f.* phase
favor: estar a favor de to be for (15); **favor de** (+ *infin.*) please (*do something*); (5) **por favor** please (1)
favorecer (**zc**) to favor (16)
favorito/a favorite
fe *f.* faith
febrero February (1)
fecha date; **fecha de nacimiento** date of birth (1)
felicidad *f.* happiness (15); *pl.* congratulations (1)
felicitar to congratulate
feliz (*pl.* **felices**) happy (1); **feliz cumpleaños** happy birthday (1)
femenino/a feminine (15)
fenómeno phenomenon
feo/a ugly (A)
feria fair; **feria artesanal** crafts fair
feriado: día (*m.*) **feriado** holiday (3)
ferrocarril *m.* railway (16)
festividad *f.* celebration, holiday
festivo: día (*m.*) **festivo** holiday
fiambre *m.* cold cut
fibra fiber
ficción *f.*: **ciencia ficción** science fiction (15)
fidelidad *f.* faithfulness
fideos *pl.* noodles, pasta
fiebre *f.* fever (12)
fiel faithful
fierro iron
fiesta party; **dar una fiesta** to give a party (2); **día** (*m.*) **de fiesta** holiday; **hacer una fiesta** to have a party; **ir a fiestas** to go to parties (1)
fiestón *m.* large party
figura figure
figurar to calculate
fijo/a fixed
fila line, row
filosofía philosophy; **Facultad** (*f.*) **de Filosofía y Letras** School of Humanities (3)
filosófico/a philosophical (B)
fin *m.* end (4); purpose, goal; **a fines** (*pl.*) **de** at the end of; **en fin** in short, in brief; **fin de semana** weekend (1); **ponerle fin a** to put an end to (16); **por fin** finally (12)
final *n. m.* end; *adj.* final; **al final** in the end; **al final de** at the end of (14)

finalmente finally (2)
finanzas *pl.* finances
finca farm (16)
fino/a fine; of good quality (13)
firma signature (1)
firmar to sign (7)
firme solid
fiscal *m., f.* public prosecutor
físico/a physical (A)
flan *m.* sweet custard (8)
flojo/a lazy
flor *f.* flower (2)
florero flower vase (12)
flotante *adj.* floating
flotar to float (10)
flujo flow
fluorado: carburos fluorados fluorocarbons
fogata bonfire
folleto brochure
fomentar to foster, encourage
fondo fund (15); **plato de fondo** main dish
forestal pertaining to forests; **masa forestal** forest
forma form (12)
formación *f.* formation (16)
formalidad *f.* formality
formar to form (16)
formatear to format
fornido/a well-built
forzar (**ue**) (**c**) to force
foto *f.* photo; **sacar fotos** to take pictures (1)
fotocopia photocopy
fotografía photography; picture (5)
fotógrafo/a photographer (13)
fracaso failure (15)
fractura fracture, break
fracturarse to fracture, break
fragmento excerpt
francés *n. m.* French (language) (C)
francés, francesa *n., adj.* French (C); **despedirse a la francesa** to leave without saying goodbye
Francia France (C)
frase *f.* sentence, phrase (C)
fraude *m.* fraud (16)
frazada blanket
frecuencia frequency; **con frecuencia** frequently (2)
frecuentemente frequently (12)
fregadero kitchen sink (6)
freír (**frío**) (**i, i**) to fry (8)
freno brake (10)
frente *m.* front; *f.* forehead (12); **en frente de** in front of; **frente a** *prep.* facing, opposite
fresa strawberry (8)
fresco/a fresh (8); cool; **hace fresco** it's cool (weather) (1)
frigorífero refrigerator
frigorífico refrigerator
frijol *m.* bean (8)
frío/a cold; **hace frío** it's cold (weather) (1); **té** (*m.*) **frío** cold tea (8); **tener frío** to be cold (4)

frito/a (*p.p. of* **freír**) fried; **huevos fritos** fried eggs (8); **papas fritas** French fries (8); **pollo frito** fried chicken (8)
frondoso: sendas (*pl.*) **frondosas** shaded paths
frontera border, frontier (8)
frotar to rub
fruta fruit; **batido de frutas** fruit shake (8)
frutal *adj.* fruit
frutería fruit store (13)
frutilla strawberry
fuego fire; **a fuego lento** over a low fire (8); **arma** *f.* (*but* **el arma**) **de fuego** firearm (16); **fuegos artificiales** fireworks (11)
fuente *f.* source; fountain (4); **fuente de energía** energy source (16); **fuente de sopa** soup tureen (8)
fuera out, outside (5); **cenar fuera** to go out to dinner (1); **por fuera** on the outside (8)
fuerte strong (10)
fuertemente strongly
fuerza strength
fumar to smoke (3); **sección** (*f.*) **de** (**no**) **fumar** (no) smoking section (11)
función *f.* function (12)
funcionar to function
fundación *f.* foundation
fundado/a founded (16)
fundamentos *pl.* fundamentals
fundar to found
furioso/a furious
fusilar to shoot, execute by firing squad
fútbol *m.* soccer (1); **fútbol americano** football (1)
futuro *n.* future
futuro/a *adj.* future

G

gabardina gabardine (*type of cloth*)
gabinete *m.* cabinet (*government*); cabinet (6); cupboard
Gales *m. sing.* Wales
gallego/a from or characteristic of Galicia (*northern region of Spain*)
galleta biscuit; cracker; cookie
galletita cookie (8)
gallina hen; fowl
galón *m.* gallon
galope *m.*: **al galope** at a gallop
galvanizar (**c**) to galvanize; to electroplate
gamba prawn
ganadero/a *adj.* cattle-raising
ganado cattle; **pasto de ganado** cattle grazing
ganador(a) winner (16)
ganancias *pl.* earnings
ganar to earn; to win (7); **ganar dinero** to earn money (5)
ganas *pl.*: **tener ganas de** (+ *infin.*) to feel like (*doing something*) (5)
ganga bargain (13); **¡qué ganga!** what a bargain! (13)
garaje *m.* garage; **venta de garaje** garage sale

garantizar (c) to guarantee
garganta throat (12)
gárgaras *pl.*: **hacer gárgaras** to gargle (12)
garúa drizzle
garza heron
gasolinera gas station (6)
gastar to spend (*money*) (13); to consume; **gastar combustible** to use gas (10)
gasto expense (16)
gato/a cat (A); **jugar al gato** to play tag (9)
gaveta drawer (6)
gemelo/a twin (C)
Géminis *m. sing.* Gemini
gene *m.* gene (16)
generación *f.* generation
general *adj.* general; **en general** in general (2); **por lo general** in general
generalmente generally (3)
generar to generate
género gender
generoso/a generous (B)
gente *f. sing.* people (3)
geografía geography
geográfico/a geographical (16)
geoturismo *tourism of natural areas and parks*
gerente *m., f.* manager (5)
gestación *f.* gestation
gesto gesture
gigante *adj.* giant
gimnasia: hacer gimnasia to do gymnastics
gimnasio gymnasium (3)
gira tour; **hacer una gira** to take a tour (10)
girar to spin around
giro postal money order
gitano/a gypsy
glicerina glycerine
globo globe (12)
glosario glossary
gobernador(a) governor (14)
gobernante *m., f.* ruler
gobernar (ie) to govern (16)
gobierno government (16)
gol *m.* goal (*sports*)
golf *m.* golf (15)
golfo gulf (10)
golpe *m.* blow, hit; **golpe de estado** *coup d'état* (16); **golpe militar** military coup
golpear(se) to hit (oneself) (12)
goma rubber (13)
gordo/a *adj.* fat (A); **premio gordo** grand prize (15)
gorra cap (13)
gorro party hat
gota drop; **gotas para la nariz** nose drops (12)
goteo nasal nasal drip
gozar (c) de to enjoy (15)
grabación *n. f.* recording
grabadora tape recorder
grabar to record
gracias thank you (A); **Día** (*m.*) **de Acción de Gracias** Thanksgiving Day (4); **gracias a** thanks to; **muchas gracias** thank you very much

grado degree (2)
graduación *f.* graduation (5)
graduarse to graduate (5)
gráfico *n.* chart; diagram
gráfico/a *adj.* graphic
gragea sprinkle (*colored candy granule used for decorating cakes*); pill
grama grass
gramática grammar (A)
gran, grande big, large (B); great; **en gran parte** to a large degree; **de gran valor** of great value (14)
grano grain
grasa *n.* fat
gratificador(a) gratifying, pleasurable
gratis *inv.* free (*of charge*)
gratuito/a free (*of charge*) (16)
grave serious
Grecia Greece
griego/a *n.* Greek; *adj.* Grecian (16)
grieta crack, fissure
grifo faucet
gringo/a *coll.* foreigner
gripa *Mex.* flu
gripe *f.* flu (12)
gris gray (A)
gritar to yell, shout, scream (4); **gritarse** to yell at each other
grito shout, scream (7)
grueso/a thick
gruñón, gruñona grumpy
grupo group
guacamayo macaw
guacamole *m.* dip or sauce made of avocados
guagua *Cuba, Puerto Rico* bus
guanábana custard apple
guante *m.* glove (13)
guapo/a good-looking (A)
guaraní *m.* Guaraní (*indigenous language of Paraguay*); Paraguayan currency (13)
guardabarros *m. sing., pl.* fender
guardafangos *m. sing., pl.* fender (10)
guardar to keep; to save; **guardar ropa** to put away clothes (6)
guardería (infantil) childcare center (16)
guardia *m., f.* guard
guatemalteco/a *adj.* Guatemalan (3)
guayabera *embroidered shirt of light material worn in tropical climates* (13)
guerra war (15); **Segunda Guerra Mundial** Second World War
guerrero soldier
guerrillero/a guerrilla (16)
guía guide(book) (4)
guiar (guío) to guide
guión *m.* script
guisante *m.* pea (8)
guitarra guitar
gustar to be pleasing; **a mí (sí/no) me gusta...** I (do/don't) like to . . . (1); **le gusta...** you (*pol. sing.*) like to . . . ; he/she likes to . . . (1); **les gusta...** you (*pl.*) like to . . . they like to . . . (1); **(no) me gusta...**

I (don't) like to . . . (1); **¿qué le gusta hacer?** what do you (*pol. sing.*) like to do?; what does he/she like to do? (1); **¿qué te gusta hacer?** what do you (*inf. sing.*) like to do? (1); **te gusta...** you (*inf. sing.*) like to . . . (1)
gusto taste (14); pleasure, delight; **con gusto** with pleasure; **mucho gusto** pleased to meet you (A); **¡qué gusto!** what a pleasure! (15)

H

ha habido (*infin.* **haber**) there has/have been (13)
Habana: La Habana Havana
haber *irreg.* (*infin. of* **hay**) to have (*auxiliary*); to be; to exist (12)
había (*infin.* **haber**) there was/there were
habichuela green bean (8)
habilidad *f.* ability; skill
habitación *f.* room (6)
habitado/a inhabited (16)
habitante *m., f.* inhabitant (16)
habitar to inhabit (16)
hábito habit (12)
hablar to speak, talk; **hablar por teléfono** to speak on the phone (A)
habrá (*infin.* **haber**) there will be
habría (*infin.* **haber**) there would be
Habsburgo Hapsburg
hacendado/a property owner (16)
hacer *irreg.* (*p.p.* **hecho**) to do; to make (1); **¿cuántas millas hace por... ?** how many miles per . . . do you get?; **¿cuánto hace que** + *present*? how long have/has . . . ?; **¿cuánto tiempo hace que... ?** how long has it been since . . . ? (7); **hace** + *time* (*time*) . . . ago (7); **hace** + *time* + **que** + *present* (I) have been (*doing something*) for + *time*; **hace buen/mal tiempo** it's fine/bad weather (2); **hace calor/fresco/frío/sol/viento** it's hot/cool/cold/sunny/windy (weather) (2); **hacer análisis** to do (medical) tests; **hacer caso** to pay attention; **hacer cola** to stand in line (11); **hacer comentarios** to comment; **hacer daño** to harm; **hacer ejercicio** to exercise (1); **hacer el papel de** to play the role of (6); **hacer enojar** to make angry, anger; **hacer erupción** to erupt; **hacer excursiones** to go on outings; **hacer falta** to be necessary; **hacer gárgaras** to gargle (12); **hacer las compras** to go grocery shopping (6); **hacer las maletas** to pack (11); **hacer preguntas** to ask questions (5); **hacer ruido** to make noise; **hacer transbordo** to change (*trains, etc.*); **hacer una fiesta** to have a party; **hacer una gira** to take a tour (10); **hacer una limpieza** to clean; **hacer viajes** to take trips, travel; **hacerse** to become; to pretend, feign to be; **hacerse cargo** to take charge; **hacerse socio** to become a member (15); **¿qué le**

gusta hacer? what do you (*pol. sing.*) like to do?; what does he/she like to do? (1); **¿qué te gusta hacer?** what do you (*inf. sing.*) like to do? (1); **¿qué tiempo hace?** what is the weather like? (2); **se me está haciendo tarde** it's getting late

hacia toward (10); **hacia adelante** forward

hada: cuento de hadas fairy tale

hallar to find

hambre *f.* (*but* **el hambre**) hunger; **pasar hambre** to go hungry; **tener hambre** to be hungry (4)

hambruna famine

hamburguesa hamburger

harapiento/a ragged; unkempt

harina flour (8)

hasta *prep.* up to, until (3); *adv.* even; **desde la(s)... hasta la(s)...** from . . . to . . . (*time*) (4); **hasta la fecha** up to now; **hasta luego** see you later (A); **hasta mañana** see you tomorrow; **hasta que** *conj.* until (15)

hay there is, there are; **¿cuántos/as hay?** how many are there? (A); **hay que** one has to (6); **no hay paso** no entrance (10)

hazaña deed, achievement

hebreo Hebrew (language) (C)

hechizar (c) to bewitch; to charm; to fascinate

hecho *n.* fact; event (7); **de hecho** in fact

hecho/a (*p.p. of* **hacer**) made; **de qué está hecho/a?** what is it (made) of? (13); **hecho/a a mano** handmade (13)

hectárea hectare (*2.471 acres*)

helada frost; freezing weather

heladera refrigerator (10)

heladería ice cream parlor (13)

helado ice cream (C)

helado/a frozen; **té** (*m.*) **helado** iced tea (7)

hembra female

hemisferio hemisphere

heredar to inherit

herida wound (12)

herido/a *n.* wounded person (12); *adj.* wounded

hermanastro/a stepbrother/stepsister (9)

hermano/a brother/sister (B)

hermoso/a beautiful (4)

héroe *m.* hero (5)

heroico/a heroic (7)

heroína heroin; heroine (5)

herramienta tool (13)

hervir (ie, i) to boil

hielo ice; **patinar en el hielo** to ice skate (1)

hierba grass

hierro iron (13)

hígado liver (8)

hijastro/a stepson/stepdaughter (9)

hijo/a son/daughter (C); **hijo/a único/a** only child (14); **hijos** *pl.* children (sons, sons and daughters) (C)

hilo linen (13); **hilo dental** dental floss

hinchado/a swollen (12)

hipotético/a hypothetical (15)

hispánico/a Hispanic

hispanidad *f.* Hispanic identity; Hispanic world

hispano/a Hispanic

Hispanoamérica Spanish America (15)

hispanohablante *m., f.* Spanish speaker

histérico/a hysterical (16)

historia story; history

historial (*m.*) **clínico** medical history (12)

histórico/a historical (7)

historieta short story, anecdote

hnos. (*abbrev. for* **hermanos**) brothers

hogar *m.* home (15)

hoja leaf (2)

hola hi (B)

holgado/a loose; comfortable

hombre *m.* man (A)

hombro shoulder (B)

homicidio homicide (16)

hondo: plato hondo soup plate, bowl (8)

hondureño/a *adj.* Honduran (3)

honestidad *f.* honesty

hongo mushroom (8)

honrado/a honorable, honest

hora hour; time; **¿a qué hora (es)... ?** at what time (is) . . . ? (1); **a última hora** at the last minute; **¿qué hora es?** what time is it?; **¿qué hora tiene?** what time do you (*pol. sing.*) have? (1); **¡ya era hora!** it was about time! (16)

horario schedule

horneado/a baked (8)

horno oven (6); **horno de microondas** microwave oven (6)

horóscopo horoscope

hortaliza *Mex.* vegetable garden

hospedaje *m.* lodging

hospedarse to stay (7)

hospital *m.* hospital (3)

hospitalidad *f.* hospitality

hotel *m.* hotel (4)

hotelero/a *adj.* hotel

hoy today (1); **hoy (en) día** nowadays

huelga (labor) strike (16); **declarar la huelga** to go on strike

huelguista *m., f.* striker

huérfano/a orphan

hueso bone (12)

huésped(a) guest

huevo egg; **huevos cocidos** hard-boiled eggs (8); **huevos rancheros** eggs, *usually fried or poached, topped with a spicy tomato sauce and sometimes served on a fried corn tortilla;* **huevos revueltos** scrambled eggs (8)

huir to escape, run away (16)

humanidad *f.* humanity

humanitario/a humanitarian (16)

humano/a *n., adj.* human (B); **ser** (*m.*) **humano** human being (15)

humedad *f.* humidity (10)

humedecido/a damp, moist

húmedo/a humid (10)

humilde humble

humo smoke

humor *m.* humor; mood; **estar de buen/mal humor** to be in a good/bad mood (4); **ponerse de buen/mal humor** to get into a good/bad mood; **sentido del humor** sense of humor (14)

humorístico/a humoristic

hundirse to sink

huracán *m.* hurricane (10)

I

ida: boleto de ida y vuelta round-trip ticket (11)

idea: ¡qué buena idea! what a good idea! (2)

idealista *adj. m., f.* idealistic (B)

idéntico/a identical

identificación *f.* identification (A)

identificar (qu) to identify (10)

ideología ideology

idioma *m.* language

iglesia church (4)

ignorar to ignore

igual equal

igualdad *f.* equality

igualmente *interjection* same here (A)

ilegal illegal (16)

ileso/a uninjured

iluminador/a illuminating

ilustración *f.* illustration

ilustrar to illustrate

imagen *f.* image

imaginario/a imaginary (16)

imaginarse to imagine (6)

impaciencia impatience

impaciente impatient

impartir to impart, give (*instruction*)

impedir (i, i) to prevent

imperio empire (16)

implicación *f.* implication

implicar (qu) to implicate; to involve; to imply

imponerse (*like* **ponerse**) to dominate, impose one's authority (16)

importación *f.* importing, importation; **de importación** imported

importado/a imported (13)

importancia importance (14)

importante important

importar to matter, be important; **¿qué me importa a mí?** I don't care! (16)

imposible impossible (14)

imprenta printing shop

impresión *f.* impression (16)

impresionante impressive (10)

impresionar to impress

impresionista *n. m., f.* Impressionist

impreso/a printed

impresora printer (15)

imprimir to print

impuesto tax (11)

impulsado/a make run, runs (*batteries*)

impune *adj.* unpunished

inagotable inexhaustible
inaudito/a unheard of; unprecedented
inca *n. m., f.* Inca; *adj.* Incan (16)
incaico/a Incan
incansable indefatigable
incendio fire (5); **alarma de incendio** fire alarm
incivilizado/a uncivilized
inclinar to bow, bend; **inclinarse** to bow; to lean
incluir (y) to include (8)
incluso *adv.* even; including
incómodo/a uncomfortable
incondicional unconditional (15)
inconsciente unconscious (12)
incontenible unstoppable
incorporar to incorporate
increíble unbelievable
incrementar to increase
indeciso/a indecisive; hesitant
independencia independence; **Día** (*m.*) **de la Independencia** Independence Day (4)
independiente independent
indeseado/a unwanted
indicación *f.* indication
indicar (qu) to indicate
índice (*m.*) **de natalidad** birthrate
indígena *n. m., f.; adj.* Indian; indigenous, native (7)
indio/a *n.* Indian (16)
indirecto: pronombre (*m.*) **de complemento indirecto** indirect object pronoun
indiscreto/a indiscreet (7)
indispensable essential
individuo person, individual
indocumentado/a illegal, without papers
índole *f.* nature
indudable doubtless
industria industry (10)
industrial: obrero/a industrial industrial worker (5)
industrialización *f.* industrialization
industrializado/a industrialized
inesperado/a unexpected
inestable unstable
infancia infancy; childhood
infante *m.*: **jardín** (*m.*) **de infantes** kindergarten
infantil *adj.* infant; child's; children's; **guardería infantil** childcare center (16)
infarto heart attack
infección *f.* infection (12)
infectado/a infected
infierno hell
infinito/a infinite
influencia influence
influir (y) to influence (14)
información *f.* information
informar to inform
informática data processing (2)
informe *m.* report; (*pl.*) information (7)
ingeniería engineering (2)
ingeniero/a engineer (5)

ingerir (ie, i) to swallow; to ingest
Inglaterra England (C)
inglés *n. m.* English (language) (C)
inglés, inglesa *n., adj.* English (C)
ingrediente *m.* ingredient
ingresar (en) to enter
ingresos *pl.* income
iniciar to initiate (16)
iniciativa initiative
ininterrumpidamente uninterruptedly; continuously
injusto/a unfair
inmediato/a immediate (16)
inmejorable unsurpassable
inmenso/a immense (10)
inmersión *f.* dive
inmigración *f.* immigration (11)
inmigrante *m., f.* immigrant (16)
inmobiliario/a *adj.* real-estate; property
inmortalizado/a immortalized
inmunodeficiencia immunodeficiency
inodoro toilet (6); **taza del inodoro** toilet bowl (6)
inolvidable unforgettable
inquisición *f.* inquisition
inscribir(se) (*p.p.* **inscrito**) to enroll (oneself) (16)
inscrito/a (*p.p. of* **inscribir**) registered, enrolled
inseguro/a unsure
inseminación (*f.*) **artificial** artificial insemination
insistir to insist (16)
inspeccionar to inspect
inspector(a) inspector
instalación *f.* installation
instalar to install; **instalarse** to settle; to establish oneself
instante *m.* moment
instintivamente instinctively
institución *f.* institution
instrucción *f.* instruction (11)
instruir (y) to instruct
insultarse to insult each other
intacto/a intact
integración *f.* integration
intelecto intellect
inteligencia intelligence (15)
inteligente intelligent (B)
intensidad *f.* intensity
intensivo/a intensive
intentar to try; **intentar** (+ *infin.*) to try to (*do something*)
intento attempt
interacción *f.* interaction
intercambiar to exchange (15)
intercambio *n.* exchange
interés *m.* interest
interesante interesting (B); **¡qué interesante!** how interesting! (1)
interesar to interest, be interested in (10); **le interesa** you (*pol. sing.*) are interested; he/she is interested; **me interesa** I am interested

interferir (ie, i) to interfere
interior *m., adj.* interior, inside; **ropa interior** underwear (13)
internacional international
internado/a hospitalized (12)
internar to admit, put into (*a hospital*) (12)
interno/a internal
interrogar (gu) to interrogate
interrumpir to interrupt
intervención *f.* intervention
intervenir (*like* **venir**) to intervene (16)
íntimo/a close, intimate; **amigo/a íntimo/a** close friend (15)
intranquilidad worry; uneasiness; anxiety
introvertido/a introverted (B)
intuitivo/a intuitive
inundación *f.* flood
invadir to overrun; to invade
invasión *f.* invasion
invernar to hibernate
inversión *f.* investment
inversionista *m., f.* investor
investigación *f.* research (15)
invierno winter (1)
invitación *f.* invitation
invitado/a guest
involucrado/a involved
inyección *f.* injection (12)
ir *irreg.* to go (1); **¿cómo se va de... a... ?** how does one get from . . . to . . . ?; **ir a** (+ *infin.*) to be going to (*do something*); **ir a fiestas** to go to parties (1); **ir de compras** to go shopping (1); **ir de vacaciones** to go on vacation (11); **ir + -ndo** to be in the process of (*doing something*); **irse** to go away, get away (11); **que te/le vaya bien** may it go well for you; **vamos a** (+ *infin.*) let's (*do something*); **vamos a ver** let's see; **ya voy** I'm coming
iraní (*pl.* **iraníes**) *n.* Iranian person (16)
iris: arco iris rainbow
Irlanda Ireland
irlandés, irlandesa *n.* Irishman/Irishwoman; *adj.* Irish (16)
irreverente irreverent; disrespectful
irritado/a irritated
irrompible unbreakable
isla island (10)
israelí *n. m., f.; adj.* (*pl.* **israelíes**) Israeli
istmeño/a Panamanian
istmo isthmus (16)
Italia Italy (C)
italiano *n.* Italian (language) (C)
italiano/a *n., adj.* Italian (C)
izquierda *n.* left hand; left-hand side; **a/de la izquierda** to/from (on) the left (3)
izquierdo/a *adj.* left, left-hand

J

jabón *m.* soap (4)
jadeo *n.* panting; gasping
jai alai *m. Basque ball game*
jalar *Mex.* to pull (14)

jalea jelly (8)

jamás never; **más que jamás** more than ever

jamón *m.* ham (8)

Jánuca *m.* Hanukkah (4)

Japón *m.* Japan (C)

japonés *m.* Japanese (language) (C)

japonés, japonesa *n., adj.* Japanese (C)

jarabe *m.* **(para la tos)** (cough) syrup (12)

jardín *m.* garden (2); yard; **jardín de infantes** kindergarten

jardinería gardening

jarra pitcher, jug (8)

jeans *m. pl.* (blue) jeans (15)

jefe, jefa boss, chief (14)

jonrón *m.* home run

jornada day's work; **jornada completa** full-time (5); **media jornada** part-time (5)

jorobado *n. m.* hunchback

joven *n. m., f.* youth; *adj.* young (A)

joya jewel (13); *pl.* jewelry

joyería jewelry store (13)

jubilarse to retire (15)

judía verde green bean

judío/a *n.* Jew; *adj.* Jewish (16); **Pascua Judía** Passover (4)

juego game (1); **Juegos Olímpicos** Olympic Games

jueves *m. sing., pl.* Thursday (1)

juez *m., f.* (*pl.* **jueces**) judge (5)

jugador(a) player

jugar (ue) (gu) to play (1); **jugar a la rayuela** to play hopscotch (9); **jugar al + sport** to play (*a sport*); **jugar al bebeleche** *Mex.* to play hopscotch (9); **jugar al escondite** to play hide-and-seek (9); **jugar al gato** to play tag (9)

jugarreta dirty trick

jugo juice; **jugo natural** fresh-squeezed juice (8)

juguete *m.* toy (4)

julio July (1)

junio June (1)

juntar to join

junto a *prep.* next to (11)

juntos/as *pl.* together (3)

jurar to swear

justamente *adv.* just, exactly

justificar (qu) to justify

justo/a fair (16)

juventud *f.* youth (9)

K

kaki *m.* khaki

kayac *m.* kayak

kg. (*abbrev. for* **kilogramo**) kilogram, kilo

kilo kilogram, kilo

kilómetro kilometer (7)

kínder *m.* kindergarten

km. (*abbrev. for* **kilómetro**) kilometer

L

la *definite article f.* the (A); *d.o.* her, it, you (*pol. sing.*)

labio lip (12)

labor *f.* labor, work

laboral: horas laborales working hours

laborar to work

laboratorio laboratory

lacio/a straight (*hair*) (A)

lacón *m.* shoulder of pork

ladera hillside, slope (*of a mountain*)

lado side (8); **al lado de** next to, to the side (3); **de al lado** next door; **de cada lado** on each side; **por todos lados** on all sides

ladrador(a) *adj.* barking (*dog*)

ladrar to bark (3)

ladrillo brick (13)

ladrón, ladrona thief (7)

lago lake (2)

lágrima tear

laguna pool; lagoon (10)

lamentablemente unfortunately

lámpara lamp (6)

lana wool (13)

lancha boat (10)

langosta lobster (8)

langostino prawn, crayfish

lanzar (c) to launch; to fire

lápiz *m.* (*pl.* **lápices**) pencil (A)

lapsus *m. sing., pl.* lapse; mistake

largo/a long (A)

las *definite article f. pl.* the (A); *d.o. f. pl.* them, you (*pol. pl.*)

lasaña lasagna

lástima compassion; shame; **¡qué lástima!** what a pity! (4); **¡qué lástima que... !** what a pity that . . . !

lastimar to harm, injure; to pity

lata can (8)

latino/a *n., adj.* Latin (16)

Latinoamérica Latin America

latinoamericano/a Latin American

latón *m.* brass

lavable washable

lavabo bathroom sink (6)

lavadora washing machine (6)

lavandería laundromat (3)

lavaplatos *m. sing., pl.* dishwasher (6)

lavar to wash (2); **lavarse el pelo** to wash one's hair (4); **lavarse los dientes** to brush one's teeth (4)

lazo lasso, lariat; tie (15)

le *i.o.* to/for him, her, it, you (*pol. sing.*)

lealtad *f.* loyalty (15)

lección *f.* lesson (3)

leche *f.* milk (4); **arroz** (*m.*) **con leche** rice pudding (8); **batido de leche** milk shake (8)

lechón *m.* piglet

lechuga lettuce (8)

lector(a) reader

lectura *n.* reading (1)

leer (y) to read (1); **leer el periódico** to read the newspaper (1)

legalización *f.* legalization (16)

legalizar (c) to legalize

legislador/a legislator (16)

legislatura legislature

legumbre *f.* vegetable

lejano/a distant, remote

lejos *adv.* far away; **lejos de** *prep.* far away from (3)

lengua tongue; language (12); **lengua materna** mother tongue (16); **lenguas africanas** African languages (C)

lenguaje *m.* language

lentamente slowly (10)

lentes *m. pl.* (eye)glasses (A)

lento/a slow; **a fuego lento** over a low fire (8)

leño: al leño spit-roasted (*over a wood fire*)

león, leona lion/lioness

les *i.o.* to/for them, you (*pol. pl.*)

lesión *f.* injury

letra letter (*of the alphabet*); *pl.* literature; **Facultad** (*f.*) **de Filosofía y Letras** School of Humanities (3)

letrero sign

leucemia leukemia

levantar to lift, raise up; **levantar pesas** to lift weights (2); **levantarse** to get up (4)

ley *f.* law (16)

leyenda legend

liberado/a liberated, freed

libertad *f.* liberty, freedom (16)

libertador(a) liberator (16)

libra pound (8); **Libra** Libra

libre free (*to act*) (16); available (4); **al aire** (*m.*) **libre** outdoors (7); **mercado libre** free market (16); **tiempo libre** free time (2)

librería bookstore (3)

libreto film script

libro book (A)

licencia de manejar driver's license (10)

licenciado/a lawyer (16)

licenciatura university degree

lícito/a legal

licor *m.* liquor

licuadora blender (13)

líder *m.* leader (16)

liderazgo leadership

liga league

ligero/a light (*not heavy*) (8)

limitar to limit (14)

límite *m.*: **edad** (*f.*) **límite** maximum age

limón *m.* lemon

limonada lemonade

limpiaparabrisas *m. sing., pl.* windshield wiper (10)

limpiar to clean (2)

limpieza cleaning; **hacer una limpieza** to clean

limpio/a clean (7)

lindo/a pretty (7)

línea line; **en línea** on line (15); **línea ecuatorial** equator

lino linen (13)

líquido liquid

lista list

listo/a ready, prepared; **estar listo/a** to be ready (5); **ser listo/a** to be smart, clever

literatura literature

litio lithium

litoral coast

litro liter

llamada (telephone) call (4)

llamar to call (4); **¿cómo se llama?** what is his/her name? (A); **¿cómo se llama usted? / ¿cómo te llamas?** what is your name? (A); **llamar la atención (a)** to call, attract attention (to); **llamar por teléfono** to phone (4); **llamarse** to be called, named; **me llamo...** my name is . . . (A); **se llama...** his/her name is . . . (A)

llano n. plain (10)

llanta tire; **llanta desinflada** flat tire (10)

llanto n. weeping, crying

llave n. f. key (12)

llegada arrival (11)

llegar (gu) to arrive (2); **llegar a ser** to become (16); **llegar a tiempo** to arrive/be on time (5); **llegar al poder** to attain power (16); **llegar tarde** to arrive/be late (5)

llenar to fill (8)

lleno/a full (16)

llevar to wear (A); to take (*someone or something somewhere*) (D); to carry; **llevar + time + -ndo** to have been (*doing something*) for + *time*; **llevar a cabo** to carry out, perform; **llevarse** to carry off, take away (13); **llevarse bien** to get along well (9); **me lo/la llevo** I'll take (*buy*) it (12)

llorar to cry (3)

llover (ue) to rain (2)

llovizna drizzle (10)

lluvia rain (10)

lo d.o. m. him, it, you (*pol. sing.*); **lo + adj.** the + *adj.* part, thing, that which is + *adj.*; **lo que** that which, what (7); **lo siento** I'm sorry

lobo wolf

local m. place; premises

localidad f. location; locality

localizar (c) to locate

loción f. lotion

loco/a n. crazy person; adj. crazy; **volverse loco/a** to go crazy (12)

locomoción f. locomotion; public transportation

locomotora locomotive (10)

lodo mud

lógico/a logical

lograr to achieve, attain (15); **lograr (+ infin.)** to manage to (*do something*), succeed in (*doing something*)

logro achievement

loma hill

lomo back; loin

lona canvas

Londres m. sing. London (C)

los *definite article m. pl.* the (A); *d.o.* them, you (*pol. pl.*)

lote m. share, portion (13)

lotería lottery (15)

lucha fight, struggle

luchar to fight, struggle; **luchar por** to fight for (16)

lucrativo/a lucrative; profitable

luego then (C); **desde luego** of course; **hasta luego** see you later (A); **luego de** after

lugar m. place; **lugar de nacimiento** place of birth (1); **tener lugar** to take place (15)

lujo luxury (11); **de lujo** deluxe

lujoso/a luxurious

luna moon (7); **luna de miel** honeymoon (15)

lunar m.: **de lunares** polka-dotted (13)

lunes m. sing., pl. Monday (1)

luz f. (pl. **luces**) light (B); electricity; **apagar la luz** to turn off the light (6); **encender la luz** to turn on the light (6); **prender la luz** to turn on the light (6)

M

machismo male pride

machista adj. m., f. chauvinistic

macho n. male

madera wood (10)

maderero/a adj. relating to wood or timber

madrastra stepmother (9)

madre f. mother (C); **Día (m.) de la Madre** Mother's Day (4)

madrileño/a resident of Madrid

madrina godmother (15)

madrugada dawn

madrugar (gu) to get up early

madurar to mature

maduro/a mature; ripe (8)

maestro/a n. teacher (5); adj. masterly, expert; **obra maestra** masterpiece

mágico/a adj. magic

magistral: conferencia magistral professorial lecture

magnífico/a magnificent; great

Mago: Día (m.) de los Reyes Magos Epiphany, Jan. 6th (lit. Day of the Magi) (4)

magullado/a bruised

mahometano/a n. Muslim

maíz m. corn (8); **mazorca de maíz** ear of corn (8); **palomitas (pl.) de maíz** popcorn (8)

majestad f. majesty

mal n. m. evil; adv. badly

mal, malo/a adj. bad (6); **estar de mal humor** to be in a bad mood (4)

maldición f. curse

malentendido n. misunderstanding

malestar m. discomfort, malaise, indisposition (12)

maleta suitcase (11); **facturar la maleta** to check baggage (11); **hacer las maletas** to pack (11)

maletero trunk of a car (10)

maltrato mistreatment, abuse

mamá mother (B)

mancha stain

manchar to stain

mandado errand; job

mandar to send (16); to order, command; **mandar a buscar** to have (*someone*) look for; **mandar por correo** to send by mail

mandarina mandarin orange

mandato command (A)

manejar to drive (2); **licencia de manejar** driver's license (10)

manera manner, way (6); **de esta manera** in this way; **de manera que** so that (16); in such a way that; **manera de pensar** way of thinking

manga sleeve (13)

manguera hose

manifestar (ie) to manifest

mano f. hand (B); **a mano** by hand; **bolsa de mano** carry-on luggage; handbag (10); **con las manos en la masa** red-handed, in the act; **darse la mano** to shake hands with each other (15); **equipaje (m.) de mano** hand luggage, carry-on luggage; **hecho/a a mano** handmade (13); **mano de obra** manual labor

mansión f. mansion

manta blanket

mantel m. tablecloth (8)

mantener (*like* tener) to maintain (10); **mantenerse** to keep oneself (12)

mantenimiento maintenance

mantequilla butter (8)

mantequillera butter dish

manzana apple (8)

mañana n. morning; tomorrow (1); adv. **de/por la mañana** in the morning (1); **hasta mañana** see you tomorrow; **mañana por la mañana** tomorrow morning; **pasado mañana** day after tomorrow (1)

mapa m. map

maquillaje m. makeup

maquillarse to put on makeup (4)

máquina machine; **escribir a máquina** to type (4)

maquinaria machinery

mar m., f. sea, ocean (2); **nivel (m.) del mar** sea level (16)

maravilla wonder, marvel; **¡qué maravilla!** how marvelous! (16)

maravilloso/a marvelous

marca brand (4)

marcado/a strong, pronounced

marcar (qu) to indicate, show; to dial (*telephone*)

marcha march; speed (gear)

mareado/a dizzy (12); nauseated

marearse to get sea-/carsick, dizzy

mareo dizziness, nausea (12)

mariachi m. (Mex.) band; type of music with trumpets, guitars, and marimba

marido husband

marino/a sea (10); **azul** (*m.*) **marino** navy blue (13); **estrella marina** star fish; **león marino/a** *adj.* marine, sea; **león marino** (*m.*) sea lion

mariposa butterfly (10)

mariscada seafood dish

marisco shellfish, seafood

mármol *m.* marble

martes *m. sing., pl.* Tuesday (1)

martillo hammer (13)

marzo March (1)

más more (B); **el/la más** + *adj.* the most . . . , the ___-est (6); **más de** + *number* more than + *number*; **más o menos** more or less; **más que (de)** more than (2); **más tarde** later (6); **más vale** (+ *infin.*) it is better to (*do something*)

masa: con las manos en la masa red-handed, in the act

mascarada masquerade

mascota mascot (14)

masivo/a large-scale

masticar (qu) to chew (3)

matar to kill (15)

matemáticas *pl.* mathematics

materia subject (*school*) (8); **materia prima** raw material (13)

materializar (c) to materialize

maternidad *f.* maternity

materno/a maternal; **lengua materna** mother tongue

matrícula registration (14)

matricular(se) to enroll

matrimonial: cama matrimonial double bed (6)

matrimonio matrimony, marriage; couple (15)

mausoleo mausoleum

máximo/a maximum; high, highest (*temperature*)

maya *n. m., f.; adj.* Maya(n)

mayo May (1)

mayonesa mayonnaise

mayor *adj.* older (C); oldest; major, main; greater; **la mayor parte** the majority; **mayor de edad** adult, person of legal age; **mayores** *m. pl.* adults

mayoría majority (6)

mazmorra dungeon

mazorca de maíz ear of corn

me *d.o.* me; *i.o.* to/for me; *refl. pron.* myself

mecánico/a *n.* mechanic (5); *adj.* mechanical

mecedora rocking chair (13)

medalla medal

mediado: a mediados de in the middle of; **desde mediados** (*pl.*) **de** since the middle of

mediano/a medium (*length*) (A); average; **estatura mediana** medium height (B)

medianoche *f.* midnight (1)

mediante by means of, through (15)

medias *pl.* nylons, stockings (13); *Caribbean* socks

medicamento medicine

medicina medicine; **Facultad** (*f.*) **de Medicina** School of Medicine (3)

médico *n.* doctor (5); *adj.* medical; **cuidado médico** medical care; **receta médica** medical prescription (12); **seguro médico** health insurance (12)

medida *sing.* means, measure; **a medida que** as, at the same time as

medio *n. sing.* means; middle; **en medio de** in the middle of (3); **medio ambiente** environment; **medios de comunicación** means of communication; mass media; **medios de producción** means of production; **número medio** median; **por el medio** in half; **por medio de** by means of (15)

medio/a *adj.* half (8); middle; **es la una y media** it's one-thirty (half past one) (1); **media jornada** part-time (5); **número medio** median

mediodía *m.* noon, midday (1)

medir (i, i) to measure

Mediterráneo *n.* Mediterranean (Sea)

mediterráneo/a *adj.* Mediterranean

medula (médula): hasta la medula to the core

mejilla cheek (12)

mejor better (B); best (6); **mejor amigo/a** best friend (6); **es mejor que...** (+ *subjunctive*) it is better that . . . (14)

mejorar to improve (8)

mella dent

mellizo/a *n., adj.* twin

melocotón *m.* peach (8)

melón *m.* melon

memoria memory

mencionar to mention

menor younger (C); youngest; **menor** (*m.*) **de edad** minor; (legally) under age (16)

menos less (1); least; **a menos que** unless (16); **echarse de menos** to miss each other; **más o menos** more or less; **menos que (de)** less than (6); **por lo menos** at least

mensaje *m.* message (15)

mensual monthly

mente *f.* mind; **ten en mente** keep (*inf. sing.*) in mind

mentir (ie, i) to lie

mentira lie (7)

mentiroso/a liar; **¡qué mentiroso/a!** what a liar! (9)

menú *m.* menu

menudo/a small; insignificant; **a menudo** often (6)

mercado market (4); **mercado libre** free market (16); **sacar al mercado** to put (*a new product*) on the market; **salir al mercado** to appear on the market

mercadotecnia marketing

mercancía merchandise

merecer(se) (zc) to deserve

merendar (ie) to have a snack; **merendar en el parque** to have a picnic in the park (2)

merengue *m. popular dance/music of the Dominican Republic*

merluza hake (*type of fish*)

mermelada marmalade

mero/a pure, simple; **la mera verdad** the simple truth

mes *m.* month; **¿en qué mes nació?** in what month were you (*pol. sing.*) (was he/she) born?

mesa table (B); **atender mesas** to wait on tables

mesero/a waiter/waitress (5)

meseta plateau (16)

mesita coffee table (6); **mesita de noche** night table (11)

meta goal (14)

meter to put; **meterse** to get into, enter

método method

metro subway (3); meter

metrón evening primrose

mexicano/a Mexican

México Mexico

mexicoamericano/a Mexican American

mezcla mixture

mezclilla denim (13)

mi *poss.* my (A)

mí *obj. of prep.* me; **¿a mí qué?** what is it to me? (15)

miau *m.* meow

microbio germ

microondas *pl.*: **horno de microondas** microwave oven (6)

microplaqueta microchip

miedo fear; **dar miedo** to frighten; **tener miedo** to be afraid (4)

miel *f.* honey (8); **luna de miel** honeymoon (15)

miembro member

mientras meanwhile (3); **mientras más... más...** the more . . . the more . . . ; **mientras que** while; **mientras tanto** in the meanwhile

miércoles *m. sing., pl.* Wednesday (1)

migratorio/a: trabajador(a) (*m.*)**/obrero/a migratorio/a** migrant worker

mil thousand, one thousand (13)

milagrosamente miraculously

militar *n. m.* soldier; *adj.* military (16)

milla mile (6); **¿cuántas millas hace por... ?** how many miles per . . . do you get?

millón *m.* million (13)

millonario/a millionaire

mineral *adj.*: **agua** (*f. but* **el agua**) **mineral** mineral water

minifalda miniskirt

mínimo *n.* minimum

mínimo/a *adj.* minimum; **mínima** low, lowest (*temperature*)

ministro minister; **primer ministro** prime minister

minoritario/a minority; **grupos minoritarios** minorities
minuta breaded cutlet
mío/a *poss.* my, (of) mine
mirar to look at (3), watch
misa Mass (2)
mismo *adv.* right; **ahora mismo** right now (2); **aquí mismo** right here
mismo/a *pron.* same (one); *adj.* same; self (11); **da lo mismo** it doesn't matter; **el/la mismo/a** the same (5); **sí mismo/a** oneself; **tú mismo/a (usted mismo/a)** yourself (11); **uno/a mismo/a** oneself (14)
misterio mystery
misterioso/a mysterious
mitad *f.* half
mito myth
mitología mythology
mixto/a mixed
mochila backpack (B)
mocho: español (*m.*) **mocho** broken Spanish
moda fashion (13); **de moda** fashionable (13); **estar de moda** to be in fashion; **ponerse de moda** to become fashionable
moderado/a moderate (16)
módico/a affordable (4)
modificado/a modified
modismo idiom
modo way, manner; **de modo que** so that (16); **de otro modo** in a different way; **de todos modos** anyway (9); **ni modo** oh well; tough! (16)
mojar to dip; to wet (7)
molestar to bother (10); **me molesta que** it bothers me when
molestia bother; discomfort
molesto/a upset (12)
molido/a: carne (*f.*) **molida** ground beef (8)
molinillo whisk, beater
molusco mollusk
momia mummy
monarca *m., f.* monarch
monasterio monastery
moneda currency; coin
monja nun
mono/a monkey
monógamo/a monogamous
monolingüe monolingual
monolingüismo monolingualism
monopatín *m.* skateboard
montaña mountain (2)
montañoso/a mountainous
montar a caballo to ride a horse (2); **montar en bicicleta** to ride a bike; **montar en motocicleta** to ride a motorcycle
monte *m.* mount, mountain
morado/a purple (A)
moraleja moral, lesson
mordedor(a) *adj.* biting
morder (ue) to bite
moreno/a brown-skinned, dark-skinned (A)

morir(se) (ue, u) (*p.p.* **muerto**) to die (15); **morirse de celos** to die of jealousy
morisco/a Moorish
moro/a: hay moros en la costa watch out!
mosca fly
Moscú *f.* Moscow (C)
mostaza mustard (8)
mostrador *m.* counter (11)
mostrar (ue) to show (13)
motivo motive, reason
moto *f.* motorcycle
motocicleta motorcycle; **andar/montar en motocicleta** to ride a motorcycle (2)
motor *m.* motor, engine (10)
movedizo/a: arena movediza quicksand
mover (ue) to move
móvil: computación móvil portable computing
movimiento movement (12)
mts. (*abbrev. for* **metros**) meters (*unit of measurement*)
muchacho/a boy/girl; young man / young woman (A)
muchedumbre *f.* crowd
muchísimo very much
mucho *adv.* a lot; much (B)
mucho/a *adj.* much; *pl.* many; **muchas gracias** thank you very much; **muchas veces** many times (5); **mucho gusto** pleased to meet you (A); **tener mucha hambre** to be very hungry (3)
mudanza *n.* move, moving
mudarse to move (to another home) (15)
mueble *m.* piece of furniture; *pl.* furniture (5); **sacudir los muebles** to dust (5)
muela molar (tooth) (12)
muerte *f.* death; **pena de muerte** death penalty (16)
muerto/a *n.* dead person; *adj.* dead (C); *p.p. of* **morir** died; **Día** (*m.*) **de los Muertos** All Souls' Day (4)
mujer *f.* woman (A)
mula mule
mulato/a mulatto (*person of mixed African and European ancestry*)
muleta crutch (12)
multa fine; traffic ticket (7)
mundial *adj.* of or pertaining to the world (16); **red mundial** Internet (2); **Segunda Guerra Mundial** Second World War
mundialmente worldwide
mundo world (B); **¡cómo cambia el mundo!** how the world changes! (C); **Tercer Mundo** Third World
muñeca wrist (12); doll (9)
muñequita little doll (9)
muralista *m., f.* muralist
muralla wall; rampart
muro wall
musculación bodybuilding
músculo muscle (12)
museo museum (4)
música music; **equipo de música** stereo (1)

músico/a musician
muslo thigh (12)
musulmán, musulmana *n., adj.* Moslem (16)
mutuamente mutally
muy very (B); **muy bien** very well, very good

N

nacer (zc) to be born (2); **¿en qué mes nació?** in what month were you (*pol. sing.*) (was he/she) born?; **recién nacido/a** newborn (15)
nacimiento birth; **fecha de nacimiento** date of birth; **lugar** (*m.*) **de nacimiento** place of birth
nación *f.* nation
nacional national
nacionalidad *f.* nationality
nacionalización *f.* nationalization (16)
nada nothing (C); **como si nada** as if nothing were wrong
nadador(a) swimmer
nadar to swim (1)
nadie no one, nobody, not anybody
nado *n.* swimming
nalga buttock (12)
nana grandma
naranja orange (*fruit*) (A)
nariz *f.* (*pl.* **narices**) nose (B); **nariz tapada** stuffy nose (12)
narrar to narrate
nasal: goteo nasal nasal drip
natación *f.* swimming (4)
natal *adj.* native
natalidad *f.* birthrate; birth (10); **control** (*m.*) **de la natalidad** birth control (16); **índice** (*m.*)**/tasa de natalidad** birthrate
natural: jugo natural fresh-squeezed juice (8); **recurso natural** natural resource (16)
naturaleza nature (16)
náusea: tener náuseas *pl.* to be nauseated (12)
navaja (razor)blade (4)
navegante *m., f.* navigator (9)
navegar (gu) to sail (9)
Navidad *f.* Christmas (4); **árbol** (*m.*) **de Navidad** (3)
navío ship
neblina fog (10)
nebulización *f.* spray
necesario/a necessary (6)
necesidad *f.* necessity
necesitado/a needy (16)
necesitar to need (5); **necesitar** (+ *infin.*) to need to (*do something*) (5); **se necesita** is needed
nécora small crab
negar(se) (ie) (gu) to deny; **negarse a** (+ *infin.*) to refuse to (*do something*)
negociante *m., f.* businessman/businesswoman (16)
negocio business (15); **hombre/mujer de negocios** businessman/businesswoman (3); **viaje** (*m.*) **de negocios** business trip

negrilla boldface
negro *n.* black
negro/a *n.* African-American; *adj.* black (A)
nene, nena baby, infant
nervio nerve (12)
nervioso/a nervous (B)
nevada snowfall
nevado snowy (10)
nevar (ie) to snow (2)
ni neither; nor; even; **ni modo** oh well;
  tough! (16); **ni... ni** neither . . . nor; **¡ni
  pensarlo!** don't even think of it!; no way!
  (4); **ni siquiera** not even
nicaragüense *adj. m., f.* Nicaraguan (3)
nido nest
nieto/a grandson/granddaughter (C);
  nietos *pl.* grandchildren
nieve *f.* snow
nimio/a trivial, insignificant
ningún, ninguno/a none, not any (8)
niñera babysitter (14)
niñez *f.* childhood (9)
niño/a boy/girl (B); child; **de niño** as a child
  (9)
nivel *m.* level (15); **nivel del mar** sea level
  (16)
no no; not (A)
Nóbel: Premio Nóbel Nobel Prize (16)
noche *f.* night; **buenas noches** good
  evening; good night (A); **de noche** at
  night (10); **esta noche** tonight, this night
  (2); **por la noche** in the evening, at night
  (1); **salir de noche** to go out at night (3)
Nochebuena Christmas Eve (4)
Nochevieja New Year's Eve (4)
nocturno/a nighttime; **club** (*m.*) **nocturno**
  nightclub (5)
nodo node
nombrado/a named (16)
nombrar to name (1)
nombre *m.* name; **¿cuál es su nombre?**
  what is your name? (*pol. sing.*) (A); **mi
  nombre es...** my name is . . . (A)
nordeste *m.* northeast
noreste *m.* northeast
normalidad *f.* normalcy, normality
normalmente normally
norte *m.* north
Norteamérica North America
norteamericano/a North American (C)
nos *d.o.* us; *i.o.* to/for us; *refl. pron.* ourselves
nosotros/as *sub. pron.* we (B); *obj. of prep.* us
nota note; grade (*academic*) (4); **sacar bue-
  nas/malas notas** to get good/bad grades
  (5)
notar to note, notice
noticia(s) news (16)
noticiero newscast
novecientos/as nine hundred
novela novel; **novela policíaca** detective
  novel
novelista *m., f.* novelist
noveno/a ninth (2)

noventa ninety (C)
noviazgo courtship (15)
noviembre *m.* November (1)
novio/a boyfriend/girlfriend (3); fiancé(e);
  groom/bride (15)
nube *f.* cloud (10)
nublado/a cloudy (10); **parcialmente
  nublado** partly cloudy (10)
nuclear nuclear; **desperdicios** (*pl.*)
  nucleares nuclear waste (10)
nudibranquio nudibranch (*type of mollusk*)
nudo knot
nuera daughter-in-law (9)
nuestro/a *poss.* our
nueve nine (A)
nuevo/a new (A); **Año Nuevo** New Year's
  Day (4); **de nuevo** again
nuez *f.* (*pl.* **nueces**) nut (8)
numeración *f.* numbering
numérico/a numerical
número number; **número medio** median
numeroso/a numerous (15)
nunca never (3); **casi nunca** very rarely
nutriente *m.* nutrient (10)

O

o or
objetivo objective
objeto object (6)
obligación *f.* obligation
obligar (gu) to oblige
obra work (16); **mano** (*f.*) **de obra** manual
  labor; **obra maestra** masterpiece
obrero/a (industrial) (industrial) worker (5)
obsequio: de obsequio free, complimen-
  tary
observador(a) observant
observar to observe, watch (10)
obstante: no obstante nevertheless, however
obtener (*like* **tener**) to obtain, get (5)
obviamente obviously
ocasión *f.* occasion
occidental western (16)
océano ocean (10)
ochenta eighty (C)
ocho eight (A)
ochocientos/as eight hundred
ocio leisure time
octavo/a eighth (2)
octubre *m.* October (1)
ocupación *f.* occupation
ocupado/a busy (4)
ocupar to occupy; **ocuparse** to be busy
ocurrencia: ¡qué ocurrencia! what a silly
  idea! (4)
ocurrir to occur
oda ode
oeste *m.* west (16)
ofender to offend
oficina office (B)
oficio job, profession; trade
ofrecer (zc) to offer (2)

oído (inner) ear (12)
oír *irreg.* to hear (7); **oye...** hey . . .
ojalá (que) I hope (that)
ojo eye (A); **¿de qué color tiene los ojos?**
  what color are your (*pol. sing.*)/his/her
  eyes? (B)
ola wave (*ocean*) (7)
oler *irreg.* to smell (12)
olfato sense of smell
Olimpiadas *pl.* Olympics (7)
Olímpico/a: Juegos Olímpicos Olympic
  Games
olla pot
olor *m.* odor
olvidar(se) to forget (12)
ómnibus *m.* bus
once eleven (A)
onda: estar en onda to be "in," current
onza ounce (1)
opción *f.* option
ópera opera (16)
operación *f.* operation
operador(a) operator
operar (a) to operate (on) (12)
opinar to think, believe (15)
opinión *f.* opinion
oponerse a (*like* **ponerse**) to oppose (16)
oportunidad *f.* opportunity, chance (15)
oposición *f.* opposition
optimista *n. m., f.* optimist; *adj.* optimistic
opuesto/a opposite
oración *f.* sentence (4)
oratoria public speaking; debate
orden *m.* order (*chronological*); *f.* order, command (14); **poner en orden** to order, put
  in order
ordenado/a tidy
ordenador *m. Sp.* computer
ordenar to arrange, put in order (11)
ordinal: número ordinal ordinal number
oreja (outer) ear (B)
orgánico/a organic (10)
organización *f.* organization
organizar (c) to organize (1)
órgano organ (11)
orgulloso/a proud (15)
oriente *m.* east (16)
origen *m.* origin
originar to cause
orilla bank, shore (10)
oro gold (13)
orquesta orchestra
os *d.o.* (*Sp.*) you (*inf. pl.*); *i.o.* (*Sp.*) to/for you
  (*inf. pl.*); *refl. pron.* (*Sp.*) yourselves (*inf. pl.*)
oscilar to fluctuate
oscuro/a dark
oso bear (7)
ostra oyster
otoño autumn (1)
otro/a other; another (B); **de otro modo** in
  a different way; **otra vez** again (5); **por
  otra parte** on the other hand
oveja sheep

oxígeno oxygen

ozono: capa de ozono ozone layer (10);
agujero en la capa de ozono hole in the
ozone layer (10)

P

paciencia patience

paciente n. m., f.; adj. patient (4)

pacífico/a peaceful

padecer (zc) to suffer (from) (12)

padrastro stepfather (9)

padre m. father (C); priest; pl. parents (C);
Día (m.) del Padre Father's Day (4)

padrino godfather (15); pl. godparents

paella Valencian (Spain) rice dish with meat,
fish, or seafood and vegetables

pagar (gu) to pay (7)

página page (A)

pago payment

país m. country; país natal native country

paisaje m. countryside

pájaro bird (3)

pala shovel (13)

palabra word (3); libertad (f.) de palabra
freedom of speech

palacio palace (7)

paletilla shoulder blade

palidecer (zc) to turn pale

palma palm (botanical)

palmera palm tree (7)

palmo a palmo inch by inch

palomitas (pl.) de maíz popcorn (8)

palpable palpable; tangible; concrete

pampa pampa, prairie; La Pampa region of
Argentina

pan m. bread (8); barra de pan loaf of bread
(12); llamar al pan pan y al vino vino to
call a spade a spade; pan tostado toast (8)

pana corduroy (13)

panadería bakery (4)

Panamá m. Panama (3)

panameño/a n., adj. Panamanian (3)

pandilla gang (16)

panecillo roll, bun (8)

panfleto pamphlet

pánico panic

panorámico/a panoramic

panqueque m. pancake (8)

pantaletas pl. women's underpants (13)

pantalón, pantalones m. sing., pl. pants (A);
pantalones cortos shorts (A); pantalones
vaqueros jeans

panteón m. mausoleum, graveyard

pantimedias pl. nylons, pantyhose (13)

pantorrilla calf (of leg) (12)

pantufla slipper

paño cloth

pañuelo handkerchief

papa potato (8); papas fritas French fries
(8); puré (m.) de papas mashed potatoes

papá m. papa, dad (B)

papalote m. Mex. paper kite; volar un
papalote to fly a kite (9)

papel m. paper (B); role; hacer el papel de
to play the role of (6)

papelería stationery store (4)

papelero/a relating to paper

paperas pl. mumps (12)

paquete m. package (8)

par m. pair (13)

para for; in order to (1); para que in order
that (15); ¿para qué sirve? what is it used
for? (6)

parabrisas m. sing., pl. windshield (10)

paracetamol m. acetaminophen (non-aspirin
pain reliever)

parachoques m. sing., pl. bumper (10)

parada del autobús bus stop (3)

parador m. inn (11)

paraestatal semi-official; public

paraguas m. sing., pl. umbrella (13)

Paraguay m. Paraguay (3)

paraguayo/a n., adj. Paraguayan (3)

paralizado/a paralyzed

parar to stop (10)

parcialmente partially; parcialmente
nublado partly cloudy (10)

parecer (zc) to look; seem; parecerle (a
uno) to seem (to one) (6); parecerse to
look alike (like each other) (9); ¿qué te/ le
parece... ? what do you think of . . . ?

parecido/a: bien parecido good-looking (15)

pared f. wall (B)

pareja couple; en parejas in pairs (11)

paréntesis m. sing., pl.: entre paréntesis in
parentheses

pariente, parienta relative (4)

París m. Paris

parque m. park (2); merendar en el parque
to have a picnic in the park (2)

parra (grape)vine

párrafo paragraph

parrilla: a la parrilla grilled, charbroiled (8)

parrillada grilled meat

parroquia parish

parte f. part; las partes del cuerpo parts of
the body (12); por otra parte on the other
hand; por todas partes everywhere

Partenón m. Parthenon

participación f. participation

participar to participate

particular particular; private; casa particular private home (6)

partida departure

partidario/a supporter, advocate

partido party (political); game, match (1);
ver un partido de... to watch a game of
. . . (1)

partir to leave; to divide; a partir de + time
starting from + time

párvulo: escuela de párvulos kindergarten

pasa raisin (8)

pasado n. past (5)

pasado/a adj. past, last; la semana pasada
last week (6); pasado mañana day after
tomorrow (3)

pasaje m. passage; fare, ticket (11)

pasajero/a passenger (10)

pasaporte m. passport; sacar el pasaporte
to get a passport (11)

pasar to pass; to happen; to come in; to
spend (time); pasar hambre to go hungry;
pasar la aspiradora to vacuum (6); pasar
por to go through; pasar tiempo to spend
time (2); pasarlo bien/mal to have a
good/bad time; ¿qué pasa? what's going
on? (7); ¿qué pasó? what happened? (7);
¿qué te/le pasa? what's the matter with
you?

pasatiempo pastime (2)

Pascua Easter; Domingo de Pascua Easter
Sunday (4); pl. Easter; felices Pascuas
Merry Christmas (regional); Pascua Judía
Passover (4)

pasear to go for a walk; to take a ride;
pasear en barca to take a boat ride (2);
pasear en bicicleta to go for a bicycle
ride

paseo walk, stroll; dar un paseo to take a
walk (4); dar un paseo en carro to go for
a drive

pasión f. passion

paso step (8); dar un paso to take a step; de
paso incidently; no hay paso no entrance
(9); paso a paso step by step

pasta de dientes toothpaste

pastel m. cake (4)

pasto de ganado cattle grazing

pastor m. shepherd

pata: estirar la pata coll. to kick the bucket,
die

patacón m. fried banana

patata Sp. potato

paterno/a paternal

patinaje m. skating

patinar to skate; patinar en el hielo to ice-
skate (1)

patineta: andar en patineta to skateboard

patio patio; patio de recreo schoolyard (9)

pato duck

patria country, homeland, native land (16)

patriota m., f. patriot (16)

paulatino/a slow, gradual

pavo turkey

payaso clown

paz f. (pl. paces) peace (15); déjame en paz
leave me alone

peatón, peatona n. pedestrian (10)

pecho chest (12); breast

pedagogía pedagogy; education

pediatría sing. pediatrics

pedir (i, i) to ask for, request (8); pedir permiso to ask for permission (4); pedir(se)
perdón to apologize (to each other)

pegado/a close together

pegar (gu) to hit, strike; pegarse un susto
to get a shock

peinarse to comb one's hair (4)

Pekín m. Beijing (C)

peladura *n.* peel, peeling

pelea fight

pelear to fight; **pelearse** to fight with each other (9)

película movie (2); **rollo de película** roll of film (13)

peligro danger (10)

peligroso/a dangerous (5)

pelo hair (A); **cortarse el pelo** to cut one's hair, have one's hair cut; **¿de qué color tiene el pelo?** what color is your (*pol. sing.*)/his/her hair? (B); **lavarse el pelo** to wash one's hair (4); **secarse el pelo** to dry one's hair (4)

pelota ball (9)

peluquería beauty parlor (5)

peluquero/a hairdresser (5)

peluquín *m.* hairpiece

pena de muerte death penalty (16)

pendiente *n. f.* slope, incline; *adj.* hanging

pensamiento thought

pensar (ie) to think (5); **¡ni pensarlo!** don't even think about it!; no way! (4); **pensar (+ *infin.*)** to plan to (*do something*) (5); **pensar en** to think about (*something/ someone*) (5); **pensar que** to think that (16); **pensarlo** to think about it

pensativo/a thoughtful

peor worse (6); worst (6)

pepino cucumber (8)

pequeño/a small (B)

pera pear

percance *m.* mishap, misfortune

percibir to perceive

perder (ie) to lose; **perderse** to get lost (12)

perdón *m.* pardon; *interj.* pardon/excuse me (C); **pedir(se) perdón** to apologize (to each other)

perdonar to excuse

perezoso/a lazy (B)

perfeccionar to perfect

perfil *m.* profile

perfume: ponerse perfume to put on perfume (4)

perico parakeet

periódicamente periodically

periódico newspaper; **leer el periódico** to read the newspaper (1)

periodista *m., f.* journalist

período period

periquito parakeet; little parrot (14)

perjudicar (qu) to damage, harm

perla pearl

permanecer (zc) to remain

permiso permission; **dar permiso** to give permission (9); **pedir permiso** to ask for permission (4)

permitir to allow (9); **permitirse** to be allowed (9)

pero but (C)

perro/a dog (A)

persecución *f.* persecution (16)

perseguir (i, i) (g) to pursue; to persecute

persona person

personaje *m.* character (*fictional*)

personal: datos (*pl.*) **personales** personal data

personalidad *f.* personality (14)

personalmente personally; in person (4)

personificar (qu) to personify

pertenecer (zc) to belong (8)

Perú *m.* Peru (3)

peruano/a *n., adj.* Peruvian (3)

pesa: levantar pesas to lift weights (2)

pesado/a heavy

pesar *v.* to weigh; **a pesar de** (*prep.*) in spite of

pescado fish (*caught*)

pescador(a) *m., f.* fisherman

pescar (qu) to fish (1)

pesebre *m.* manger; Nativity scene

peseta *monetary unit of Spain* (4)

pesimista *n. m., f.* pessimist; *adj.* pessimistic

peso *monetary unit of Mexico, Colombia, Cuba, etc.*; weight (1)

pestaña eyelash (12)

pesticida *m.* pesticide (10)

petróleo petroleum; oil (10)

pez *m.* (*pl.* **peces**) fish (*live*) (3)

pibe, piba *Arg.* child

picante spicy (8)

pícaro/a *n.* rogue, scoundrel; *adj.* scheming, mischievous; **¡qué pícaro/a!** what a rascal! (9)

picazón *f.* itch, itching (12)

pico: cuello en V / en pico V-neck collar (13); **sombrero de tres picos** three-cornered hat

pie *m.* foot (B); *pl.* feet (B); **(estar) de pie** (to be) standing; **ponerse de pie** to stand up

piedra stone (13)

piel *f.* skin; leather (13)

pierna leg (B)

pieza piece (7)

pijama *m. sing.* pajamas

píldora pill (12)

pileta *Arg.* swimming pool

pilotear to fly (*plane*)

piloto *m., f.* pilot (5)

pimentero pepper shaker (8)

pimienta pepper (8)

pinacoteca art gallery

pinar *m.* pine grove

pinta look, appearance

pintar to paint (5)

pintor(a) painter (10)

pintoresco/a picturesque (16)

pintura painting (11)

piña pineapple (8); **piña colada** *tall mixed drink of rum, cream of coconut, pineapple juice, and ice, usually mixed in a blender*

pirámide *f.* pyramid (7)

Pirineos *pl.* Pyrenees

piscina swimming pool (1)

Piscis *m. sing., pl.* Pisces

piso floor (B); *Sp.* apartment

pista hint

pizarra (chalk)board (B)

placa license plate (10)

placer *n. m.* pleasure

plan *m.* plan (5)

plancha iron

planchar to iron (3)

planear to plan (11)

planeta *m.* planet

planificar (qu) to plan

plano plan, diagram; map (of a room or city) (3)

planta plant (A)

plantar to plant

plasmar to create

plástico plastic (10)

plata silver (13)

plataforma platform

plátano banana (8)

platillo dish (*food*) (8); saucer (8)

plato plate (6); culinary dish (8); **plato hondo** bowl (8)

playa beach (1)

playera *Mex.* T-shirt (13)

pleno/a full

plomero/a plumber (5)

pluma feather; *Mex.* pen (B)

población *f.* population

poblador(a) settler; colonist; inhabitant

poblar (ue) to populate

pobre *n. m., f.* poor person; *adj.* poor (10)

pobreza poverty (16)

poco/a little; *pl.* few; **dentro de poco** within a short time; **poco a poco** little by little; **poco asado** rare (*meat*) (8); **poco cocido** rare (*meat*) (8); **poco después** a bit later (7); **un poco** a little

poder *n. m.* power; **llegar al poder** to attain power

poder *v. irreg.* to be able; **poder (+ *infin.*)** to be able to (*do something*) (5)

poderoso/a powerful

poema *m.* poem

poesía poetry

poeta *m.* poet (16)

polen *m.* pollen

policía *m., f.* police officer (5); *f.* police force (7)

policíaco/a *adj.* police; **novela policíaca** detective novel

polideportivo sports complex

poliéster *m.* polyester (13)

política *sing.* politics; policy (16)

político/a *n.* politician; *adj.* political; **ciencias** (*pl.*) **políticas** political science

politizado/a politicized

pollera *Arg., Uruguay* skirt

pollo chicken (8); **pollo frito** fried chicken (8)

Polonia Poland (16)

polonio polonium (*chemical element*)

polvo dust (6)

pomelo grapefruit (8)

poncho poncho
poner *irreg.* to put, place (4); to put on; to put up; to show (*film*); **poner discos compactos** to play CDs (3); **poner en efecto** to carry out; **poner en orden** to order, put in order; **ponerle fin a** to end, put an end to (16); **ponerse** + *adj.* to get, become + *adj.*; **ponerse a** (+ *infin.*) to begin to (*do something*); **ponerse de buen/mal humor** to get into a good/bad mood; **ponerse de moda** to become fashionable; **ponerse de pie** to stand up; **ponerse la ropa** to put on clothes (4); **ponerse perfume** to put on perfume (4); **ponerse rojo/a** to blush (7)
por by; through; because of; for; per; around; about; on; because of, on account of; **darse por vencido** to give up; **por aquí** around here; **por ciento** percent; **por completo** totally; **¿por cuánto?** for how much?; **por dentro** on the inside (8); **por dondequiera** everywhere; **por ejemplo** for example (9); **por el medio** in half; **por eso** that's why; **por favor** please (1); **por fin** finally (12); **por fuera** on the outside (8); **por la mañana/tarde/noche** in the morning/afternoon/evening/at night (1); **por lo general** in general; **por lo menos** at least; **por lo tanto** therefore; **por supuesto** of course; **por último** finally, lastly (2)
porcelana porcelain
porcentaje *m.* percentage
porción *f.* serving (8)
¿por qué? why? (2); **¿por qué no?** why not?
porque because (5)
portal *m.* porch; doorway
portar to carry; **portar armas** to bear arms (16); **portarse** to behave
portátil portable
portazgo toll, tollbooth
porteño/a of or from Buenos Aires
portero eléctrico *intercom with automatic door-opener*
portugués *m.* Portuguese (*language*) (C)
portugués, portuguesa *n., adj.* Portuguese (C)
porvenir *m.* future
posada inn
poseer (**y**) to possess
posesivo/a possessive
posibilidad *f.* possibility (5)
posponer (*like* **poner**) to postpone
postal: apartado postal post office box number; **giro postal** money order; **tarjeta postal** postcard
posterior *adj.* rear; **réplicas posteriores** aftershocks
postre *m.* dessert (8); **de postre** for dessert
potable potable, drinkable
potencia power, force
potencial *n. m.* potential (10)
potro colt

p.p.m. (*abbrev. for* **palabras por minuto**) words per minute
pqte. (*abbrev. for* **paquete**) package
práctica practice
practicar (**qu**) to play (*sport*); to practice (2); **practicar un deporte** to play a sport (2)
práctico/a practical (B)
precavido/a cautious
precio price (4)
precioso/a precious (13)
precisamente exactly (12)
precolombino/a pre-Colombian
preconcebido/a preconceived
predicar (**qu**) to preach
predominar to predominate
preferible preferable
preferido/a favorite (3)
preferir (**ie, i**) to prefer (2)
pregunta *n.* question (A); **hacer preguntas** to ask questions (5)
preguntar to ask (questions) (5); **pregúntele a...** ask . . .
prejuicio prejudice (16)
prematuro/a premature
premio prize (15); premium; **premio gordo** grand prize (15); **Premio Nóbel** Nobel Prize (16)
prenda de ropa/vestir garment
prender (**la luz**) to turn on (the light) (6)
prensa press; **libertad** (*f.*) **de prensa** freedom of the press
prensador *m.* press
preocupación *f.* worry
preocupado/a worried (4)
preocupar to worry (10); **me preocupa que** it worries me that
preparación *f.* preparation
preparar to prepare (3)
preparativos *pl.* preparations
preparatoria *n.* prep school; high school (2)
preparatorio/a *adj.* preparatory
presencia presence
presenciar to witness, be present at
presentación *f.* presentation; introduction (5)
presentar to present; to introduce (A)
presente *n. m.; adj.* present
preservar to preserve
presidencia presidency
presidente, presidenta president
presión *f.* pressure (10)
presionar to pressure
préstamo loan (16)
prestar to lend (14)
prestigio prestige
presupuesto budget (14)
pretender to pretend; to claim
pretérito preterite
prevenido/a prepared, ready
prevenir (*like* **venir**) to prevent; **más vale prevenir** it is better to be prepared
preventivo/a preventive
prima: materia prima raw material (13)

primaria: (escuela) primaria elementary school
primavera spring (1)
primer, primero/a first (2); **de buenas a primeras** suddenly; **por primera vez** for the first time (8); **primera clase** first class (11)
primo/a cousin (C)
princesa princess (C)
príncipe *m.* prince (C)
principio beginning; principle; **para principios de** by the beginning of
prioridad *f.* priority (16)
prisa: tener prisa to be in a hurry (4)
privado/a private (14)
privilegiado/a privileged, favored
probador *m.* fitting room
probar(se) (**ue**) to try (out); to prove; to taste; to try on (13)
problema *m.* problem (10)
procedente *adj.* coming, originating
procesador (*m.*) **de palabras** word processor (15)
procesador(a) *adj.* processing
proceso process; trial
prodigioso/a excellent, wondrous
producción *f.* production (10)
producir (**zc**) (**j**) to produce (10)
profecía prophecy
profesión *f.* profession
profesor(a) professor (A)
profundidad *f.* depth
profundo/a deep (10)
programa *m.* program
programador(a) programmer (5)
programar to schedule; to plan
progresar to make progress; to progress
progreso progress (16)
prohibir (**prohíbo**) to prohibit (14)
prolongar (**gu**) to prolong
promedio average (10)
prometer to promise (16)
promover (**ue**) to promote; to advance, further
promulgar (**gu**) to proclaim; to put into effect
pronombre *m.* pronoun; **pronombre de complemento directo/indirecto** direct/indirect object pronoun
pronosticar (**qu**) to forecast (10)
pronóstico del tiempo weather forecast (2)
pronto soon (7); **de pronto** suddenly (4); **lo más pronto posible** as soon as possible; **tan pronto como** as soon as (15)
pronunciar to pronounce
propagar (**gu**) to propagate
propiedad *f.:* **título de propiedad** deed (15)
propietario/a owner, proprietor (16)
propina tip (*for a service*) (8)
propio/a own (6); typical, characteristic
proponer (*like* **poner**) to propose
proporcionar to furnish, provide
propósito purpose
propuesto/a (*p.p. of* **proponer**) proposed

proseguir (i, i) (g) to continue
prosperidad *f.* prosperity
próspero/a prosperous
protagonista *m., f.* protagonist
proteger (j) to protect (10)
protesta protest
proveedor(a) provider, supplier
proveer (y) to provide
provenir (*like* **venir**) to originate
provincia province, region
provocar (qu) to provoke
próximo/a next (2); **la próxima semana** next week (4)
proyectar to project
proyecto project; plan (14)
prueba test
psicología psychology
psicólogo/a psychologist (12)
psiquiatra *m., f.* psychiatrist (12)
ptas. (*abbrev. for* **pesetas**) *monetary unit of Spain*
publicación *f.* publication (16)
publicar (qu) to publish
público/a *adj.* public; **salud** (*f.*) **pública** public health (16)
pueblito little town (9)
pueblo town (6); people
puente *m.* bridge (10)
puerco pork; **carne** (*f.*) **de puerco** pork (8)
puerta door (A)
puerto (sea)port
puertorriqueño/a *n., adj.* Puerto Rican (3)
pues... well . . . (1)
puesta del sol sunset
puesto *n.* job; stand, booth
puesto/a (*p.p. of* **poner**) put, placed; turned on (12); **puesto a punto** adjusted, regulated; **tengo una falda puesta** I have a skirt on, I'm wearing a skirt
pulga flea
pulgada inch
pulgar thumb (12)
pulmón *m.* lung (12)
pulmonía pneumonia (12)
pulpa pulp, flesh
pulpería grocery store
pulpo octopus
pulsera bracelet
pulso pulse (12)
puntaje *m.* score
puntiagudo/a *adj.* pointed
punto point; period; **al punto** medium rare (*meat*) (8); **puesto/a a punto** adjusted; regulated; **punto de vista** point of view; **punto y aparte** (write a) period and (begin a) new paragraph (*dictation*)
puntual punctual
pupitre *m.* student's desk (A)
puré (*m.*) **de papas** mashed potatoes
pureza purity
puro/a pure (16)

Q

que that, which; than; **lo que** that which, what (6); **más/menos que** more/less than (6); **ya que** since
¿qué... ? what . . . ? (B); **¿de qué está hecho/a?** what is it (made) of? (13); **¿qué tal?** how's it going?; how are you? (6); **¿qué tal si... ?** how about if . . . ?; **¡qué va!** no way! (16)
quechua *m.* Quechua (*language*) (*indigenous to Peru, Bolivia, etc.*)
quedar(se) to remain, stay; to get left behind (12); to fit; to be, be situated; to be, get; **no quedar más remedio** to not have any other choice; **quedar embarazada** to become pregnant; **quedar de acuerdo** to agree; **quedarle apretado/suelto** to fit tightly/loosely (13); **quedarle bien/mal** to look nice/bad on one (13); **quedarle grande/pequeño** to be too big/small (13); **quedarse dormido** to fall asleep; **quedarse en casa** to stay home (4)
quehacer *m.* chore
quejarse to complain (9)
quemadura burn (12)
quemar to burn (7)
queque *m.* bun, cake (*Colombia*)
querer *irreg.* to want (1); to love; **querer decir** to mean; **quererse** to love each other (15)
querido/a *n.* dear; *adj.* dear; beloved; **ser** (*m.*) **querido** loved one (15)
quesadilla (*Mex., Honduras*) cornmeal or tortilla pie filled with cheese
queso cheese (8)
quetzal *m.* monetary unit of Guatemala (13)
quien(es) who, whom
¿quién(es)? who?, whom? (A); **¿de quién es/son... ?** whose is/are . . . ? (C); **¿quién es? / ¿quiénes son?** who is it? / who are they? (A)
química chemistry (2)
químico/a *adj.* chemical
quince fifteen (A)
quinceañera fifteenth-birthday party
quinientos/as five hundred
quinto/a fifth (2)
quintuplicar (qu) to quintuple
quiosco kiosk
quitamanchas *m. sing., pl.* stain remover
quitar(se) to remove; **quitarse la ropa** to take off clothes (4)
quizá(s) perhaps

R

rábano radish (8)
rabia: dar rabia to anger, enrage
rabioso/a furious
racimo cluster, bunch
ración *f.* portion, helping
racista *adj. m., f.* racist
radiador *m.* radiator (10)

radio *m.* radio (*receiver*); *f.* radio (*broadcasting*); **radiocassette (portátil)** (portable) radio cassette player (13); **radio despertador** alarm clock radio (13)
radiografía X-ray
raíz *f.* (*pl.* **raíces**) root
rallar to grate (8)
ramo cut branch; bouquet; piece (*fig.*)
rancheros: huevos rancheros eggs, *usually fried or poached, topped with a spicy tomato sauce and sometimes served on a fried corn tortilla*
rape *m.* anglerfish
rápidamente fast, rapidly (4)
rapidez *f.* rapidity; **con rapidez** rapidly
rápido *adv.* fast; quickly
rápido/a *adj.* rapid, fast, quick (4)
raqueta racket
ráquetbol *m.* racketball
raro/a strange
rascar (qu) to scratch
rasgo trait, characteristic
Rastro *Madrid flea market* (13)
rasuradora eléctrica electric razor (4)
rato a while (7); little while, short time; **a cada rato** every few minutes (14)
ratón *m.* mouse
raya: de rayas striped (13)
rayo ray
rayuela hopscotch; **jugar a la rayuela** to play hopscotch (9)
raza race (16)
razón *f.* reason (8); **con razón** with good reason; **sea cual sea la razón** whatever the reason may be; **tener razón** to be right (14)
reacción *f.* reaction (16)
reaccionar to react
real real; royal
realidad *f.* reality
realizar (c) to attain, achieve; to carry out; to realize (15)
reata riata, lariat (*rope used to tie horses or mules in single file*)
rebajado/a reduced (*price*) (13)
rebajar to reduce a price (13)
rebanada slice (8)
recaída relapse; setback
recámara *Mex.* bedroom (6)
recepción *f.* reception; lobby (11)
recepcionista *m., f.* receptionist (B)
receta recipe; medical prescription (12); **surtir una receta** to fill a prescription (12)
recetar to prescribe (12)
rechazar (c) to reject
recibir to receive (2)
reciclaje *m.* recycling (10)
reciclar to recycle (10)
recién recently; **recién nacido/a** newborn (15)
reciente recent (16)
recipiente *m.* container (10)

recíproco/a reciprocal
reclamo claim; **reclamo de equipaje** baggage claim (11)
recoger (j) to pick up (3)
recomendación *f.* recommendation
recomendar (ie) to recommend (11)
reconciliarse to become reconciled
reconocer (zc) to recognize
reconstrucción *f.* reconstruction
reconstruir (y) to reconstruct
recordar (ue) to remember (9)
recorrer to tour, travel across
recortar to cut out
recreo recess (9); **patio de recreo** schoolyard (9); **sala de recreo** recreation room (13)
recto/a straight (13)
rectoría office of the president (rector) of a university (3)
recuerdo souvenir; *pl.* memories (9)
recuperar to recuperate, get back
recurrir (a) to appeal (to)
recurso resource (10); **recurso natural** natural resource (16)
red *f.* network; **red mundial** Internet (2)
reducción *f.* reduction (16)
reducir (zc) (j) to reduce (10)
reelegir (i, i) (j) to reelect
referirse (ie, i) a to refer to (16)
reflejar to reflect
reflexión *f.* reflection
reflexionar to reflect on, think about
reforma agraria land reform (16)
reformar to reform
reforzar (ue) (c) to reinforce
refrán *m.* proverb
refrescar (qu) to cool; to refresh
refresco soft drink (3)
refrigerador *m.* refrigerator (6)
refrigerio snack
refugio refuge, shelter
regalado/a: a precios regalados inexpensively priced, "given away"
regalar to give as a gift
regalo gift (4)
regaño scolding (14)
regar (ie) (gu) to water (6)
regatear to bargain (13); **a regatear** let's bargain
regateo *n.* bargaining (13)
régimen *m.* (*pl.* **regímenes**) regime; diet (16)
región *f.* region (10)
registrar to register
regla rule (12)
regresar to return (3)
regreso: de regreso *adj.* return
regulado/a adjusted, calibrated
regular fair, so-so; **estoy regular** I am OK (A)
reina queen
Reino Unido United Kingdom
reír(se) (río) (i, i) to laugh

relación *f.* relationship; **relaciones** (*pl.*) **familiares** family relationships (9)
relacionado/a related (9)
relacionar to relate
relajador(a) *adj.* relaxing
relajarse to relax
relámpago lightning (10)
relato account, story
religión *f.* religion
religioso/a religious (B)
relleno *n.* filling
relleno/a *adj.* stuffed; **chile** (*m.*) **relleno** stuffed chili pepper
reloj *m.* watch (A); clock
remedio remedy; **no quedar más remedio** to not have any other choice
remesa shipment
remo *n.* rowing
remoto/a remote
remover (ue) to remove
renacer (zc) to be reborn
rendir (i, i) tributo to pay tribute
renovado/a remodeled (13)
renovar (ue) to renovate
renunciar to renounce
reparación *f.*: **taller** (*m.*) **de reparación** garage (5)
reparar to repair, fix (2)
repartir to divide; to distribute
repaso review
repente: de repente suddenly
repetir (i, i) to repeat
repisa shelf
repleto/a de replete with, full of
réplica replica, copy
repoblación (*f.*) **forestal** reforesting
repoblar (ue) to reforest
reponer (*like* **poner**) to put back
reportaje *m.* report (3)
reportero/a reporter (15)
reposado/a calm, peaceful
reposar to lie; to remain
repositorio repository
repostería cake shop
representante *m.*, *f.* representative
representar to represent
represión *f.* repression
represivo/a repressive (16)
reproducir (zc) (j) to reproduce
reproductor (*m.*) **para discos compactos** CD player (1)
república republic (16); **República de Sudáfrica** South Africa (C); **República Dominicana** Dominican Republic (2)
republicano/a Republican
repuesto/a (*p.p. of* **reponer**) replaced; **de repuesto** replacement (*part*)
requerir (ie, i) to require (16)
requisito *n.* prerequisite; requirement (5)
res *f.* head of cattle; beast; **carne** (*f.*) **de res** beef (8)
resbaloso/a slippery (10)
rescatado/a rescued

reseña review (15); description
reservación *f.* reservation
reservar to reserve
resfriado *n.* cold (*illness*) (12)
resfriado/a: estar resfriado/a to have a cold (12)
resfriarse to catch a cold (12)
resfrío cold (*illness*) (12)
residencia residence; **residencia estudiantil** university dorm (5)
residencial residential
residir to reside
resolver (ue) (*p.p.* **resuelto**) to solve (10)
respaldo: de respaldo back-up
respecto: al respecto about the matter; **con respecto a** with respect to (15); **respecto a** with respect to
respetar to respect
respeto respect (16)
respirar to breathe (12)
responder to respond, answer (14)
responsabilidad *f.* responsibility
responsable responsible (6)
respuesta answer (2)
restante *m.* remainder
restaurante *m.* restaurant
resto rest; *pl.* remains (14)
restricción *f.* restriction (10)
restringir (j) to restrict (10)
resuelto/a (*p.p. of* **resolver**) resolved, solved
resultado result (14); **dar como resultado** to result in
resultante resulting, consequent
resultar to turn out, result
resumen *m.*: **en resumen** in short, in conclusion (B)
retirarse to pull out, pull back
retornable: no retornable non-returnable
retraso backwardness, underdevelopment
retrovisor(a): espejo retrovisor rearview mirror (10)
reunión *f.* meeting (3)
reunirse to get together (4)
revisar to check (3)
revista magazine (2)
revivir to relive
revolución *f.* revolution (16)
revuelto/a: huevos revueltos scrambled eggs (8)
rey *m.* king; **Día** (*m.*) **de los Reyes Magos** Epiphany, Jan. 6th (*lit.* Day of the Magi) (4)
rezar (c) to pray (4)
rico/a rich; delicious (6, 8)
ridículo/a ridiculous
riesgo risk (14); **correr riesgo** to run a risk
riguroso/a severe, harsh
rincón *m.* corner
riñón *m.* kidney (12)
río river (2)
riqueza *sing.* riches, wealth
rítmico/a rhythmic; **gimnasia rítmica** eurhythmics

ritmo rhythm
rizado/a curly (A)
robar to rob, steal (7)
roble *m.* oak
robot *m.* robot (B)
roca rock
rocío dew (10)
rock *m.* rock music
rocoso/a rocky
rodante *adj.* rolling
rodeado/a surrounded (10)
rodear to surround
rodilla knee (12)
rogar (ue) (gu) to beg (14)
roído/a (*p.p. of* **roer**) gnawed
rojo/a red (A); **ponerse rojo/a** to blush (7)
rol *m.* role
rollo roll; **rollo de película** roll of film (13)
romano/a Roman
romántico/a romantic
romper(se) to break (11)
ron *m.* rum
ronda night watch or patrol; beat (*of a police officer*)
ronquera hoarseness
ropa *sing.* clothes, clothing; **guardar ropa** to put away clothes (6); **ponerse la ropa** to put on clothes (4); **quitarse la ropa** to take off clothes (4); **ropa deportiva** sport clothes (1); **ropa interior** underwear (13)
rosa rose (A)
rosado/a pink (A)
roto/a (*p.p. of* **romper**) broken
rubio/a blond(e) (A)
rueda wheel (10)
ruido noise (14); **hacer ruido** to make noise
ruidoso/a noisy
ruinas *pl.* ruins (11)
rumbo direction
rumor *m.* rumor
ruso Russian (language) (C)
ruso/a *n., adj.* Russian (C)
rústico/a rustic
ruta route (9)
rutina routine

S

sábado Saturday (1)
sábana sheet
saber *irreg.* to know (4); to find out about; **saber** (+ *infin.*) to know how to (*do something*) (5); **ya lo sé** I already know it; **(yo) sé** I know (1)
sabiduría wisdom
sabor *m.* flavor, taste; **de sabores** flavored
saborear to savor
sabroso/a delicious, tasty
sacar (qu) to take out; to get, receive (*grade*); **sacar adelante** to carry forward; **sacar al mercado** to put (*a new product*) on the market; **sacar buenas/malas notas** to get good/bad grades (5); **sacar fotos** to take pictures (1); **sacar el pasaporte (la visa)** to get a passport (visa) (11); **sacar la basura** to take out the trash (6)
saco bag; jacket, sport coat (A)
sacrificar (qu) to sacrifice
sacrificio sacrifice
sacudir to dust; to shake off (14)
Sagitario Sagittarius
sagrado/a sacred, holy
sal *f.* salt (8); **agua** (*f. but* **el agua**) **con sal** salt water (12)
sala room; living room (6); **sala de baño** bathroom (6); **sala de emergencias** emergency room (12); **sala de espera** waiting room (11); **sala de recreo** recreation room (13); **sala de urgencias** emergency room (12)
salado/a *adj.* salt, salted
salario salary; **aumento de salario** raise
salchicha sausage, frankfurter, hot dog
salero saltshaker (8)
salida departure; exit (11)
salir *irreg.* to leave; to go out; **salir a** (+ *infin.*) to go or come out to (*do something*); **salir a bailar** to go out dancing (1); **salir al mercado** to appear on the market; **salir de noche** to go out at night (3); **salir de vacaciones** to go on vacation (3); **salir del trabajo** to get off work
salón *m.* room; **salón de baile** dance hall; **salón de belleza** beauty parlor; **salón de clase** classroom
salsa salsa (*music*); sauce
saltar to jump; to jump up; **saltar la cuerda** to jump rope (9)
salud *f.* health (8); **¡salud!** bless you! (*after a person sneezes*); to your health! (12); **salud pública** public health
saludable healthy (8)
saludar to greet, say hello (7); **saludarse** to greet each other
saludo greeting (A)
salvadoreño/a *n., adj.* Salvadoran (3)
salvaje wild, savage
salvar to save (*from danger*) (10)
salvo except
san, santo/a saint; **día** (*m.*) **del santo** saint's day (3); **Día** (*m.*) **de Todos los Santos** All Saints' Day (3); **Semana Santa** Holy Week (4)
sandalia sandal
sandía watermelon (8)
sándwich *m.* sandwich
sangre *f.* blood (12); **análisis** (*m.*) **de sangre** blood test (12)
sangriento/a bloody
sano/a healthy
sarampión *m. sing.* measles (12)
sartén *f.* (frying) pan (8)
satélite *m.* satellite
satisfacción *f.* satisfaction (15)
satisfacer (*like* **hacer**) to satisfy
se (impersonal) one; *refl. pron.* herself, himself, itself, themselves, yourself (*pol. sing.*) yourselves (*pol. pl.*)
sea cual sea whatever it might be
secador (*m.*) **de pelo** hair dryer
secadora dryer (6); **secadora de pelo** hair dryer
secar (qu) to dry; **secarse** to dry off, dry oneself (4); **secarse el pelo** to dry one's hair (4)
sección (*f.*) **de (no) fumar** (no) smoking section (11)
seco/a dry (8); **ciruela seca** prune
secretario/a secretary (B)
secuencia sequence (7)
secundaria: (escuela) secundaria high school (7)
sed *f.* thirst; **tener sed** to be thirsty (4)
seda silk (13)
seguida: en seguida immediately (14)
seguir (i, i) (g) to follow (3); to continue; **seguir + -ndo** to go on (*doing something*) (13); **seguir una carrera** to have a career (5)
según according to (C)
segundo *n.* second; *adv.* secondly
segundo/a *adj.* second (2)
seguridad *f.* safety; **cinturón** (*m.*) **de seguridad** seatbelt (10); **con toda seguridad** with absolute certainty
seguro *n.* insurance (10); **seguro de auto(móvil) / seguro automovilístico** car insurance (10); **seguro médico** health insurance (12)
seguro/a *adj.* sure; safe
seis six (A)
seiscientos/as six hundred
selección *f.* selection, choice (11)
seleccionar to select, choose (16)
selva jungle; **selva tropical** tropical jungle
selvático/a *adj.* jungle
semáforo signal; traffic light (10)
semana week; **a la semana** per week; **cada semana** each/every week (6); **entre semana** on weekdays, during the week (14); **fin** (*m.*) **de semana** weekend (1); **la semana pasada** last week (6); **la próxima semana** next week (4); **Semana Santa** Holy Week (4); **... veces a la / por semana** . . . times a week (4)
sembradío land prepared for sowing
sembrar (ie) to sow
semejante similar (A)
semestre *m.* semester
semilla seed (8)
seminario seminar
senador(a) senator (14)
sencillo/a simple (11)
sendas (*pl.*) **frondosas** shaded paths
sensación *f.* sensation
sensatez *f.* sense, sensibleness; **Sensatez y sentimiento** *Sense and Sensibility*
sensible sensitive (16)
sentado/a seated; **(estar) sentado** (to be) seated, sitting down

sentarse (ie) to sit down
sentido sense; **doble sentido** two-way (*street*) (10); **sentido del humor** sense of humor (14); **un solo sentido** one-way (*street*) (10)
sentimiento *n.* feeling; **Sensatez y sentimiento** *Sense and Sensibility*
sentir(se) (ie, i) to feel (7); **lo siento** I'm sorry
señal *f.* sign; signal (10)
señalar to indicate, show; to point out (12)
señor (Sr.) *m.* man; Mr. (A); **los señores...** Mr. and Mrs. . . .
señora (Sra.) woman; Mrs., Ms. (A)
señorita (Srta.) young woman; Miss (A)
separar to separate; **separarse** to resign; to get separated
septentrional northern
septiembre *m.* September (1)
séptimo/a seventh (2)
sequía drought (10)
ser *n. m.* being; **ser humano** human being (15); **ser querido** loved one (15)
ser *v. irreg.* to be (2); **a no ser que** unless; **¿cómo eres (tú)?** what are you (*inf. sing.*) like? (B); **¿cómo es usted/él/ella?** what are you (*pol. sing.*) / is he/she like? (B); **¿cómo son ustedes/ellos/ellas?** what are you (*pol. pl.*)/they like? (B); **¿de qué es?** what is it (made) of?; **¿de quién es/son...?** whose is/are . . . ? (C); **llegar a ser** to become; **o sea** that is; **¿quién es? / ¿quiénes son?** who is it? / who are they? (A); **sea cual sea la razón** whatever the reason may be; **ser consciente de** to be aware of; **ser listo/a** to be smart, clever
serie *f. sing.* series
serigrafiado/a silk-screened
serio/a serious (6)
serpiente *f.* serpent
servicio service
servilleta napkin (8)
servir (i, i) to serve (5); **¿en qué puedo servirle?** may I help you? (*pol. sing.*) (11); **¿para qué sirve?** what is it used for? (6); **para servirle** at your (*pol. sing.*) service (11)
Sésamo: Barrio Sésamo Sesame Street
sesenta sixty (B)
sesión *f.* meeting; conference (15)
setecientos/as seven hundred
setenta seventy (C)
sexenio period of six years
sexo sex
sexto/a sixth (2)
sexual: educación (*f.*) **sexual** sex education (16); **violación** (*f.*) **sexual** rape (16)
si if (8)
sí yes (A)
sí: en sí in itself; **sí mismo/a** oneself
SIDA *m. sing.* (*abbrev. for* **síndrome de inmunodeficiencia adquirida**) AIDS (12)
sidra cider

siembra *n.* sowing
siempre always (2)
sierra mountain range (16)
siesta: dormir una siesta to take a nap; **tomar una siesta** to take a nap (2)
siete seven (A)
sigla acronym
siglo century (7)
significado meaning
significar (qu) to mean
significativo/a significant
signo sign
siguiente following, next (2)
silbar to hiss
silencio silence
silla chair (B)
sillón *m.* easy chair (6)
silueta figure
símbolo symbol (15)
simpático/a friendly, nice (B)
sin without (8); **sin duda** without a doubt; **sin embargo** however (7); **sin que** *conj.* without (16)
sincero/a sincere
sincronizado/a synchronized
sindicalista *adj. m., f.* of or related to a trade union
sindicato labor union (16)
síndrome *m.* syndrome
sino but (rather)
síntesis *f. sing., pl.* synthesis
síntoma *m.* symptom (12)
siquiera even; **ni siquiera** not even
sismo earthquake
sistema *m.* system (10)
sitio place, location (10)
situación *f.* situation
situado/a located (16)
sobrante *adj.* leftover, remaining
sobras *pl.* leftovers
sobre on, on top of; above; about (1); **sobre todo** above all, especially
sobremesa after-dinner conversation
sobrepoblación overpopulation
sobresalir (*like* **salir**) to stand out
sobresaltarse to be startled
sobreviviente *m., f.* survivor
sobrevivir to survive
sobrino/a nephew/niece (9)
social: bienestar (*m.*) **social** (social) welfare (16); **trabajador(a) social** social worker (5)
socialista *n. m., f. adj.* socialist (16)
sociedad *f.* society (9)
socio/a member
sociología sociology
socorro help (12)
sofá *m.* sofa (6)
sofocado/a suffocated
sol *m.* sun; *monetary unit of Peru* (13); **de sol a sol** from sunup to sundown; **hace sol** it's sunny (weather) (1); **tomar el sol** to sunbathe (2)
solamente *adv.* only (2)

soldado soldier
soleado/a sunny (10)
soledad *f.* solitude (16)
soler (ue) (+ *infin.*) to be accustomed to (*doing something*)
solicitar to request
sólido/a solid (16)
sólo *adv.* only (C)
solo/a alone (2); **un solo sentido** one-way (*street*) (10)
solomillo sirloin
soltero/a single (*unmarried*) (C)
solución *f.* solution
sombra shadow; shade
sombrero hat (A)
sonar (ue) to ring, go off (*alarm clock*) (7)
sonido sound (12)
sonoro/a sonorous
sonreír (sonrío) (i, i) to smile
sonrisa smile
soñar (ue) con to dream about (4)
sopa soup
soportar to stand, endure, put up with
Sor *f.* Sister (*used before the name of a nun*)
Sorbona Sorbonne (*university in Paris*)
sorprender to surprise
sorpresa surprise
sos (*Arg.*) *form of* **ser** *that goes with* **vos** (**tú eres, vos sos**)
sospechar to suspect (14)
sostén *m.* bra (13)
sostener (*like* **tener**) to hold up, support
Sr.: señor *m.* Mr. (A)
Sra.: señora *f.* Mrs., Ms. (A)
Srta.: señorita *f.* Miss (B)
su *poss.* his, her (B); its, their, your (*pol. sing., pl.*)
suave soft
subdesarrollo underdevelopment
subir to rise; to go up (7); **subir a** to board (*train, plane, bus*); **subirse a los árboles** to climb trees (9)
subjuntivo subjunctive (14)
sublevarse to rise up, revolt
subsede *f.* secondary venue
subterráneo/a subterranean
subvencionado/a subsidized
subyacente underlying
subyugar (gu) to subjugate
suceder to happen
sucio/a dirty
sucursal *f.* branch office
Sudáfrica: República de Sudáfrica South Africa (C)
sudafricano/a *n., adj.* South African (C)
Sudamérica South America (3)
sudar to sweat
sudor *m.* sweat
sueco/a *n.* Swede; *adj.* Swedish; **hacerse el sueco** to play dumb; to pretend not to hear or understand
suegro/a father-in-law/mother-in-law (9)
suela sole (*shoe*)

sueldo salary (5)
suelo floor; ground (10)
suelto/a loose (13)
sueño dream; **tener sueño** to be sleepy (4)
suerte *f.* luck; lot, fate
suéter *m.* sweater (A)
sufrir to suffer
sugerencia suggestion (5)
sugerente *adj.* thought-provoking; full of suggestions
sugerir (ie, i) to suggest (14)
suicidio suicide (16)
Suiza Switzerland
sujetar to hold (13)
sujeto *n.* subject
sujeto/a *(adj.)* **a** subject to
suma sum
sumar to add up
sumergirse (j) to dive; to submerge
sumido/a sunken
suministrar to provide, supply
sumiso/a submissive
¡súper! great! (16)
superficie *f.* surface (10)
supermercado supermarket (4)
superpoblación *f.* overpopulation
supervisar to supervise
supervisor(a) supervisor (5)
suponer *(like **poner**)* to suppose (11)
supuestamente supposedly
supuesto/a *(p.p. of **suponer**)* supposed; **por supuesto** of course
sur *m.* south
surco furrow
sureño/a southern
surgir (j) to arise
suroeste *m.* southwest
surrealista *adj. m., f.* surrealistic (16)
surtir to fill *(prescription)* (12); **surtir efecto** to work, have the desired effect; **surtir (una receta)** to fill (a prescription) (12)
suscribirse *(p.p. **suscrito**)* to subscribe
suspender to suspend, dismiss
suspiro sigh
sustantivo noun
susto scare, fright; **pegarse un susto** to get a shock
susurrar to whisper
suyo/a *poss.* your, of yours *(pol. sing., pl.)*; his, of his; her, of hers

T

tabaco tobacco (3)
tabla table (graph), chart (2)
tacaño/a stingy (B)
taciturno/a taciturn; silent; moody
taco *(Mex.)* rolled or folded tortilla filled with meat and beans (7)
tacón *m.* heel *(shoe)*; **zapatos de tacón alto** high-heeled shoes (13)
tacto sense of touch
tal such, such a; **con tal (de) que** provided that (15); **¿qué tal?** how's it going?; how

are you? (5); **¿qué tal si... ?** how about if . . . ?; **tal vez** perhaps (15); **tal y como** exactly the same as
talla size; **¿qué talla usa?** what size do you wear? (13)
taller *(m.)* **de reparación** (mechanic's) garage (10)
tamal *m. Mex.* tamale *(dish of minced meat and red peppers rolled in cornmeal wrapped in corn husks or banana leaves)*
tamaño size (8)
también also (B); **a mí también me gusta...** I like to . . . also (1)
tampoco neither, not either (4); **a mí tampoco me gusta...** I don't like to . . . either (1)
tan so (10); **tan... como** as . . . as (6); **tan pronto como** as soon as (15)
tanque *m.* tank (10)
tanto *adv.* so much; as much; **mientras tanto** in the meanwhile; **por lo tanto** therefore; **tanto como** as much as
tanto/a *adj.* so much; such, such a; *pl.* so many; **tanto(s)/tanta(s)... como** as many . . . as (6); **¡tanto tiempo sin verte!** I haven't seen you *(inf. sing.)* in ages! (6)
tapado/a stuffed up, congested (12)
tapar to cover (8)
tapas *pl.* hors d'oeuvres
tapizado/a upholstered
taquilla box office
taquillero/a *adj.* box office hit
tardar *(time)* **en** *(+ infin.)* to take *(time)* to *(do something)*; **¿cuánto tiempo tarda(s) en... ?** how long does it take you to . . . ? (4)
tarde *n. f.* afternoon; *adv.* late (4); **buenas tardes** good afternoon (A); **de/por la tarde** in the afternoon (1); **llegar tarde** to arrive/be late (4); **más tarde** later (2); **toda la tarde** all afternoon long
tarea homework (3); task
tarifa rate, price, fare (11)
tarjeta card; **tarjeta de crédito** credit card (8); **tarjeta postal** postcard
tarro jar (8)
tarta pastry
tasa rate, level; **tasa del desempleo** unemployment rate (16)
tasca *coll.* bar, tavern
tata granddad
Tauro Taurus
tauromaquia art and technique of bullfighting
taxi *m.* taxi (10)
taza cup, mug (8); **taza del inodoro** toilet bowl (6)
te *d.o.* you *(inf. sing.)*; *i.o.* to/for you *(inf. sing.)*; *refl. pron.* yourself *(inf. sing.)*
té *m.* tea (8); **té caliente/frío/helado** hot/cold/iced tea (8); **té con hielo** iced tea
teatro theater (3)
techo roof (B)

tecla key *(of a typewriter keypad, etc.)*
teclado keyboard
técnico/a *n.* technician; *adj.* technical
tecnificarse (qu) to become more technological
tehuacán *m. Mex.* mineral water
tejido fabric
tel. *(abbrev. for **teléfono**)* telephone
tela cloth, material (13)
tele *f.* television
telecomunicación *f. sing.* telecommunications
telefónico/a *adj.* telephone
teléfono telephone; **hablar por teléfono** to speak on the phone (A); **llamar por teléfono** to phone; **por teléfono** on the telephone, by telephone (A)
telégrafo telegraph
telenovela soap opera; **ver una telenovela** to watch a soap opera (1)
televisión *f.* television; **ver la televisión** to watch television (1)
televisor *m.* TV set (5); **televisor en colores** color TV set
telúrico/a terrestrial
tema *m.* theme, topic
temblor *m.* tremor; earthquake
tempestad *f.* storm
temporada season *(sports)* (2)
temprano early (4)
tenaz *(pl. **tenaces**)* tenacious
tender (ie) to extend; **tender a** *(+ infin.)* to tend to, have a tendency to *(do something)*; **tender la cama** to make the bed (7)
tenedor *m.* fork (8)
tener *irreg.* to have (C, B); **¿cuántos años tiene(s)?** how old are you? (C); **¿de qué color tiene los ojos?** what color are your *(pol. sing.)*/his/her eyes? (B); **no tener razón** to be wrong; **¿qué edad tiene(s)?** how old are you? (C); **¿qué hora tiene?** what time do you *(pol. sing.)* have?; **tener... años** to be . . . years old; **tener calor/frío/hambre/miedo/sed/sueño** to be hot/cold/hungry/afraid/thirsty/sleepy (4); **tener contagio** to be infected; **tener cuidado** to be careful; **tener de todo** to be well-stocked (13); **tener en vista** to have in mind; **tener éxito** to be successful; **tener ganas de** *(+ infin.)* to feel like *(doing something)* (5); **tener interés en** to be interested in; **tener la culpa** to be to blame, be guilty (12); **tener lugar** to take place (15); **tener náuseas** to be nauseated (12); **tener prisa** to be in a hurry (4); **tener que** *(+ infin.)* to have to *(do something)* (5); **tener razón** to be right (14); **tengo... años** I'm . . . years old (C)
tenis *m.* tennis; **cancha de tenis** tennis court (6); **zapato de tenis** tennis shoe (A)
tenista *m., f.* tennis player
Tenochtitlán *Aztec capital* (16)
tentación temptation

teoría theory

terapeuta *m., f.* therapist (5)

tercer, tercero/a third (2); **Tercer Mundo** Third World (16)

terciopelo velvet (12)

terminación *f.* ending

terminar to finish (9)

término term (15)

ternera veal

terraza terrace

terremoto earthquake

terreno ground, terrain (10)

territorio territory (16)

testarudo/a obstinate, stubborn

testigo *m., f.* witness (12)

tetera teapot (6)

ti *obj. of prep.* you (*inf. sing.*)

tibio/a lukewarm, tepid

tiempo time; weather (1); **a tiempo** on time; **¿cuánto tiempo hace que... ?** how long has it been since . . . ? (7); **llegar a tiempo** to arrive/be on time (5); **pasar tiempo** to spend time (2); **pronóstico del tiempo** weather forecast (2); **¿qué tiempo hace?** what is the weather like? (2); **¡tanto tiempo sin verte!** I haven't seen you (*inf. sing.*) in ages!; **tiempo libre** free time (2)

tienda store (3); **tienda de campaña** tent (13)

tierra earth; land (10)

tijeras *pl.* scissors (13)

timbre *m.* doorbell

tímido/a timid (B)

tinta ink

tinto/a: vino tinto red wine (8)

tintorería *sing.* dry cleaners

tío/a uncle/aunt (9)

típico/a typical (3)

tipo type (4); *coll.* guy, character; **todo tipo de** all kinds of

tirantes *m. pl.* suspenders

tirar to throw

tiras (*pl.*) **cómicas** comic strips (9)

tirita adhesive bandage

titular to title, entitle

título title (4); **título de propiedad** deed (15)

tiza chalk (B)

toalla towel (6)

tobillo ankle (12)

tocacintas *m. sing., pl.* tape player

tocador *m.* dresser (6)

tocar (**qu**) to touch; to play (*musical instrument*) (3); **tocar a la puerta** to knock; **tocar la bocina** to honk the horn (10)

tocino bacon (8)

todavía still, yet (9)

todo/a all; every

todo/a *adj.* all, all of; **con toda seguridad** with absolute certainty; **de todos modos** anyway (9); **por todas partes** everywhere; **tener de todo** to be well-stocked (13); **toda la vida** one's whole life (14); **todo el día** all day long; **todo tipo de** all kinds of; **todos los días** every day (4)

Tokio Tokyo

tomar to take; to drink; to eat; **tomar café** to drink coffee; **tomar el sol** to sunbathe (2); **tomar en cuenta** to take into account; **tomar la decisión** to make the decision; **tomar una siesta** to take a nap (2)

tomate *m.* tomato

tonelada ton

tono tone

tonto/a *n.* fool; *adj.* silly, foolish; dumb, not too smart (B)

toque *m.* touch

torcido/a twisted, sprained (12)

torero(a) bullfighter

tormenta storm (10)

toro bull; **corrida de toros** bullfight

toronja grapefruit (8)

torre *f.* tower (11)

torta cake; *Mex.* sandwich

tortilla (*Mex.*) *thin cake made of cornmeal or flour*; **tortilla española** *Spanish omelette made of eggs, potatoes, and onions*

tortuga tortoise (14)

tos *f.* cough (12)

toser to cough (12)

tostada (*Mex.*) *dish with beans, meat, lettuce, etc. on a crisp, fried tortilla*

tostado/a: pan (*m.*) **tostado** *Sp.* toast (8)

tostador *m.* toaster (6)

totalitario/a totalitarian

tóxico/a toxic (10)

trabajador(a) *n.* worker (5); *adj.* hard-working (B)

trabajar to work (1)

trabajo work (3); job; **entrar al trabajo** to start work (5); **salir del trabajo** to get off work

trabajólico/a workaholic (16)

tradición *f.* tradition

tradicional traditional

traducción *f.* translation

traducir (**zc**) (**j**) to translate

traer *irreg.* to bring (4); **traer dinero** to be carrying money (13)

traficar (**qu**) to traffic, deal (*drugs*)

tráfico traffic

tragarse (**gu**) to swallow

trágico/a tragic

traje *m.* suit (A); **traje de baño** swimsuit (7)

trampa trick

tranquilamente peacefully (6)

tranquilidad *f.* tranquility, calm

tranquilo/a calm, peaceful (12)

transbordador *m.* ferry (10)

transbordo transfer (11); **hacer transbordo** to change (*trains, etc.*)

transformar to transform

transitar to travel

tránsito traffic (10)

translúcido/a translucent (13)

transmisión *f.* transmission (10)

transmitir to transmit

transportar to transport (10)

transporte *m.* transportation (6)

tranvía *m.* cable car (10)

trapo rag

tras *prep.* after

trascender (**ie**) to transcend

trasladarse to move

traslado transfer (11)

trastes *m. pl.* leftovers

tratado treaty

tratamiento treatment (12)

tratar to treat; to deal with; **tratar de** (+ *infin.*) to try to (*do something*) (5); **tratarse de** to be about (*something*) (16)

trato agreement

través: a través de through, by means of

travesura prank

trayecto trip

trazar (**c**) to trace

trece thirteen (A)

treinta thirty (A)

treinta y dos thirty-two (A)

treinta y uno thirty-one (A)

tremendo/a tremendous

tren *m.* train (2)

tres three (A)

trescientos/as three hundred

tribu *f.* tribe (11)

tributo tribute

trigo wheat

trimestre *m.* trimester; quarter

triplicarse (**qu**) to triple

tripulación *f.* crew

triste sad (4)

tristeza sadness

triunfador(a) *adj.* winning

triunfo triumph

trompeta trumpet

tronco trunk; stem, stalk

tropezar (**ie**) (**c**) to trip, stumble (11)

tropical *adj.* tropical; **selva tropical** tropical jungle

trópico tropic

trotar to jog (3)

trozo piece, chunk

trueno thunder (10)

tu *poss.* your (*inf. sing.*) (B)

tú *sub. pron.* you (*inf. sing.*) (B); **y tú, ¿qué dices?** and you? what do you say? (B)

tuberculosis *f.* tuberculosis

tubería *sing.* pipes

tufillo *coll.* odor

túnel *m.* tunnel

turbio/a cloudy (*liquid*)

turismo tourism

turista *n. m., f.* tourist (11)

turístico/a *adj.* tourist (10); **complejo turístico** tourist resort

turrón *m.* nougat

tuyo/a *poss.* your, of yours (*inf. sing.*)

U

u or (*used instead of* **o** *before words beginning with* **o** *or* **ho**)

ubicado/a located (16)
ubicar (qu) to place, put; to locate
Ud.: usted *sub. pron.* you (*pol. sing.*); *obj. of prep.* you (*pol. sing.*)
Uds.: ustedes *sub. pron.* you (*pol. pl.*); *obj. of prep.* you (*pol. pl.*)
últimamente lately
último/a last (6); latest; **a última hora** at the last minute; **la última vez** the last time (6); **por última vez** for the last time; **por último** finally, lastly (2)
un, uno/a *indefinite article* a, an; one (A); *pl.* some
único/a *adj.* only; unique; **lo único** the only thing
unidad *f.* unit
unido/a united; attached; **Estados Unidos** United States (C)
unificar (qu) to unify
unir to unite, join
universidad *f.* university
universitario/a of or pertaining to the university (14)
uña fingernail (12)
urbano/a urban
urbe *f.* large city
urgencia emergency
urgir (j) to be pressing, be really necessary
uruguayo/a *n., adj.* Uruguayan (3)
usar to use (3); **¿qué talla usa?** what size do you wear? (13)
uso use (10)
usted (Ud., Vd.) *sub. pron.* you (*pol. sing.*) (B); *obj of prep.* you (*pol. sing.*); **¿y usted?** and you (*pol. sing.*)? (A)
ustedes (Uds., Vds.) *sub. pron.* you (*pol. pl.*) (B); *obj. of prep.* you (*pol. pl.*)
usurero/a profiteer, moneylender
utensilio utensil (6)
útil useful
utilidad *f.* utility
utilización *f.* use, utilization
utilizar (c) to utilize, use (13)
uva grape (8)

V

vaca cow
vacaciones *f. pl.* vacation; **ir de vacaciones** to go on vacation (11); **salir de vacaciones** to go on vacation (3)
vacío/a empty
vacuna vaccination (11)
vago/a bum
vagón *m.* car (*train*) (10)
vainilla vanilla
valenciano/a *adj.* from Valencia (*Spain*)
valer *irreg.* to be worth; to cost (13); **¿cuánto vale?** how much is it? (13); **más vale** (+ *infin.*) it is better to (*do something*); **valerse de** to make use of, avail oneself of
valiente *n. m., f.* brave person; *adj.* brave
valija suitcase
valioso/a valuable (12)

valle *m.* valley (10)
valor *m.* value; cost (11)
valorar to value (15)
vampiresa femme fatale
vanidad *f.* vanity
vapor *m.* steam
vaquero/a cowboy/cowgirl; **pantalones** (*m. pl.*) **vaqueros** jeans (2)
variar (varío) to vary
varicela chicken pox (12)
variedad *f.* variety
varios/as *pl.* several (3)
varón *m.* male
vasco/a *adj.* Basque
vasija container
vaso (drinking) glass (4)
vasto/a vast, huge
Vd.: usted *sub. pron.* you (*pol. sing.*); *obj. of prep.* you (*pol. sing.*)
Vds.: ustedes *sub. pron.* you (*pol. pl.*); *obj. of prep.* you (*pol. pl.*)
vecindad *f.* neighborhood
vecindario neighborhood
vecino/a neighbor (B)
vegetación *f.* vegetation (10)
vegetal *m.* vegetable; plant
vehículo vehicle (10)
veinte twenty (A)
veinticinco twenty-five (A)
veinticuatro twenty-four (A)
veintidós twenty-two (A)
veintinueve twenty-nine (A)
veintiocho twenty-eight (A)
veintiséis twenty-six (A)
veintisiete twenty-seven (A)
veintitrés twenty-three (A)
veintiuno twenty-one (A)
vejez *f.* old age
vela *n.* sailing
velación *f.* wake, vigil
velero sailboat; **andar en velero** to go sailing (4)
velocidad *f.* speed; **disminuir la velocidad** to reduce speed (13); **exceso de velocidad** speeding (7)
vena vein (12)
vencer (z) to conquer
vencido/a: darse por vencido/a to give up
vendaje *m.* bandage (12)
vendedor(a) salesperson, seller (13)
vender to sell (13)
venéreo/a: enfermedad (*f.*) **venérea** sexually transmitted disease
venezolano/a *adj.* Venezuelan (3)
venir *irreg.* to come (4)
venta sale (13); **de venta** for sale (9); **venta de garaje/zaguán** garage sale
ventaja advantage (15)
ventana window (B)
ventanilla window (*car, train, etc.*)
ventilación *f.* ventilation
ventilador *m.* (electric) fan (6)
ventricular *adj.* ventricular

ver *irreg.* to see (1); to watch; **a ver** let's see (13); **nos vemos** we'll be seeing each other; see you (2); **¡tanto tiempo sin verte!** I haven't seen you (*inf. sing.*) in ages! (6); **vamos a ver** let's see; **ver la televisión** to watch television (1); **ver una telenovela** to watch a soap opera (1); **ver un partido de...** to watch a game of . . . (1); **verse** to see oneself; to look, appear
veranear to spend the summer
veraniego/a *adj.* summer, summer-like
verano summer (1)
veras *pl.*: **¿de veras?** really? (4)
verbo verb
verdad *f.* truth (6); **de verdad** truly, really; **es verdad** that's right (true); it's true (B); **la mera verdad** the simple truth; **¿verdad?** right?, isn't it? (2)
verdadero/a true, truthful
verde green (A)
verduras *pl.* (green) vegetables
vergüenza: darle vergüenza a uno to be ashamed
verificar (qu) to check
versátil versatile
versión *f.* version
verso verse, rhyme
vestido dress (A)
vestir (i, i) to dress; **vestirse** to get dressed (7)
veterinario/a veterinarian (12)
vez *f.* (*pl.* **veces**) time; **a la vez** at the same time (5); **a veces** sometimes (C); **alguna vez** once; ever; **algunas veces** sometimes (14); **de vez en cuando** once in a while (10); **dos veces** twice; **en vez de** instead of; **la última vez** the last time (6); **muchas veces** many times (5); **otra vez** again (5); **por primera vez** for the first time (8); **por última vez** for the last time; **tal vez** perhaps (15); **una vez** once (8); **... veces a la / por semana** . . . times a week (4)
vía road; way (10); **en vías de desarrollo** developing
viajar to travel (C)
viaje *m.* trip; **agencia de viajes** travel agency (C); **agente** (*m., f.*) **de viajes** travel agent; **¡buen viaje!** have a nice trip! (10); **hacer viajes** to take trips, travel; **viaje de negocios** business trip
viajero/a traveler (11); **cheque** (*m.*) **de viajero** traveler's check (11)
vicio vice, bad habit (12)
víctima *m., f.* victim
vida life (3); **así es la vida** that's life (15); **toda la vida** one's whole life (14)
videocasetera videocassette player (13)
videocentro video store (4)
videoteca film (video) library
vidrio glass (*material*) (10)
viejo/a *n.* old person; *adj.* old (A)
viento wind; **hace viento** it's windy (1)
viernes *m. sing., pl.* Friday (1)

vigencia: entrar en vigencia to take effect
vigilar to keep en eye on; to watch (out) for
VIH *m.* (*abbrev. for* **virus** [*m.*] **de la inmuno-deficiencia humana**) HIV (12)
villancico Christmas carol
vinagre *m.* vinegar
vino wine (8); **llamar al pan pan y al vino vino** to call a spade a spade; **vino blanco/tinto** white/red wine (8)
viña vineyard
violación *f.* violation; **violación sexual** rape (16)
violar to rape
violencia violence (16)
violento/a violent
violeta *adj. m., f.* violet
violín *m.* violin (5)
Virgen *f.* Virgin (Mary)
virreinal viceregal
virreinato viceroyalty
virus *m. sing., pl.* virus
visa visa (11); **sacar el visado** to get a visa (11)
visado visa (11)
víscera viscera
visionario/a *n.* visionary
visita visit; **de visita** visiting
visitante *m., f.* visitor
visitar to visit
vislumbrar to glimpse, catch a glimpse of
vista view (6); **punto de vista** point of view; **tener en vista** to have in mind
visto/a (*p.p. of* **ver**) seen, viewed
viudo/a widower/widow (C)
vivienda housing (15)
vivir to live (1); **viva...** long live . . .
vivo/a alive (8)
vocabulario vocabulary
vocero/a spokesperson (16)
volante *m.* steering wheel (10)
volar (**ue**) to fly (9); **volar una cometa / un papalote** *Mex.* to fly a kite (2, 9)
volcán *m.* volcano
voleibol *m.* volleyball
voltio volt
voluntad *f.* will, desire
volver (**ue**) (*p.p.* **vuelto**) to return (4); **volverse** to turn into, become (14); **volverse loco/a** to go crazy (12)
vos *sub. pron.* (*Arg., Guat., etc.*) you (*inf. sing.*)
vosotros/as *sub. pron.* (*Sp.*) you (*inf. pl.*); *obj. of prep.* (*Sp.*) you (*inf. pl.*)
votar to vote (16)
voz *f.* (*pl.* **voces**) voice (14); **en voz alta/baja** in a loud/low voice (5)
vuelo flight (7); **asistente** (*m., f.*) **de vuelo** flight attendant (11)
vuelta *n.* turn; **boleto de ida y vuelta** round-trip ticket (11); **dar muchas vueltas** to go back and forth; **dar vueltas** to go around; **darle una vuelta a alguien** to look in on someone (*invalid or hospital patient*); **una vuelta más** another time around

vuelto/a (*p.p. of* **volver**) returned
vuestro/a *poss.* (*Sp.*) your (*inf. pl.*), of yours (*inf. pl.*)

X

xenofobia xenophobia
xilometazolina zylometazolin

Y

y and (A); plus
ya already (5); now; **ya era hora** it was about time (16); **ya lo creo** of course; **ya lo sé** I already know it; **ya no** no longer; **ya que** since; **ya voy** I'm coming
yerno son-in-law (9)
yo *sub. pron.* I (B)
yogur *m.* yogurt

Z

zaguán *m.*: **venta de zaguán** garage sale
zanahoria carrot (8)
zapatería shoe store (4)
zapatilla slipper (13)
zapato (**de tenis**) (tennis) shoe (A); **zapatos de tacón alto** high-heeled shoes (13)
zar *m.* czar (16)
zócalo *Mex.* plaza, town square
zoológico zoo (7)
zumbido *n.* buzzing
zumo juice

Index

This index is divided into two parts. "Grammar" covers grammar, structure, and usage; "Topics" lists cultural and vocabulary topics treated in the text. Topics appear as groups; they are not cross-referenced. Any abbreviations in the index are identical to those used in the end vocabulary.

GRAMMAR

a, + **el**, 153
   + infinitive, 97
   + noun or pronoun, to specify indirect object, 183–184, 280–281
abstract ideas expressed by **lo**, 437
accent marks. *See also* Appendix 3
  with demonstrative pronouns, 438
  with interrogatives and exclamations, 346
  with object pronouns, 442–444, 467
adjective clauses, 536–538
adjectives, agreement of, 13–15,
    30–32, 44–48, 187–188
  defined, 13–15
  demonstrative, 187–188, 438
  descriptive, 4, 9, 21, 24, 96, 496–497
  forms of, 13–15, 30
  irregular comparative forms of, 217
  listed, 96
  meaning after **ser** and **estar**, 144,
    160, 162, 496–497
  nominalization (used as nouns), 437
  of nationality, 38–39, 41, 47–48,
    113, 121
  ordinal, 83, 96, 98
  past participle used as, 144
  position of, 13–15
  possessive (stressed). *See* Appendix 2
  possessive (unstressed), 44–46. *See
    also* Appendix 2
  regular comparative forms of, 216–217
  with **lo**, 437
adverbial clauses with subjunctive,
    374–376, 470, 499–500,
    537–538. *See also* Appendix 2
adverbs, defined, 348
  ending in **-mente**, 348
  of time, 208, 215, 221, 229. *See also*
    Appendix 2
affirmative words, 283–284
age, expressing, 37, 46

ago (with **hacer**), 235, 252
agreement, of adjectives, 13–15,
    30–32, 44–48, 187–188
  of articles, 13–15, 27–29
  of nouns, 13–15, 27–29
  of possessive adjectives, 44–46
  of subject and verb, 14, 26–27,
    124–125
al, 153
alphabet, Spanish, 70–71
andar (*irreg.*). *See* Appendix 1
antecedent, 537
apocopation, 98, 284
-ar verbs, commands, 372, 447, 455,
    463–464
  conditional, 501
  future, 498
  imperfect, 309. *See also* Appendix 1
  past (preterite), 207, 220–221, 227,
    230–231, 243–245, 344. *See also*
    Appendix 1
  past subjunctive, 540
  present, 14, 48–49, 124. *See also* Appendix 1
  subjunctive, 374–376. *See also* Appendix 1
articles, definite, 13–15, 217, 437
  indefinite, 13–14, 27–29, 437
  plural, 15, 30–31

become, 406–407

caer (*irreg.*). *See* Appendix 1
cardinal numbers, 6, 10, 19, 37, 54–55,
    69, 436
changes in state, expressing, 406–407
clause, defined, 536–537
comer. *See* Appendix 1
commands (imperative), defined, 11
  formal (polite; **usted**, **ustedes**), 2, 8,
    11, 447, 463–465
  indirect, 408
  informal (**tú**), 447, 463–465

TOPICS

About the Authors

Tracy D. Terrell (*late*) received his Ph.D. in Spanish Linguistics from the University of Texas at Austin and published extensively in the areas of Spanish dialectology, specializing in the sociolinguistics of Caribbean Spanish. Professor Terrell's publications on second-language acquisition and on the Natural Approach are widely known in the United States and abroad.

Magdalena Andrade received her first B.A. in Spanish/French and a second B.A. in English from San Diego University. After teaching in the Calexico Unified School District Bilingual Program for several years, she taught elementary and intermediate Spanish at both San Diego State and the University of California, Irvine, where she also taught Spanish for Spanish Speakers and Humanities Core Courses. Upon receiving her Ph.D. from the University of California, Irvine, she continued to teach there for several years, and then taught at California State University, Long Beach, until 1996.

Jeanne Egasse received her B.A. and M.A. in Spanish linguistics from the University of California, Irvine. She has taught foreign language methodology courses and supervised foreign language and ESL teachers in training at the University of California, Irvine. Currently, she is an instructor of Spanish and coordinates the Spanish Language Program at Irvine Valley College. In addition, Ms. Egasse leads children's literature circles and read-aloud sessions at a local public school. She also serves as a consultant for local schools and universities on implementing the Natural Approach in the language classroom.

Elías Miguel Muñoz is a Cuban-American poet and prose writer. He has a Ph.D. in Spanish from the University of California, Irvine, and has taught language and literature at the university level. He is co-author, with Tracy D. Terrell, of the *¡Bravo!* series for high school. He is also the author of *Viajes fantásticos* and *Ladrón de la mente*, titles in the Storyteller's Series of Spanish readers, which he created in collaboration with Stephen Krashen. Other published works include two books of literary criticism, three novels, as well as two poetry collections. Dr. Muñoz has written for the theater and has contributed to numerous anthologies of U.S. Latino literature. He has recently completed his fourth novel, *Brand New Memory*.

444 © Bob Daemmrich/Stock Boston; 454 © SuperStock; 456 © Lawrence Migdale/Stock Boston; 473 © Larry Mangino/The Image Works; 476 © D. Donne Bryant; 476 © Chip & Rosa María de la Cueva Peterson; 477 © Beryl Goldberg; 478 © Bob Daemmrich/Stock Boston; 478 © Suzanne Murphy-Larronde /D. Donne Bryant Stock; 481 © David Young-Wolff/PhotoEdit; 486 © D. Donne Bryant; 500 © Robert Frerck/ Odyssey/Chicago; 501 © Steven Rubin/The Image Works; 507 © Ulrike Welsch; 506 © Chip and Rosa María de la Cueva Peterson; 508 © Robert Frerck/Odyssey/Chicago; 512 © Chip & Rosa María de la Cueva Peterson; 513 ARXIU MAS; 520 © David Young-Wolff/PhotoEdit; 521 (top) © Photography by Richard F. Townsend/Reproduction authorized by El Instituto Nacional de Antropología e Historia; (bottom) © R. Kalman/Image Works/ Reproduction authorized by El Instituto Nacional de Bellas Artes y Literatura; 521 © R. Kalman/The Image Works; 522 ARXIU MAS; 522 © D. Donne Byant; 523 ARXIU MAS; 523 © Kunsthalle, Mannheim, Germany/Bridgeman Art Library, London/SuperStock; 524 © The Image Works Archives; 524 © UPI/Corbis/Bettmann; 535 © Chip & Rosa María de la Cueva Peterson. All Videoteca photos: © Marty Granger.

Realia credits: Page 37 *Cambio16*; **59** *Guía del Ocio*; **70** Reprinted with permission of the United States Olympic Committee; **76** Reprinted with permission of Dunlop-Slazenge, Inc.; **88** Reprinted with permission of *El Semanal*; **109** King Features Syndicate; **139** © Quino/Quipos; **173** © Quino/Quipos; **196** © Quino/Quipos; **235** *Muy Interesante*; **255** Reprinted with permission of General Mills; **264** King Features Syndicate; **271** *Noticias de la Semana*; **296** Pilar Gomez, *Semana*; **297** *Tedi*, Editorial Armonia; **328** Reprinted with permission of Iberia Airlines of Spain; **329** © Robert Bosch GmbH; **331** Tribuna de la Actualidad; **332** *Ser Padres Hoy*; **355** © AAA, reproduced by permission; **356** *Geomundo*; **361** *Geomundo*; **366** *Geomundo*; **367** *Geomundo*; **369** *Geomundo*; **376** *Geomundo*; **378** *Biba*, Editorial América Ibérica; **391** *Noticias de la Semana*; **392** American Red Cross; **395** *Vivir*; **396** ALI, all rights reserved; **396** Reprinted with permission of CIBA Consumer Pharmaceuticals, a division of CIBA-GEIGY Corp. **434** Text: *Cambio 16*, photo: Twentieth Century Fox; **447** *Clara*; **449** King Features Syndicate; **454** *Ser Padres Hoy*; **462** *Mía*; **476** King Features Syndicate; **480** *Cosmopolitan en Español*; **481** © Quinos/Quipos; **487** Reprinted from *PC Magazine*. Copyright © 1997 Ziff-Davis Publishing Company; **512** (*both*) © Quino/Quipos; **514** *Cambio16*.

Literary credits: Pages 319-320 "Oda a la tormenta," © Pablo Neruda, 1954 y Fundación Pablo Neruda; **421** "Nada más," from Tutú Marambá, Editorial Espasa Calpe Buenos Aires, 1996. Reprinted with permission of María Elena Walsh.

Dedication

This book is lovingly dedicated to Tracy D. Terrell (1943–1991).
Tracy left us an enduring legacy: the Natural Approach, a methodology
that has had a significant impact on second-language teaching and on
the evolution of textbook materials. He also envisioned this book and
guided us, the co-authors, to its fruitful completion. Tracy was our
inspirational mentor. His ever-generous heart touched many of us—
friends, colleagues, teachers, students—in an indelible way. We miss
him. And we hope he is proud of our work in this new edition of *Dos
mundos*. His kind spirit and brilliant vision infuse every page.

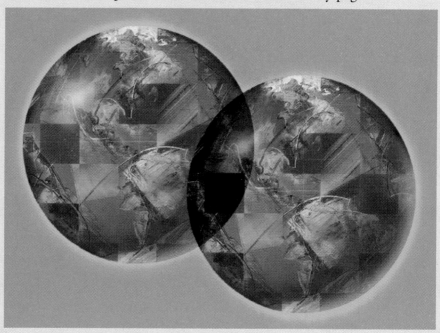

DOS MUNDOS

4. Lo siento.

5. —Con (su) permiso.
   —Sí, cómo no.

6. ¡Cuidado!

7. —¡Salud!
   —Gracias.

8. ¡Ay!

9. ¡Auxilio, socorro!